ZHONG GUO DIAN JI YU WEN HUA

中国典籍与文化

第十一辑

○○ 国家图书馆古籍馆
○○《中国典籍与文化》编辑部 编

讲座丛书
第二编

国家圖書館出版社

图书在版编目(CIP)数据

中国典籍与文化.第十一辑/国家图书馆古籍馆 《中国典籍
与文化》编辑部编. --北京:国家图书馆出版社,2017.11
(中国典籍与文化讲座丛书.第二编)
ISBN 978 - 7 - 5013 - 6059 - 8

Ⅰ.①中…　Ⅱ.①国…　②中…　Ⅲ.①古籍—中国—文集
②中华文化—文集　Ⅳ.①K203 - 53

中国版本图书馆 CIP 数据核字(2017)第 047027 号

书　　名	中国典籍与文化(第十一辑)
著　　者	国家图书馆古籍馆　《中国典籍与文化》编辑部　编
责任编辑	王　雷
出　　版	国家图书馆出版社(100034　北京市西城区文津街 7 号)
	(原书目文献出版社　北京图书馆出版社)
发　　行	010 - 66114536　66126153　66151313　66175620
	66121706(传真)　66126156(门市部)
E-mail	nlcpress@ nlc. cn(邮购)
Website	www. nlcpress. com→投稿中心
经　　销	新华书店
印　　装	河北三河弘翰印务有限公司
版　　次	2017 年 11 月第 1 版　2017 年 11 月第 1 次印刷
开　　本	787 × 1092(毫米)　1/16
印　　张	19.25
字　　数	264 千字
书　　号	ISBN 978 - 7 - 5013 - 6059 - 8
定　　价	80.00 元

目录

拱玉书

泥版上的伟大诗篇——《吉尔伽美什史诗》

　　拱玉书　1957 年 7 月出生于吉林省吉林市。1978 年考入东北师范大学外语系，1982 年考入该校历史系，攻读硕士学位（导师林志纯教授）。1986 年留学德国，先后在哥廷根大学和慕尼黑大学学习亚述学（先后师从 R. Borger 教授和 D. O. Edzard 教授）。1992 年获德国慕尼黑大学哲学博士学位。自 1994 年起，在北京大学外国语学院任教，现为教授、博士生导师。2002—2003 年为哈佛大学访问学者。主要著作有 *Die Namen der Keilschriftzeichen*（德文，2000 年）、*Studien zur Bildung und Entwicklung der Keilschriftzeichen*（德文，1993 年）、《日出东方——苏美尔文明探秘》（2001 年）、《西亚考古史》（2002 年）、《升起来吧！像太阳一样——解析苏美尔史诗〈恩美卡与阿拉塔之王〉》（2006 年）、《苏美尔、埃及及中国古文字比较研究》（2009 年，与颜海英、葛英会合著）以及《世界古代文明——历史与现状》（2015 年，合著）。

最近网上有一条消息，说英国的一个博物馆购买了一批私人收藏，其中有多块泥版，有一块泥版上刻写着《吉尔伽美什史诗》中的20行，而这20行在已发现的史诗中是缺失的。这样，残缺的《吉尔伽美什史诗》又增加了20行。但是，目前此事尚无进一步的消息，也不知道这20行属于史诗的哪一部分。我今天为什么和大家分享这个消息？因为这个消息太重要了，如果找到这篇网上文章的话，大家读一读，就知道《吉尔伽美什史诗》多么重要了。

今天我要给大家介绍的《吉尔伽美什史诗》是美索不达米亚文明中的一颗璀璨的明珠。美索不达米亚文明发生在现在的伊拉克境内，但与现在居住在这个国家的居民在文化上没有直接的传承关系。古代美索不达米亚文明最早的创造者是苏美尔人（Sumerians）。

吉尔伽美什（Gilgameš）是苏美尔城邦乌鲁克（Uruk）的国王，大约生活在公元前2900年前后。最早的关于吉尔伽美什的故事都是用苏美尔语书写的，这些故事独立成篇，歌颂的是吉尔伽美什创造的各种英雄业绩。大约到了公元前1800年前后的古巴比伦时期，有人把苏美尔语的不同故事串联在一起，形成了连贯的、用阿卡德语书写的《吉尔伽美什史诗》。又过了几百年，大概到了公元前1300年的凯喜特时期，有个叫辛－雷奇－乌尼尼（Sîn-lēqe-unnīnī）的学者，在古巴比伦人编写的《吉尔伽美什史诗》的基础上，把《吉尔伽美什史诗》改编为十二块泥版的史诗，增加很多内容，做了很多加工，使这部史诗成为人类历史上最伟大的文学作品之一，成为世界文学宝库中的瑰宝。我今天将要介绍的就是这部经过几百年的改编增益而最后成为一部鸿篇巨制的、十二块泥版的《吉尔伽美什史诗》。

吉尔伽美什是苏美尔人，他讲的语言是苏美尔语，早期的歌颂他的英雄业绩的文学作品也都是用苏美尔语书写的。苏美尔语属于哪个语系？现在仍不能确定。苏美尔语有黏着语的特

3

点，也有作格语的特点，但和现在任何已知的语言都没有亲缘关系。因此，尚不能把苏美尔语归属于任何一个已知的语系。阿卡德语是最早的塞姆语，现在还在使用的塞姆语有希伯来语、阿拉伯语，还有埃塞俄比亚的一些方言。十二块泥版的《吉尔伽美什史诗》是依据用苏美尔语书写的歌颂吉尔伽美什的不同故事而改编的作品，是用阿卡德语书写的。

用于书写《吉尔伽美什史诗》的文字是楔形文字。楔形文字产生于公元前3200年，是由苏美尔人创造的。最早的苏美尔语文献大部分是经济文献，也有一些辞书文献，但主体是经济文献。公元前2600年前后，也就是在楔形文字产生几百年之后，出现了最早的文学作品。到了公元前2100年—前2000年的乌尔第三王朝时期，苏美尔文学创作达到高潮。之后苏美尔人失去统治地位，苏美尔语逐渐被阿卡德语取代。阿卡德文学于公元前19世纪臻于成熟，后来又经历了几个创作高峰。直到公元前1世纪还有人用阿卡德语创作文学作品。可见，楔文文学（包括苏美尔文学和阿卡德文学）有2500多年的历史。

用苏美尔语书写的歌颂吉尔伽美什的故事，应该都成文于乌尔第三王朝时期，即公元前22—前21世纪。乌尔第三王朝持续的时间不长，只持续了一个世纪，在时间上比中国的夏朝早一点，但没有夏朝持续的时间长。到了乌尔第三王朝，楔形文字已经使用了1200多年。所以，在这个时期出现文学创作高潮，出现大量优秀的文学作品也是非常正常的。据目前所知，最早的文学作品出现在公元前2600年前后，到公元前2100—前2000年的乌尔第三王朝时期，文学创作已有几百年的历史。但由于种种原因，流传至今的属于这个时期的原创作品很少见。我们见到的大多数作品都是后来的抄本。用苏美尔语创作的关于吉尔伽美什的故事应该都是这个时期创作的作品。但我们今天要讲的《吉尔伽美什史诗》是公元前14世纪由一个叫辛－雷奇－乌尼尼的人将苏美尔语的歌颂吉尔伽美什的不同故事串联起来而形成的十二块泥版的史诗，是人类历史上最早的成文史诗，是最伟大的文学作品之一。

就目前所知，苏美尔人创作了九部史诗，分别是《恩美卡与阿拉塔王》（*Enmerkar and the Lord of Aratta*，我已将这部史诗译成了汉语，发表在2006年出版的《升起来吧！像太阳一样——解析苏美尔史诗〈恩美卡与阿拉塔之王〉》里)、《恩美卡与恩苏克什达纳》（*Enmerkar and Ensuhkeśdanna*）、《卢伽尔班达与恩美卡》（*Lugalbanda and Enmerkar*）、《卢伽尔班达与胡鲁姆山》（*Lugalbanda and Mount Hurrum*）、《吉尔伽美什与阿伽》（*Gilgameš and Agga*）、《吉尔伽美什与胡瓦瓦》（*Gilgameš and Hu-wawa*）、《吉尔伽美什、恩启都与阴间》（*Gilgameš, Enkidu, and the Nether World*）、《吉尔伽美什与天牛》（*Gilgameš and the Bull of Heaven*）以及《吉尔伽美什之死》（*The Death of Gilgameš*）。除《恩美卡与恩苏克什达纳》和《吉尔伽美什与阿伽》外，其他几部史诗都是阿卡德语《吉尔伽美什史诗》取材的源泉。

用苏美尔语创作的文学作品绝不仅限于史诗。苏美尔文学的体裁非常丰富，神话、颂诗、教谕、谜语、寓言、争论等等都是常见的体裁。乌尔第三王朝时期，文学作品常被放在"图书馆"里集中收藏。为了便于查阅，当时的图书管理者还编写了文学目录，取文学作品第一行中的第一个单词或第一个词组作为作品的标题，再将这些标题按照泥版的实际排列顺序写在一块泥版上。这种书写不同文学作品标题的文献被称为文学目录。最初发现这种文学目录时，学者们茫然不知所措，不知这种文献为何物。后来发现，泥版上书写的都是某文学作品的第一个字或第一个词组，而这种文献相当于现代的图书编目。例如，《恩美卡与阿拉塔王》的古代的题目是 uru gu$_4$-huš，uru 的意思是"城市"，gu$_4$ 的意思是"牛"，huš 的意思是"野"，连起来就是"城市，野牛"，这是这部作品的第一个词组，也是这部作品的标题。苏美尔语和阿卡德语文学作品都没有概括内容的标题，作品的题目就是作品的第一个单词或词组。这种情况在中国古代也很普遍。

把作品的第一个单词或词组作为该作品的标题的做法有一个特别大的好处，即便于查找。古代摆放泥版的方式，就像我们今天摆放卡片一样，是立着排列，作品的开头部分朝上。所以，取第一个单词或词组作为作品的题目，查找时可一目了然地看到第一行。可以说，这是人类历史上最早的图书管理学，也是非常科学和非常实用的。《吉尔伽美什史诗》的古代名称有两个，一个是"超越万王"，一个是"见过深海之人"。这两个题目代表了两个不同时代的版本，"超越万王"是古巴比伦时期的版本，而"见过深海之人"是十二块泥版的中巴比伦版本。它们分别是两个版本的第一个词组。十二块泥版的《吉尔伽美什史诗》主要是根据公元前 7 世纪的亚述巴尼拔（Assurbanipal，统治年代为公元前 669—前 627 年）图书馆出土的泥版复原的。在新亚述时期，《吉尔伽美什史诗》也被称为"吉尔伽美什系列"（iškar Gilgāmeš）。

前面提到，吉尔伽美什是乌鲁克的国王，是个历史人物。正因为如此，歌颂他的英雄业绩的文学作品才被称为史诗。所谓史诗，就是以历史人物为原型的传奇故事。在文学领域，史诗有约定俗成的定义，但我的上述理解也大致说得过去。乌鲁克地处现在的伊拉克南部，即处在美索不达米亚平原的南部。现在的伊拉克有两条大河，即幼发拉底河和底格里斯河，两条河的中间地区被古代希腊人称为美索不达米亚，"meso"是"之间"的意思，"potamia"是"河流"的意思。所以，"美索不达米亚"就是"两河之间"，也常常被译为"两河之间的土地"。美索不达米亚文明发源于底格里斯河和幼发拉底河之间，即现在的伊拉克。极端组织破坏的文物都属于美索不达米亚文明的物质遗存。文物一旦被毁，就永远失去了，复原得再好也是复原的，也不是原物，不再具备原物的价值。亚述这个地区有好几个古代城市，尼尼微、亚述、尼姆鲁德等等，这些古代遗址都遭到了极端组织的破坏，这是非常可惜和令人痛心的。

美索不达米亚文明早在公元前 3200 年前后就进入高度发展阶段，就出现了文字，且出现大批楔形文字文献。也就是说，在这个时期，南部的苏美尔地区进入了有文字记载的历史时期。这时候，苏美尔地区产生了国家，除文字外，还出现了大型建筑和大型雕塑。所以，历史始于苏美尔，苏美尔文明是人类文明的摇篮，不是故弄玄虚，这是有实际物证的，是有考古学和文献学依据的。

公元前 2900 年，属于考古学上所说的捷姆迭特—那色时期，也是历史学上所谓的乌鲁克第一王朝时期，是乌鲁克人在当时的世界占有绝对优势的时期，吉尔伽美什就生活在这个时期。在这个时期，乌鲁克的几个国王（包括吉尔伽美什）都创造了辉煌，成为后世君王的楷模，也成为后世文学作品歌颂的对象。歌颂乌鲁克君王的文学作品包括用苏美尔语创作的歌颂吉尔伽美什的故事。古巴比伦时期（大约公元前 19 世纪及其以降的几个世纪）迎来了阿卡德文学的创作高峰，阿卡德语版本的《吉尔伽美什史诗》就是在这个时期创作的。到了中巴比伦时期（大约公元前 14 世纪），十二块泥版的《吉尔伽美什史诗》形成。此后，这个版本不断流传。直到公元前 7 世纪的新亚述时期，人们还在传承和完善这个版本。

《吉尔伽美什史诗》对某些搞世界文学的中国人来说并不陌生。据研究，最早把《吉尔伽美什史诗》介绍给中国读者的人是茅盾，而且是在 1936 年。赵乐甡老先生于 20 世纪 80 年代翻译了《吉尔伽美什史诗》。除此之外，还有一些搞文学的中国学者，也就《吉尔伽美什史诗》发表过文章，或在文学专著的章节里面介绍过《吉尔伽美什史诗》，或者使用《吉尔伽美什史诗》中的材料来进行文学理论方面的探讨。

到目前为止，研究《吉尔伽美什史诗》的中国人都是专门搞文学的，他们都不懂阿卡德语，更不了解楔形文字，他们不是从原文读起，而是通过第二手材料来从事翻译和研究的。赵乐甡先生出版《吉尔伽美什史诗》汉译本时，列出的参考书都是 1965 年以前出版的，而且日语、俄语的研究著作居多。赵先生显然懂日语和俄语，应该也懂英语，但不懂阿卡德语。所以，他的译文是根据第二手材料完成的，错误在所难免，不得不人云亦云，人错亦错。这不是赵先生的错，是时代的局限，赵先生的译文代表了那个时代的最高水平（当然仅就这部史诗的翻译史而言）。

现在的情况有了改变。目前，中国已经有一些人系统地学习了阿卡德语和书写阿卡德语的楔形文字。这要感谢东北师大的林志纯（笔名日知）教授，他是伟大的教育家和中国世界古代史学科的开拓者。他培养了几代人，其中包括改革开放后的新生代学者。我也忝列其中。经过多年刻苦学习，终于可以直接阅读和欣赏用阿卡德语书写的《吉尔伽美什史诗》了。几年前，我们成功申请到教育部的一个重大项目，名称是"古代楔文文学文献翻译与研究"。《吉尔伽美什史诗》是我们翻译和研究的对象。遗憾的是，《吉尔伽美什史诗》到现在为止还没有翻译完。如果翻译完了，再来做这个讲座，那会更好。但承蒙邀请，时不我待，那就只好先来这里讲讲，让更多人早日了解这部伟大文学作品的魅力。

西方学者研究《吉尔伽美什史诗》的历史很长。这部史诗最早是由英国人发现的。研究《吉尔伽美什史诗》的文章和专著很多，举不胜举。我现在只介绍几本最新的翻译与研究。最新和最权威的研究是英国学者乔治（A. George）撰写的《巴比伦语吉尔伽美什史诗》(*The Babylonian Gilgamesh Epic*，也可译作《巴比伦人的吉尔伽美什史诗》，2003 年出版）。乔治能直接阅读泥版。在 16 年的"博物馆考古"中，他发现了很多新的、属于《吉尔伽美什史诗》系列的泥版残片，对《吉尔伽美什史诗》增补甚多，为再现这部人类历史上不朽的巨著做出了重大贡献。另一个值得特别提到的著作是毛尔（S. Maul）先生的《吉尔伽美什史诗》(2005 年出版）。毛尔是德国著名学者，曾经获得莱布尼茨奖。他是亚述学家，他的译文很有特色，流畅准确。他还在德国柏林的帕加蒙博物馆中发现了五块属于《吉尔伽美什史诗》系列的泥版，对《吉尔伽美什史诗》有所增补。

这里要介绍的十二块泥版的《吉尔伽美什史诗》是依据一百多块泥版碎片复原的。目前发现的百余块泥版残片是不同时期、不同地点的抄本，都属于十二块泥版中的某一块泥版的某一部分。把它们缀连起来，便形成了一个相对比较完整的《吉尔伽美什史诗》。即便如此，到目前为止《吉尔伽美什史诗》还缺损三分之一，今天我要讲的内容只是其中的三分之二。

吉尔伽美什这个名字有各种各样的写法，比较早的写法是 ^{d}Bìl-ga-mèš，是苏美尔语。Bìl-ga 的意思是"老人"，mèš 的意思是"年轻人"，连在一起就是"老人（变成了）年轻人"，即从一个老人变成了一个年轻人。这个名称不可能是他生来就有的名字，应该是后来寻找长生、出了名之后人们给他起的名字，但这只是一种推测。《吉尔伽美什史诗》中有一句话专门强调了他的名字，史诗这样说："他生来就叫吉尔伽美什。"是生来固有的名字，还是后人赋予的文学名称？这个问题大概当时就有人提出，所以史诗特意对此加以强调，以正视听。但在我看来，这个名字就是后来人们赋予他的文学名称。

不论是苏美尔文学作品，还是阿卡德文学作品，一般都不标明作者。之所以如此，大概有如下原因：第一，书吏在两河流域文化中的定位是书匠，和木匠、铁匠、皮革匠等属于一个阶层，都是手工艺者。在职业表中，书吏和这些"匠"们并列在一起。手工艺者一般都不在自己的作品上留名，在作品上留名是后来才有的。书吏书写泥版，就像木匠做一个用具，写完了就是完成了，不必留下姓名。第二，早期的文学作品都是在经历了很长阶段的口头流传后才形成文本的，书吏所做的事情是把口传文学记录下来。既然是记录，不是创造，何必署名。所以书吏压根就没有署名的意识，那时更没有"抄袭""剽窃"这样的概念。所以，大部分文学作品都没有作者。但有例外，十二块泥版的《吉尔伽美什史诗》就是少数例外之一。有一篇文献明确地说 Sîn-lēqe-unnīnī 是《吉尔伽美什史诗》的作者。他的名字是用阿卡德语起的，Sîn 是月神，lēqe 是 leqûm "接受"的命令式，unnīnī 是"我的祈祷"，连起来就是"辛啊，请接受我的祈祷"。他生活在公元前 1300 年左右，即凯喜特时期。他把几个独立的、用苏美尔语书写的关于吉尔伽美什的故事串联了起来，同时进行了再加工和创造。在古巴比伦时期，即公元前 1800 年前后，《吉尔伽美什史诗》的很多版本都在民间流传，其中应该包括与辛－雷奇－乌尼尼的版本类似的版本。辛－雷奇－乌尼尼对这个版本进行了修订和拓展，他的这个版本就是我们今天见到的十二块泥版的版本。也有人认为，辛－雷奇－乌尼尼是一个文化符号，即人们把那个时代的文学成就归于他一个人，把他与那个时代的文学成就等同起来。这种现象在中国历史上也有。最近看到一本书，说燧人氏和神农氏等古代先贤，特别是三皇，都是文化符号，代表了那个时代，是一种时代的指称，他们不一定是真实存在的人。按照这个套路，辛－雷奇－乌尼尼的情况也可能如此，他也可能是一种文化符号。一切都没有定论，在此多备一说而已。

最早发现《吉尔伽美什史诗》的人是英国人史密斯。史密斯是个传奇人物。他在西亚考古的初始阶段就成了解读楔文的专家，而且是自学成才，被大英博物馆聘用来整理泥版文献时才 24 岁。他能阅读楔文泥版，而且阅读的速度很快。1872 年的一天，他从杂乱无章的泥版堆中发现了一块泥版残片，上面书写的竟然是洪水故事。这个洪水故事与人们耳熟能详的《圣经·创世纪》中的洪水故事几乎如出一辙。据说这个发现使他激动得在屋里裸奔起来。同年，他撰写了一篇论文，叫《迦勒底人的洪水故事》，在英国皇家学会宣读。宣读之后，当时的参会者一致敦促某些机构派史密斯前往伊拉克寻找缺失的记载洪水故事的泥版。学者们心里很清楚，从已经发现的这块泥版可以推知，史密斯发现的洪水故事只是洪水故事的一部分，还缺失相当多。史密斯不久就被派往尼尼微寻找泥版。结果他不负众望，在尼尼微又发现了一块与洪水有关的泥版。他再次演绎了传奇。不幸的是，他在这次历险中付出了生命代价，逝世时才36岁。如今，学者们已经陆陆续续在世界各地发现了百余块属于《吉尔伽美什史诗》系列的泥版，有相对完整的，有不太完整的。学者们经过近一个半世纪的努力，终于根据这些泥版再现了《吉尔伽美什史诗》的基本风貌。

史密斯发现了两块与洪水有关的泥版，对重建《吉尔伽美什史诗》贡献巨大。昨天，北大有一个讲座，讲黄道十二宫。1876年，史密斯在尼尼微等几个古代亚述遗址考古时，也发现了记载在楔文泥版上的黄道十二宫，上面刻着十二宫图，即刻

图1 吉尔伽美什
艺术形象

着一个星盘，图文并茂，是非常珍贵的天文史料。后来又有人发现黄道十二宫图的泥版残片，拼缀起来便是一个非常完整的黄道十二宫图。从这里也可以看到，两河流域的文明不但文学发达，科学也相当发达，在天文、历法、数学、医学、宗教、法典、辞书编纂等领域取得了辉煌成就，对后世文明产生深远影响。

这个图片上展示的形象学界认为是吉尔伽美什，吉尔伽美什的艺术形象不多，这是其中之一。（图1）《吉尔伽美什史诗》写在泥版上，临摹下来就像图2展示的这样。楔形文字经历了几个发展阶段，大家看到的是新亚述体抄本。这是《吉尔伽美什史诗》的第一块泥版中的部分内容。其首行的前半部分写道：*šanaqba īmuru*，翻译成现代汉语就是"那

个见到深海的人"。

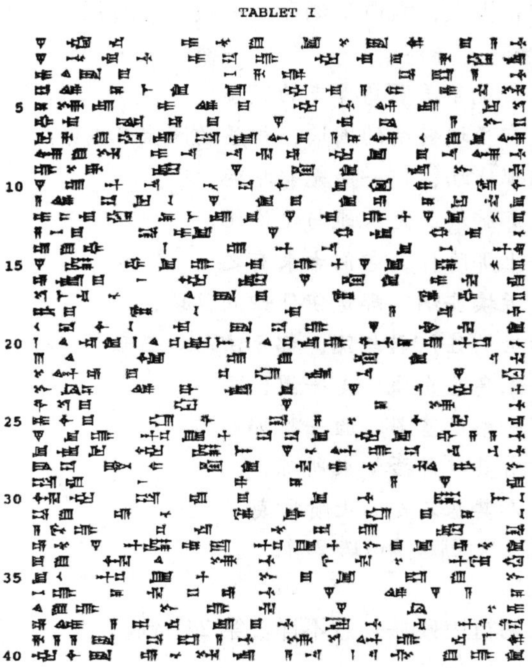

图2　第一块泥版的前40行

现在我给大家介绍一下《吉尔伽美什史诗》的内容，之后再讲讲其他相关问题。史诗开篇便道：

> 他见过深海处，国家之基础，
> 他晓得秘密所在，睿智知万物。
> 吉尔伽美什，见过深海处，国家之基础，
> 他晓得秘密所在，睿智知万物。
> 【众神有高低，他一切都熟悉。】
> 他获得全部智慧，
> 他见到了宝藏，揭开了奥秘，
> 带来了洪水前的信息。
> 他从千里归来，虽然筋疲力尽，却获得和平心理。
> 在一块石碑上，他将所有的艰辛都逐一刻记。
>
> （第一块泥版，第1—10行）

11

这不就是一个《石头记》嘛！他把所经历的所有艰辛都逐一刻在一个石板上，大概是刻在了一块天青石板上。

> 他修筑了羊圈乌鲁克的城墙，
> 还有圣埃安纳的围墙，神圣的藏宝库房。
> 瞧那城墙，铜一般光彩华丽，
> 瞧那胸墙，无人能与之伦比。
> 登上那阶梯，它们古来有之，
> 走近埃安纳，那是伊什妲的住地，
> 后世的任何君与民，都无法与之匹敌。
> 登上乌鲁克城墙走一圈，
> 察一察那基石，验一验那些砖，
> 看看其砖是否炉火所炼，
> 看看其基石是否七贤所奠。
> （第一块泥版，第11—21行）

接下来两行因残缺，意不详。第24行起：

> 请查验雪松林的泥版箱，
> 请去掉其青铜锁环，
> 请打开其秘密之门，
> 请取出天青石板，
> 高声朗读吉尔伽美什所经历的所有苦难。
> （第一块泥版，第24—28行）

这就是十二块泥版的《吉尔伽美什史诗》的开头，是辛－雷奇－乌尼尼在古巴比伦版本的开篇之前追加的"前言"。接下来便是古巴比伦版本的首句"他超越所有国王，举世闻名体魄强"。这个"前言"对吉尔伽美什的故事进行了高度概括，是一种倒叙，目的在于吊起读者的胃口，透露一些精彩内容，以此吸引读者。

接着看30行以下：

> 他是顶人的野牛，英雄气概，在乌鲁克土生土长。

12

他步行在前面，一马长当先，

有时也押后，为其兄弟保平安。

他是坚固的防洪堤岸，是其军队的保护伞。

他是凶猛的洪水，能将石墙掀翻。

吉尔伽美什，卢伽尔班达的野牛，力量大无边。

他由野牛宁孙哺育，母牛（宁孙）何其高贵！

吉尔伽美什高大魁伟，理想完美，令人生畏。

他打开前往深山的通道，

他在山脚挖井（把水找）。

他穿越宽广的海洋，直到太阳升起的地方。

为了寻找长生之方，他在世界各地游荡。

他到达远古的乌特纳皮什提居住的地方，全凭他的

力量。

他修复了崇拜中心，那些毁于洪水的圣地，

为天下众生建立了秩序。

哪位国王能与之匹敌？

谁敢像吉尔伽美什一样，说"王就是我自己"。

他生来就叫吉尔伽美什，

神性三分之二，人性三分之一，

蓓蕾特伊丽塑造了他的躯体，

努帝穆德使其形象无可挑剔。

（第一块泥版，第30—50行）

宁孙是他的母亲，卢伽尔班达是他的父亲，这是文学传统中的说法，显然是为他"三分之二是神，三分之一是人"提供依据。在历史文献中，他的父亲叫"利拉"。蓓蕾特伊莉是个母神，努帝穆德是智慧神埃阿。

接下来的几行残缺，残文之后，史诗这样描述吉尔伽美什的外貌：

他脚大三尺，腿长半竿。

他肩宽六尺，

半尺是其拇指的长短。

他两腮长满胡须，像天青石一样闪光。

13

他卷曲的头发，像绿地一样生长。

他从小到成人，（身高）完美而绝伦。

世间万物中，（容貌）卓越而超群。

（第一块泥版，第56—62行）

吉尔伽美什高大、魁伟、英俊，形象上堪称完美，但却不是一个好国王。他年轻、好玩、好斗、好色，甚至欺男霸女，把乌鲁克搞得乌烟瘴气，老百姓怨声载道：

在羊圈乌鲁克，他不停地来回走，

仿佛野牛一个样，威风凛凛昂着头。

他手里拿着武器，无人敢于与他为敌。

他的同伴们，陪他玩球不得息，

乌鲁克的年轻人，被他搞得痛苦至极。

儿子回家见父亲，吉尔伽美什都不许。

不论白天与黑夜，他趾高气扬令人惧。

国王吉尔伽美什，他统治着无数臣民，

他是羊圈乌鲁克的牧羊人。

吉尔伽美什，不许女儿随便回家见母亲。

（第一块泥版，第63—72行）

以下残3行，之后，史诗继续描述吉尔伽美什的暴行。百姓在地上抱怨，神在天上倾听。

在此，我们无法逐句展示《吉尔伽美什史诗》。《吉尔伽美什史诗》有3600多行，是楔文文学作品中最长的一篇作品，翻译成汉语也能自成一书了。现在我正在做这个工作，商务印书馆已经约了稿，遗憾的是干扰太多，无法集中精力。所以，到现在还没有译完。即使翻译完了，也不能在两个小时内把全部内容都展示出来。所以，下面我只能讲一讲主要情节。

刚才讲到，《吉尔伽美什史诗》由前言开始。在吉尔伽美什出场之前，史诗先描绘了他的不凡形象和超强能力。之后才开始讲故事，讲吉尔伽美什如何逼迫乌鲁克的年轻人和他一起玩球。玩球的这一个情节体现了吉尔伽美什的负面性格：压迫乌鲁克百姓，专横暴戾。他逼迫年轻人和他一起玩球，还有很多人一起旁观，不让年轻人回家，也不让女人回家。不让新郎回去见新娘，也不让新娘回去见新郎等等。这样一来，吉尔伽美什就成了一个地地道道的暴君：年轻、好玩、专横、精力旺盛，欺男霸女。

这大概反映了当时在原始民主制下王权的膨胀，膨胀到一定程度，老百姓开始抱怨了，正应了哪里有压迫，哪里就有反抗的说法。根据史诗的描述，乌鲁克的男男女女都开始抱怨了，向谁抱怨呢？当然是向神。他们向天呼喊，向神求助，说吉尔伽美什搅得他们不得安宁，没法按照自己的意愿来生活。天上的神听到地上的人在抱怨，决定让母神阿鲁鲁（Aruru）造一个人。造这个人的目的是让他来制约吉尔伽美什无限膨胀的权力。史诗的原话是这样说的："让他们彼此竞争，这样乌鲁克才能得到安宁。"（第一块泥版，第98行）

阿鲁鲁母神造了一个人，这个人的名字叫恩启都（Enkidu）。有人说他是"茹毛饮血，不食人饭，不通人言"的野人。这不完全正确。牵强一点的话，也可以说恩启都的野性代表了人类发展的一个阶段，即野蛮时代。但那个时代的人已经具备了用典籍与文化 11火的能力，而且已经开始从事农业和畜牧业。恩启都充其量是个游牧民族的化身，但游牧民族并不茹毛饮血，史诗中也没有说恩启都茹毛饮血，他只是和动物在一起，而这些动物指的是吃草的牛羊。和牛羊一起吃草，如果历史上有其事，那也是个别案例，人类历史没有这样的时代。

恩启都是如何被创造的？这个问题值得关注。根据史诗的描述，母神揉了一块泥，往无人的荒野上那么一甩，一下子就创造了一个人出来，这个人就是恩启都，披头散发。史诗说他是"寂寞的后代"，可能指他不说话，或许最初不会说人话。他整天和动物在一起，喝动物喝的水，吃动物吃的草，没有说他吃动物的肉。如果他吃动物肉，动物自然就不会和他在一起了。所以，他一定不茹毛饮血，是吃素的，而且是牛羊的保护者。

恩启都每天与牛羊等动物一起在山里奔跑游荡。一天，一个猎人发现了恩启都，他开始观察恩启都的行为：他和兽群一起奔跑，兽群跑到哪里，他就跑到哪里，兽群喝什么水，他就喝什么水，兽群吃什么草，他就吃什么草。这个猎人设下了捕捉动物的网，一旦动物落网，恩启都就把网解开，把动物解救出来。一旦有动物掉到陷阱里，恩启都就把这个动物救上来。猎人一直在观察，观察了三天，发现这个人力量很大。他回去把这件事告诉了父亲，说他见到了一个人，这个人的力量如何大，如何和动物一起奔跑等等。他的父亲建议他去见吉尔伽美什，并建议吉尔伽美什派一个女人去驯化他，或者说去"人化"他。

这个猎人去见吉尔伽美什。他到了乌鲁克，见到了国王，讲述了他的亲眼所见。从这里也可以看到，当时普通人见国王是非常容易的事情，说见国王就见到了国王。他向国王描述了他如何见到一个人，这个人如何与动物为伍等。吉尔伽美什于是派了一个女人，这个女人就是所谓的神妓，阿卡德语叫纱姆哈特（šamhat），字面意思是"妓女"。国王派她和猎人一起去驯化或人化恩启都，因为恩启都虽然是人，但不是文明人。所谓驯化，就是使恩启都也成为文明人。

猎人和这个女人走了三天，来到了恩启都和野兽一起出没的地方。猎人和神妓等了一天，第二天恩启都和兽群终于出现了。猎人马上与那个女人对话，让她快把衣服脱下来，赶快露出皮肤，走近恩启都，讨他的欢心。那个女人按照猎人的吩咐行事，前去引诱恩启都。恩启都果然禁不住诱惑，过来和她做爱。他们在一起长达六天七夜，尔后恩启都得到了满足。

原文是这样说的：

> 当他享尽女人的魅力，
> 他回头朝畜群望去。
> 羚羊看见恩启都就跑，
> 平原上的其他牲畜也把他远离。
> 恩启都弄脏了自己纯洁的身体，
> 他的畜群跑了，他的腿却仍在那里伫立。
> 恩启都变得无力，跑起来已不像从前，
> 但他获得了判断力，变得聪明不愚。
>
> （第一块泥版，第195—202行）

他因与女人做爱获得了智慧，却失去了力量。这些动物为什么不跟他在一起跑了呢？就因为他一下子就变成了文明人。

16

此前他还是像动物一样的野人，通过几天与女人在一起，他摇身一变就成了文明人：身体白皙，富有智慧，与动物有了明显区别。所以，动物就不再跟他在一起，开始害怕他。恩启都获得了智慧，却失去了力量，两腿发软，脱离了野性，具备了人性，即所谓从野蛮状态进入了文明状态。

现在，这个女人可以和恩启都交谈了。可见，恩启都也通过与女人进行的这番"文明交流"获得了语言能力。女人对恩启都说：

> 恩启都啊，你像神一样英俊倜傥，
> 何必整天与动物一起在荒野游荡？
> 走吧，我领你到羊圈乌鲁克，
> 到阿努和伊什妲居住的神圣殿堂。
> 在那里，吉尔伽美什最有力量，
> 他统治众生，像野牛一样。
> （第一块泥版，第207—212行）

阿努是天神，伊什妲是战神和爱神，这两个神都是乌鲁克的守护神。"走吧，到阿努和伊什妲居住的神殿"，就是到乌鲁克去。

于是，恩启都和她一起前往乌鲁克，去见吉尔伽美什。在路上，这个女人向恩启都描述吉尔伽美什：

> 尚不知生活为何物的恩启都啊，
> 我让你瞧瞧吉尔伽美什，他是多么开心高兴。
> 你要瞧瞧他，仔细看看他的面容。
> 他形貌昳丽，举止不凡，
> 浑身魅力无穷。
> 论力气他要强于你，
> 他白天黑夜都不眠不息。
> 恩启都啊，丢掉你的恶意，
> 沙玛什爱吉尔伽美什确定无疑。
> 安努、恩利尔与埃阿，使他更加大智不愚。
> （第一块泥版，第233—242行）

我的译文与赵乐甡的译文有所不同。赵先生把沙玛什翻译成"舍马什",沙玛什是约定俗成的译法。这里提到的神都是大神,阿努神是天神,恩利尔是"风神"(是最有权威的神),埃阿是智慧神,史诗说这些大神们爱吉尔伽美什,并赋予他智慧,这是对美吉尔伽美什的高度赞美。

　　在恩启都和神妓一起前往乌鲁克的路上,神妓不但在恩启都面前对吉尔伽美什赞美一番,还对他讲述了吉尔伽美什做的两个梦。吉尔伽美什做梦她怎么知道?当然是吉尔伽美什告诉她的,让她转告恩启都,但史诗省略了这个情节。

　　神妓把吉尔伽美什做的两个梦都告诉了恩启都。吉尔伽美什的第一个梦是梦到了"天冈"自天而降,落到了乌鲁克。乌鲁克人围观这个"天冈",想移动它,但太重,移不动。吉尔伽美什也很喜欢这个"天冈","爱它就像爱妻子一样"。吉尔伽美什把它拿到母亲面前,让母亲解释梦的含义。母亲把"天冈"和吉尔伽美什同等对待。这是吉尔伽美什向自己的母亲描述的梦境。他母亲为他解梦,说这意味着有一个人将要出现,而这个人力量很大,将成为吉尔伽美什的朋友。

　　那个女人说吉尔伽美什还做了第二个梦。在第二个梦里,他梦见了一把斧头从天上掉了下来,掉到了乌鲁克。乌鲁克人围观斧头,都很喜欢这把斧头,吉尔伽美什也很喜欢这把斧头,"爱它就像爱妻子一样"。他母亲为他解梦,说有一个人要来到吉尔伽美什身边,要成为他的好朋友。两个梦都是通过女人的口讲述给恩启都的。这是第一块泥版的内容。

　　第二块泥版残缺比较严重,有一些情节不太清楚,整个第一栏都残缺了,第二栏也残缺了40多行。残文之后,我们便看到恩启都和神妓在一起,他们已经进入了乌鲁克。乌鲁克人围观并议论他们,说这个人长相不凡,膂力过人,胳膊很粗,个子也很高。他们给恩启都面包,恩启都不吃,给恩启都啤酒,恩启都不喝,而且还眯缝着眼睛表示怀疑,因为他从来没有吃过这些东西,从来没有喝过这些东西。他过去喝的水是动物喝的水,吃的草是动物吃的草。可见,他此时对文明世界还是陌生的,还不能完全接受。这一段的描述非常生动和细致。接下来又残缺了很多,到能读懂的时候,我们看到他与吉尔伽美什狭路相逢。他上前拦住吉尔伽美什，二人在街上动起手来。一交手，就打得天昏地暗。

史诗这样描述道：

> 恩启都用腿把婚房的门拦挡，
> 不让吉尔伽美什进房。
> 他们在婚房前狠命地扭住厮打，
> 他们在国家的主要街道上一比高强。
> 门柱震动，墙壁摇晃。
> （第二块泥版，第111—115行）

吉尔伽美什正在去哪里？他是去参加圣婚。恩启都对此非常讨厌。所以，他才上去阻挡，不让他进入洞房。我的译文和赵乐甡的译文不同，是按乔治的新版翻译的。他们打得昏天暗地，房子在摇晃，门框在震颤，读者仿佛亲临其境，仿佛能听到格斗的声音。

战斗正酣，吉尔伽美什的母亲发话了，可惜所说内容残缺。残文之后，我们看到二人已言和，可谓不打不成交。格斗未分胜负，以和解告终。从此之后，两个人便成了生死之交。二人手拉手一起到乌鲁克。吉尔伽美什和恩启都的这场"巷战"是史诗的一个高潮。一个惊心动魄的故事结束了，史诗该如何继续？

打也打了，朋友也交了，那么，接下来情节如何发展？接下来是两个人的对话，可惜此处残缺严重，对话的内容没有全部保留下来，但其中确切无疑地涉及一个内容，那就是他们准备到黎巴嫩的雪松林去挑战洪巴巴（Humbaba）。洪巴巴是看守雪松林的"妖怪"，吉尔伽美什要去降妖捉怪，目的是要扬名天下，留名后世。史诗这样描述洪巴巴，说他大喊一声，口里就发出洪水，一张口就吐出火焰，一喘气就能让人死亡，他能耳听60里，相当于说他是千里耳。这个"妖怪"其实也是神，至少是神的使者。

面对这样一个怪物，恩启都建议还是不要去招惹他。恩启都一听到洪巴巴的名字就吓得浑身发抖。所以，恩启都建议吉尔伽美什千万不要去，并对吉尔伽美什说了很多关于洪巴巴的可怕之处。恩启都怎么那么了解洪巴巴？因为恩启都曾在森林里与动物为伍，熟悉森林里的情况，见识过洪巴巴的厉害。所以，到雪松林挑战洪巴巴的这个情节，在作品的结构安排上不是突发奇想，而是早就做了谋篇布局，早就做了铺垫。恩启都在这里发挥的作用，一点都不显得突兀，而是合情合理，顺理成章。如果没有恩启都，吉尔伽美什征服雪松怪是不可能的。

乌鲁克有一个传统，凡国家大事，做决定之前都要咨询长老会和青年会。有人把乌鲁克的这个机制视为人类历史上最早的"两院制"，即原始民主体制下的"两院制"。在《吉尔伽美什与阿伽》中，这个体制体现得非常充分。在《吉尔伽美什史诗》中，也就是在这里，在前往雪松林挑战洪巴巴之前，吉尔伽美什也征求了"两院"的意见。长老们和年轻人都不同意他去冒险，但吉尔伽美什执意要去。在《吉尔伽美什与阿伽》中也是这样，国王最后总是坚持自己的意见，"两院"形同虚设。这是第二块泥版的内容。

第三块泥版一开始便是长老们对吉尔伽美什的谆谆嘱咐，告诫吉尔伽美什不要太自负和任性，让恩启都给他带路，让他遇事与恩启都一起商量，希望他们都安安全全地去，安安全全地回来，回来后还做国王。接下来，吉尔伽美什征求母亲的意见，他母亲沐浴更衣，为儿子祈祷，祈求太阳神保护他。之后，二人上路，乌鲁克人为他们送行。这是第三块泥版的内容。

第四块泥版。他们疾行如飞，三天就走了别人要走一个半月的路程。他们来到了黎巴嫩，到了雪松林。首先观看，称羡，然后登山，祭神，而最精彩的情节是求梦。在这里，吉尔伽美什做了五个梦。遗憾的是五个梦都残缺严重，只有第三个梦相对完整。五个梦都是吉尔伽美什求的。吉尔伽美什此时处于危险境地，他不知道接下来会发生什么，不知道下一步该怎么办，因而想通过求梦来得到神的帮助。他是如何求梦的呢？他往山上的一个地方一坐，把下颌放在膝盖上，闭上眼睛睡觉。五个梦都是这样求的。

第三个梦是这样：

（吉尔伽美什说：）
我的朋友啊，我做的第三个梦是这样，
此梦使我甚迷茫。
天在大声吼，地在隆隆响。
白昼静无声，黑夜已登场。
电光闪烁急，烈火高万丈。
火焰节节高，死亡如雨降。
火光渐变暗，终于不再燃。
大火熄灭后，一切成灰炭。
（第四块泥版，第99—106行）

赵乐甡的译文是：

朋友，我做了第三个梦，
而且我的梦仍然令人心疑、惊恐——
天在轰鸣，地在震动；
阳光消失，昏暗不明；
电光闪烁，烈焰飞腾，
乌云低迷，大雨倾注不停。
光消失了，火也熄了，
掉下了的一切都化为尘土灰星。
（赵译本，第47页）

赵译相当精彩。但比较两个译文便知，赵译版与乔治版区别还是很大的。乔治版代表了最新研究成果，这是得到公认的。现在的译文应依据乔治版或毛尔版。20世纪80年代还没有乔治版和毛尔版，所以赵译无过，仍是那个时代的杰作。

吉尔伽美什每次做梦醒来后，都问恩启都是否喊过他，是否碰过他，是否看见有个神走过去了。这几句话赵先生翻译得也很精彩：

朋友，你没喊过我吗？我为何睡而又醒？

> 你没有碰过我吗？我为何吃惊？
>
> 神没有走过吗？我为何手足麻木不灵？
>
> （赵译本，第47页）

为什么求梦呢？因为他心里极度恐惧。恐惧是有原因的，因为战斗即将开始。洪巴巴随即出场。出场的方式是未见人，先闻声。还没有见到人，吉尔伽美什和恩启都就听到洪巴巴在咆哮，两个人都害怕起来，于是开始对话，议论起洪巴巴，吓得恩启都四肢麻木。吉尔伽美什鼓励恩启都，让他振作起来。这是第四块泥版的内容。

第五块泥版以描述森林开始，既是交代战场（故事发生的地点），也是一段缓冲，让读者暂时从紧张的气氛中舒缓一下，造成一张一弛的效果。史诗这样描述雪松林：

> 他们伫立凝望森林，
>
> 他们在看雪松之高，
>
> 他们在观察森林的通道。
>
> 洪巴巴所到之处，都留下小路一条。
>
> 规规整整小路，常来常往通道。
>
> 雪松山——男神的住地，女神的御台，他们瞭瞭瞭。
>
> 雪松山，正面瞧，林海茫茫枝繁茂。
>
> 令人愉悦树荫好。
>
> 森林茂密像天篷，多刺灌木相缠绕。
>
> （第五块泥版，第1—9行）

接下来，大约残75行。残文过后，洪巴巴现身，谩骂吉尔伽美什和恩启都，说他们是蠢货，听了傻瓜的建议，说恩启都是鱼子，不知谁是其父；是龟孙子，不知喝母奶。他威胁吉尔伽美什，说要割断他的喉管，把他的肉喂老鹰。这些骂人话听起来都很现代，但比现代低俗之骂要高雅得多，文学得多，而且里面包含着道理和生活经验。鱼子当然不知道谁是父亲，龟不是哺乳动物，当然不知道喝奶。在当时的那个农业社会，人们司空见惯的是牛、羊、猪、狗、驴这样的哺乳动物。对他们来说，喝奶是理所当然的，否则则不正常，所以可以拿来骂人。

吉尔伽美什心生畏惧，于是恩启都鼓励他。史诗中有几处这样的场景：当吉尔伽美什害怕时，恩启都鼓励他。当恩启都畏惧时，吉尔伽美什鼓励他。两个人互相鼓励，互为依靠，不断地向前。优势互补、一加一大于二的哲理在这两个人的身上得到充分体现。

洪巴巴极其傲慢，根本没有把对手放在眼里。这显然是一种文学手法，体现的是骄兵必败的道理。两人对阵时，出口不逊、藐视对方、不可一世的那个人，一定是最后的输家，这在《吉尔伽美什史诗》中体现得特别清楚。洪巴巴就是这样，他最后被俘虏，并惨遭杀害。

吉尔伽美什和恩启都之所以能战败洪巴巴，是由于太阳神在帮助他们。吉尔伽美什本不是洪巴巴的对手，但太阳神刮起了十三种风，控制了洪巴巴，在这种情况下，吉尔伽美什才取得胜利。史诗这样描述道：

> 沙玛什朝着洪巴巴刮起了强风，
> 南风、北风、东风、西风、疾风、
> 反向疾风、暴风、暴风雨、台风、
> 地狱风、寒风、飓风、龙卷风，
> 十三种风刮不停，洪巴巴的脸色变铁青。
> 他向前不能移，向后不能动。
> 就这样，吉尔伽美什的武器，把洪巴巴战胜。
> （第五块泥版，第137—143行）

吉尔伽美什和恩启都启程到雪松林挑战洪巴巴时，他的母亲曾沐浴更衣，向太阳神祈祷，求他帮助儿子降妖。那时的功，这时见到了果。在此，我们再次看到史诗作者的谋篇布局巧妙、前文铺垫、后文应验、环环相扣的创作技巧。太阳神在这场战斗中起了关键作用。没有神的帮助，吉尔伽美什和恩启都不可能战胜洪巴巴，因为洪巴巴毕竟是神。

这一段，赵译也相当精彩（虽然已经过时）：

> 天神舍马什听了吉尔伽美什的祷告，

23

便朝着芬巴巴刮起风暴。

大风，北风，南风，旋风，

暴雨的风，凛冽的风，卷起怒涛的风，

热风，八种风朝他呼啸，

直冲着芬巴巴的眼睛横扫。

他进也不能进，

跑又不能跑，

芬巴巴只好投降央告。

（赵译本，第48—49页）

赵译本只提到八种大风，而乔治版是十三种风。求饶的情节两个版本亦不完全相同。从中可见，亚述学是个发展着的学科，材料更新很快。

接下来是洪巴巴求饶。洪巴巴求饶三次，每一次求饶后，吉尔伽美什还没来得及反应，恩启都就建议杀死洪巴巴。求饶不成，洪巴巴便开始诅咒恩启都。这为后来恩启都因此而付出生命代价埋下了伏笔。这番诅咒也为吉尔伽美什杀洪巴巴提供了理由。诅咒之后，吉尔伽美什和恩启都一起杀死了洪巴巴。洪巴巴求饶时，吉尔伽美什是起了怜悯之心的，不忍下手，有点惺惺相惜的意味。可见，吉尔伽美什的骨子里有恻隐之心，在苏美尔语的吉尔伽美什故事中，他是一个非常好的国王。阿卡德人把他塑造成了一个专横残酷的国王，体现了阿卡德人对王权的理解，在他们看来，这才是国王的本色。不管怎么说，洪巴巴也是个神。所以，杀洪巴巴的人一定要承担后果。两个人战胜了洪巴巴，这又是一个高潮。史诗如何继续？读到这里，情节如何发展，读者都拭目以待。

第六块泥版。两个英雄杀了洪巴巴，吉尔伽美什沐浴更衣，洗掉身上的污迹，换上新装，摇身一变，又成了一个英俊的国王。这就引出了下一个故事：女神求爱。伊什妲女神对这位英俊的国王羡慕不已，便前来求爱，希望成为吉尔伽美什的妻子。吉尔伽美什断然拒绝了女神的求爱，他当然是有理由的。伊什妲以淫荡著称，有过很多情人，而这些情人都没有善终。这些"八卦"似乎人人皆知，吉尔伽美什对这些也了如指掌。所以，

24

吉尔伽美什断然拒绝了女神的求爱，并对伊什妲出言不逊：

> 谁会娶你为妻？
> 你是不结冰的……
> 是挡不住风的门窗，
> 是屠杀英雄的殿堂，
> 是……外衣的大象。
> 是弄脏搬运工的沥青，
> 是弄湿搬运工的皮囊。
> 你是【 】石墙的石灰石，
> 是毁掉敌国【城墙】的顶人野牛，
> 是刺脚的鞋子，
> 你对哪个新郎曾持续相爱？
> 你的哪位英雄曾升【入天堂】？
> 好吧，我来数数你的情人的【数量】。
> （第六块泥版，第32—44行）

接着，吉尔伽美什列举了伊什妲的具体情人和他们的悲惨下场，尔后反问道："你将爱我，然后【改变我】，就像你对他们所做的一样？"吉尔伽美什对伊什妲毫不客气，无情地揭了伊什妲的短。

伊什妲受到侮辱，于是来到天宫，即来到父亲安神面前告状和求援。她向父亲讲述了自己的委屈，告诉父亲自己受到了吉尔伽美什的侮辱和谩骂。作为神，安努当然知道事情的原委，所以问伊什妲："你难道没有挑衅国王吉尔伽美什，以至于吉尔伽美什历数那些侮辱和谩骂你的事？"伊什妲没有正面回答父亲的问题，而是直接向他求助，请求父亲把天牛给她，以便把吉尔伽美什消灭在乌鲁克。父亲还没来得及反应，她就威胁道：

> 天牛如果你不给，
> 我将把冥界彻底打碎，
> 我将把下界彻底捣毁，
> 我将让死人把活人吃光，
> 我将让活人少于死鬼。
> （第六块泥版，第96—100行）

这是伊什妲惯用的威胁语言。在我翻译的《伊施塔入冥府》（《北京大学学报·外语语言文学专刊》，1995 年，61—65 页）里，伊什妲用了同样的语言来威胁冥界守门人。这个威胁果然奏效，安神把天牛给了伊什妲。

天牛下界，到了乌鲁克。天牛一到，乌鲁克的森林草木皆枯萎，河流水渠都干涸。天牛哞一声，地面就出现一个大坑，一百个乌鲁克人就掉到坑里。天牛再哞一声，地面又出现一个大坑，二百个乌鲁克人掉进地坑。天牛又哞一声，又出现一个地坑，这次是恩启都掉了进去。但恩启都毕竟不是凡人，他跳了出来，抓住天牛的牛角。接下来是吉尔伽美什和恩启都一起战天牛。战斗的结果是二人战胜天牛，将天牛杀死，挖出天牛的心脏，祭拜太阳神。伊什妲痛恨交加，捶胸顿足，诅咒吉尔伽美什。恩启都把天牛的"右腿"卸下，向伊什妲扔去。伊什妲把妓女们招来，为天牛哀悼。吉尔伽美什把工匠和铁匠招来，让他们来看看天牛的角和其他部位多么大。吉尔伽美什用天牛的残骸祭拜自己的祖先卢伽尔班达（Lugalbanda），用其中的一部分装饰自己的卧室。

吉尔伽美什和恩启都在幼发拉底河洗了手，回到乌鲁克，受到乌鲁克人的赞美。乌鲁克的壮年男子举行了庆祝仪式。当晚都睡在吉尔伽美什的宫殿里。恩启都夜里做梦，梦见大神们在开会商议事情。这是第六块泥版的内容。

第七块泥版。泥版开头缺 26 行。之后是恩启都从梦中醒来，对雪松林的大门说话，讲了雪松林中的一段伐木经历。吉尔伽美什听后流泪，知道恩启都将不久于人世。所以，他告诉恩启都他将为他在大神们面前祈祷，还决定为恩启都塑像，其中大概还引用了一句谚语："活人已然多哀伤，死者使之雪上再加霜。"（第 75—76 行）恩启都的心里非常清楚，他的命运已经被决定，他在劫难逃。于是，他诅咒猎人，让猎人得不到猎物等。接着又在沙玛什（太阳神）那里诅咒妓女：

> 好吧，沙姆哈特，你的命运我来决定，
> 我决定的命运永远适用。
> 我将用最厉害的咒语诅咒你，

我的咒语立刻就会得到验证。

你不会得到叫你快乐的家庭，

你不会住在儿女的……

你不会坐在姑娘的【闺房】，

你的住地将弄脏你的美丽【衣裳】。

（第七块泥版，第102—109行）

……

愿你寻欢之处是条板凳不是【床】，

愿道路的交叉口是你坐的地方。

愿你睡觉的卧室是【废墟】，愿你站立之处是背面
城墙。

（第七块泥版，第115—117行）

诅咒继续，中间有些残缺，最后恩启都对妓女说：我咒你，
"是因为你在荒野将我的纯洁之躯降了格。"

太阳神听到恩启都的诅咒，从天上直接对恩启都喊话：

恩启都啊，你为何一直把沙姆哈特诅咒？

她给你吃的面包神吃都可口，

让你喝的是王者都爱喝的美酒。

她给你穿上最好的衣服，

并且给了你吉尔伽美什这个好友。

（第七块泥版，第134—138行）

太阳神还向恩启都透露了如下信息：吉尔伽美什将妥善安
排他的后事，给他足够的尊严，举国上下都将为他哀悼。之后，
吉尔伽美什本人将蓬头散发，披着狮皮，在平原游荡。

恩启都听了太阳神的话之后，开始转而为沙姆哈特（神妓）
祈福，说了一大堆祝福的话。

恩启都进入弥留状态。这时萦绕在他心里的仍是昨晚所做
的梦：

我的朋友啊，昨夜梦境之所见，非常不一般：

天在轰鸣，地在回应，

我站在二者之中。

有个年轻人，面目看不清，

他的脸和安祖鸟的脸甚雷同。

他的手是狮爪，有这种爪的还有老鹰。

他揪住我的头发，他的力气我不能敌。

我出手还击，他往后一跃，仿佛秋千荡起。

他把我打击，就像将一只木筏翻转过来面朝底。

他像头强壮的公牛，在我身上踩来踩去。

他将毒液……我的身体。

"朋友，救救我！【　】"

而你却心生畏惧，【　】

你【　】（以下缺 4 行）

（第七块泥版，第 165—178 行）

梦中的这个鸟头人把恩启都变成了鸽子，把他的双手捆住，引他入了冥界。接下来，史诗对冥界做了描述。用词和我翻译的那篇《伊施塔入冥府》（见上文）几乎一样。也正因为如此，学者们都认为《吉尔伽美什史诗》在此参考了或直接引用了《伊施塔入冥府》。《伊施塔入冥府》的第 4—10 行这样写道：

到那暗室，埃尔卡拉神的住处，

到那有进无出的屋，

走那有去无回的路，

到那谁进去都要被剥夺阳光的屋。

那里灰尘为面包，泥土为食物。

人们见不到光线，住在黑暗处。

人们像鸟一样，身着羽毛服。

《吉尔伽美什史诗》几乎直接引用了这段描述。恩启都进入冥界后，看到昔日的国王们坐在那里，还看到了各种祭司。史诗提到五种祭司：en-祭司、lagar-祭司、išippu-祭司、lumahhu-祭司以及 gudapsû-祭司。他还见到了埃塔纳（Etana，基什国王）和沙坎（Šakkan，动物保护神），见到了埃丽什吉伽（Ereškigal，

28

冥界女王）和贝蕾特－色丽（Belet-ṣēri，冥界书吏）。冥界书吏负责登记来到冥界的新成员。所以，贝蕾特－色丽问道："是谁把这个人带到这里？"（第207—208行）接下来缺22行。残文过后，吉尔伽美什与恩启都对话，恩启都病卧12天，认为神唾弃了他，接下来的内容残缺。这是第七块泥版的内容。

恩启都怂恿吉尔伽美什杀了洪巴巴，和吉尔伽美什一起杀了天牛，把天牛的"右腿"割下来扔向伊什妲，这些都是不赦之罪。从文学角度解读，这些都是作者的伏笔和铺垫。因为前文做了铺垫，所以现在大神们判决恩启都"死刑"一点都不显得突兀，而是顺理成章。

第八块泥版。第二天，天刚蒙蒙亮，吉尔伽美什便开始为恩启都致悼词。史诗几次强调了"黎明"。为什么？在苏美尔人的观念中，人死之后，灵魂犹存，但灵魂属于另一个世界，即冥界，也就是阴间。冥界黑暗，无光，灵魂自然也怕光。所以，辞灵、送葬、安葬等活动都在太阳升起之前进行。这个习俗古今中外都很常见。最早反映这种习俗的文学作品应该就是《吉尔伽美什史诗》了。人类文明中的"之最"在苏美尔人创造的文明成就中屡见不鲜，从中再次可见，苏美尔文明对人类文明的贡献是非常大的。对这个人类文明的摇篮，我们多少都应该有一些了解。这是题外话。现在言归正传。吉尔伽美什在《悼词》中这样说道：

> 恩启都啊，尔母是羚羊，
> 尔父是野驴【把你创造】。
> 野【驴】的奶把你喂养，
> 【野】兽【告诉你】草地到何处寻找。
> 恩启都啊，通往雪松林的道路，
> 将日日夜夜为你【哀悼】，
> 人口众多的羊圈乌鲁克，它的长老们将为你哀悼，
> 曾在我们背后送行的人群将【为你哀悼】。
> （第八块泥版，第3—10行）

悼词在继续，将为恩启都哀悼的天地万物还有：山峰、牧

场、树木、野兽、河流、年轻人、农民、牧人、牧童、酿酒工、妓女等等，因几处残缺，残文处提到了什么人不详。除了这些人和物将为恩启都哀悼外，吉尔伽美什自己也将"像职业哀妇（*lallaritu*）一样，我将悲恸哀伤"。（第45行）这是《悼词》的主体部分：举国哀悼。

接下来，吉尔伽美什简要地回顾了恩启都杀天牛和杀洪巴巴的壮举。之后又回到现实：

> 将【你】俘获的是什么睡眠？
> 你失去了意识，听不到我的呼唤。
> （第八块泥版，第55—56行）

接下来，转入作者叙述：

> 但是，他（恩启都）没有把【头】抬起，
> 他（吉尔伽美什）摸摸他的心脏，他已经停止呼吸。
> 他把朋友的脸蒙上，就像蒙面新娘。
> （第八块泥版，第57—59行）

这时，吉尔伽美什陷入极度痛苦的状态：

> 他围着他（恩启都）转来转去，像老鹰一样。
> 像被剥夺幼崽的母狮，
> 他踱来踱去，踟蹰彷徨。
> 他揪掉自己的卷发，它们成堆地落在地上。
> 【像……】一样，他撕碎并扔掉自己的华丽衣裳。
> （第八块泥版，第60—64行）

第二天黎明，吉尔伽美什召集全国工匠，包括宝石匠、铜匠、金匠，为恩启都制作肖像碑，身体的不同部分使用不同材料。这部分缺损11行。残文过后，吉尔伽美什在说话，应该是对恩启都的灵魂说的：

> 我将让你卧大床，

荣誉之床我将让你躺。

我将把你在安息之地——我的左边安放，

吻你脚者将是王侯将相。

我将使乌鲁克人为你哭丧，

快活之人也将为你悲断肠。

至于我，你走之后，我将蓬头垢面，

我将披上狮皮，在荒野游荡。

（第八块泥版，第84—91行）

接下来吉尔伽美什打开国库，倾一国之有来为恩启都制作肖像碑。这部分残缺严重，提到的具体材料大部分残缺，提到次数最多的是金，残文中见到的其他贵金属或宝石还有铁、黑曜石、红玉髓、条纹理石以及象牙。残文过后是吉尔伽美什为恩启都亡灵献祭品：

他为了朋友杀肥牛宰肥羊，

把它们堆积在一起，

"我朋友的……"

……把所有的祭肉都送给王公贵族来分享。

（第八块泥版，第131—133行）

这之后，吉尔伽美什开始为恩启都祈祷，求神保佑他，并接纳他为冥界成员。他依次求了伊什妲（Ištar）、纳姆拉希特（Namra-ṣīt，即南纳）、埃丽什吉伽（Ereškigal，冥界女王）、纳姆塔尔（Namtar，冥界大臣）、胡什比沙（Hušbiša，冥界管家）、卡萨－塔巴特（Qāssa-ṭābat，冥界掌管清洁仪式的神）、宁舒鲁哈图玛（Ninšuluhhatumma，冥界掌管洗手礼的神）、毕布（Bibbu，冥界屠夫）以及杜牧兹－阿普苏（Dumuzi-abzu，冥界掌管牺牲的神）。接下来有几行残缺。残文之后是某人或某神与吉尔伽美什对话（因残缺，意不详）。

又过了一天，大概是第四天，吉尔伽美什准备了一个巨大的祭案，摆上用各种宝石制作的器皿（以下残缺，残缺行数不详）。从残文可以推测，这一段描述的是辞灵仪式。以下皆缺失，大约缺百余行。这是第八块泥版。

第九块泥版。吉尔伽美什已经在荒野游荡，可见，第八块泥版缺了很多内容，按照我们的思维逻辑，缺文的内容应该包括辞灵（已有，但不完整）、安葬、吉尔伽美什准备出发以及乌鲁克长老和年轻人（"两院"成员）以及百姓送行的热烈、依依不舍、嘱咐和祝福的场面。

吉尔伽美什已经开始在荒野游荡，他仍陷在悲痛之中不能自拔。所以，边走边想：

> 我也会死亡，我难道不会像恩启都一样？
> 悲伤已经入膏肓，
> 我开始惧怕死亡，于是便在荒野游荡。
> 去见乌巴尔－图图之子乌特纳皮什提，
> 我疾行在路上。
> 只用一夜我便到了山口，
> 看见狮子成群，吓得浑身发抖。
> 我举头恳求月神，
> 冲着【 】神光开了口：
> "辛神【 】啊，请把我保佑！"
> 吉尔伽美什突然惊醒，原来那是一梦。
> 【 】面对月亮，为自己还活着感到庆幸。
> （第九块泥版，第3—14行）

他大概被狮群惊醒，醒来之后，看到一群狮子已经近在眼前。于是：

> 他操起身边斧，
> 抽出腰中剑，
> 猛向狮群扑过去，仿佛箭离弦。
> 他把狮子杀的杀，赶的赶。
> （第九块泥版，第15—18行）

接下来残11行，缺7行。史诗在这里交代了吉尔伽美什游荡荒野的原因：他要去寻找乌特纳皮什提（Utā-napišti）。这个人是谁？他是神发洪水消灭人类时唯一得到解救并获得永生的人。他是"远古"时代的人，直到吉尔伽美什生活的时代还活着。所以，吉尔伽美什要去找他，想当面问问他是如何获得永生的。恩启都之死给吉尔伽美什造成极大的心理震撼，使他意识到，尽管他现在贵为国王，有无限权威，甚至可以为所欲为，享尽人间快乐，但他终有一天会像恩启都一样，无奈地死去。为了避免这一天的到来，他未雨绸缪，开始了寻找长生的艰难之旅。

吉尔伽美什来到双峰山的山口。史诗这样描述道：

> 此山名叫双峰山。
> 当他来到双峰山，
> ——这座山，日升日落每日观，
> 山峰高耸入云霄，
> 山脚深扎在阴间。
> 一对蝎怪把门看。
> 他们的恐怖人人怕，一眼送你下九泉。
> 他们的光辉极恐怖，把高山笼罩无破绽。
> 日升日落时，他们为太阳保平安。

（第九块泥版，第37—45行）

吉尔伽美什看到蝎怪，胆战心惊，毛骨悚然：

> 吉尔伽美什看见他们，吓得魂飞魄散，赶紧用手捂住脸，
> 他极力稳住神儿，一点一点凑上前。

（第九块泥版，第46—47行）

史诗的这两句描述形象生动，非常精彩。男蝎怪看到吉尔伽美什，非常从容地告诉妻子，说一个身体是神的人向他们走来。他的妻子马上就十分有把握地说：他三分之二是神，三分之一是人。这表明：（1）吉尔伽美什的人神一体的二重性几乎天下皆知；（2）仅就外表而言，吉尔伽美什与神无别。因此，可以推断，他的神性在外表上没有体现，应该体现在其他方面，他与神的最大区别在于神是永生的，而吉尔伽美什的生命是有限的。史诗这样道：

33

蝎怪冲他的妻子喊：
"那个身体是神的人已经来到我们面前。"
蝎怪夫人回答道：
"他三分之二是神，三分之一是人。"
那个男蝎怪，扯开嗓子大声喊，
冲着身为神躯的吉尔伽美什，他这样说一番：
……

（第九块泥版，第48—53行）

蝎怪向吉尔伽美什喊话，问他为什么来这里，如何穿过那么多河流等。史诗到此又残缺，残3行，缺14行。残文过后是吉尔伽美什回答蝎怪的问题。吉尔伽美什说道：

我的祖先乌特纳皮什提，他走过的道路我在寻觅。
他获得了永生，与神在一起。
他将为我指明，生与死的奥秘。

（第九块泥版，第75—77行）

蝎怪大概对吉尔伽美什的追求很理解，没有阻止他，但却指出了关山难越的实情。他告诉吉尔伽美什，没有任何人能越过这片森林，12个时辰的路程，没有一点光线。这部分残缺严重，其中34行完全缺失。可以肯定，蝎人与吉尔伽美什进行了对话，因为残文过后是吉尔伽美什在回答蝎人的问题。因多有残缺，意不详。

接下来是蝎怪为吉尔伽美什打开山门，吉尔伽美什开始穿越原始森林。史诗这样描述道：

一个时辰，已经跑完，
漆黑一片，没有光线。
转身回头，无物可见。

（第九块泥版，第139—141行）

史诗用这种叙事模式描述了吉尔伽美什穿越原始森林的情况。第12个时辰尚未结束，吉尔伽美什便跑出了原始森林。一个仙境立刻展现在吉尔伽美什的眼前：琪花瑶草，奇花异石，看似森林，实则石树，各种宝石长成了树的模样，史诗称之为"神树"（*iṣṣi ša ilī*）。其中可以和已知宝石对应的有天青石、红玉髓、赤铁矿、绿松石等，这些石树都开花结果，把吉尔伽美什看得瞠目结舌。这是第九块泥版的内容。

第十块泥版。第一句就是"希杜丽是住在海岸的老板娘"。吉尔伽美什穿过了森林就到了海边，看到了在海边开酒馆的老板娘，她的名字叫希杜丽（Šiduri）。她正坐在自己的店铺前无所事事。突然看到一个陌生人向她走来，这个人身披兽皮，身上带着神气，骨子里带着悲伤，脸上带着长途跋涉的疲惫，看上去很可怕。希杜丽纳闷，心里想：这个人看上去很像杀天牛的那个人，他为什么到我这里来呢？她百思不得其解。她锁上房门，到房顶观察。吉尔伽美什把这一切看在眼里，不明白为什么这位老板娘对他采取这种态度。于是便问："你为何把门锁起？为何到房顶把我觑？"接下来史诗残 8 行，内容涉及二人的对话。残文过后，二人在继续对话。吉尔伽美什在讲他和恩启都战天牛、杀洪巴巴以及他在路上杀狮的经历。希杜丽对吉尔伽美什的身份还是怀疑，说："如果你真的是那位英雄，你为什么搞得如此狼狈？"吉尔伽美什告诉希杜丽原因，讲到与恩启都的友谊，恩启都死后，他哭了六天七夜。朋友死后，吉尔伽美什开始害怕死亡，并开始思考生死问题：

> 我的爱友变成了泥土，
> 我的爱友恩启都，他已成泥土。
> 难道我不会像他一样倒下去，
> 永远不会再站起？
> （第十块泥版，第 68—71 行）

怀着追求永生的强烈愿望，吉尔伽美什继续追问，求希杜丽为他指明通往乌特纳皮什提住地的道路：

> 酒馆老板娘，通往乌特纳皮什提的路在何方？
> 请你告诉我，那条路的路标什么样？

那条路的路标，把它示我又何妨？
如果可以做到，我将穿越大海，
如果不能做到，我将在荒野游荡。
（第十块泥版，第73—77行）

希杜丽告诉吉尔伽美什，人是穿越不了大海的，只有太阳才能过去。大海的中间有一段死水区，谁到那里都必死无疑。所以，她反问吉尔伽美什："当你到了死水，你将如何应对？"但是，希杜丽还是为吉尔伽美什指出了一种渡海的可能性，即让他去找一个叫乌尔沙纳比（Ur-Šanabi）的人。这个人曾经是乌特纳皮什提的船夫。她告诉吉尔伽美什，如果可能，就和他一起渡海。如果不可能，趁早回家，不必白白浪费精力。

话音刚落，吉尔伽美什就"操起手中斧，抽出腰间剑"，来战乌尔沙纳比。乌尔沙纳比也把斧子操在手中，向吉尔伽美什冲过来。二人战在一处，吉尔伽美什猛击他的头部，把他按在地上，把穿渡死海区必备的"魔石"也打碎了，且扔到了海里。描述二人格斗场景的段落后几行残缺，意不详。残文过后，二人开始对话，吉尔伽美什在回答乌尔沙纳比的问题，在告诉乌尔沙纳比他为什么看起来如此狼狈。史诗用此前吉尔伽美什回答希杜丽同样问题的同样语言，讲述了吉尔伽美什与恩启都一起杀洪巴巴，一起杀天牛的经历，也提到吉尔伽美什独自游荡、英勇杀狮的经历，中间穿插着对恩启都的赞美，最后讲到恩启都得病，谁都无力回天，只好眼睁睁地看着爱友死去。他由此看到，人生短暂，必有一死。因此，他才不辞艰辛，历尽万难，前来寻找长生之路。

听完吉尔伽美什的叙述，乌尔沙纳比建议吉尔伽美什立刻到森林里砍伐树木，做300支木篙，每支长30米。为什么要做木篙？因为吉尔伽美什打碎了"魔石"，而且把它扔到了海里。而"魔石"是穿渡死水区时必备的东西，按史诗的说法，"魔石"是用来"封舱"的（šūt abnī iptehū^{gi} šeleppa，第十块泥版，第102行）。吉尔伽美什是极具执行力的人，说干就干，300支30米长的木篙很快就准备好了。

二人登船渡海。史诗没有明确交代他们的航行速度，只说三天就走了普通人要走一个半月的路程，这应该就是交代航行

速度，其中也暗含着大海的宽度，普通人要航行一个半月才能
到达死水区。"一个半月的路程"应该不是准确的描述，而是一
种形容，言大海之宽阔，渡海需要很长时间。他们三天就到了
死水区。这时，二人开始忙活起来。乌尔沙纳比警告吉尔伽美
什，不要让自己的手碰到水，否则手将僵硬不能动。他指挥吉
尔伽美什，告诉他什么时候用第几支木篙。一支、两支、三
支……一共描述了 12 支木篙的使用，航行 720 米，所有的木篙
都用完了。我们知道，吉尔伽美什做了 300 支木篙，史诗只描
述了前 12 支，其余都省略了。从中可见，史诗在叙事方式上有
繁有简，该省就省，该略就略，是有原则和技巧的。木篙用完，
他们就脱下衣服，赤膊上阵，用手掌划船。

原来乌特纳皮什提正在对岸观看这两个人。他认识乌尔沙
纳比，但没有见过与他同行的另一个人，心里在纳闷，令他不
解的另一个问题是"魔石"为什么被打碎了。他还在自言自语
时（残缺严重），吉尔伽美什已经到了岸边，开口就问起洪水的
问题（残缺，意不详）。

乌特纳皮什提像希杜丽和乌尔沙纳比一样，看到吉尔伽美
什那疲惫、痛苦的样子，便问道：

> 你为何双颊凹陷面垂丧？
> 面容憔悴心忧伤？
> 你心里为何有忧伤，
> 面容好似长途跋涉者的脸一样？
> 你的脸为何因忽冷忽热爆了皮？
> 你为何像狮子一样在荒野游荡？
> （第十块泥版，第 213—218 行）

吉尔伽美什也像回答希杜丽和乌尔沙纳比一样回答了乌特
纳皮什提的问题。尔后对乌特纳皮什提说道：

> 我曾这样想："我要找到人们常说起的远古人乌特纳皮
> 什提。"
> 所以我走遍了世界各地。
> 我翻越了那些险峻的山脉，

37

我渡过了所有的大海。

我的脸上没有甜蜜的睡眠，

（只因为）我强迫自己不息不眠把路赶。

我的身体饱受折磨，

我从中得到了什么？

还没有到达酒吧老板娘那里，我的衣服就已磨破。

我杀过熊、鬣狗、狮子和各种豹，

鹿、山羊以及其他牲畜与野兽，

为的是扒它们的皮，吃它们的肉。

愿它们为我关上悲伤的大门，

愿它们用沥青和柏油封锁门口。

因我之故，它们将不再……起舞，

因我之故，它们将……自在幸福。

（第十块泥版，第250—265行）

接下来是乌特纳皮什提回答吉尔伽美什的问题，也是为吉尔伽美什解惑。这部分内容残缺严重，意多不详，但包括以下内容确切无疑：

（1）享受当下。他劝吉尔伽美什不要自寻苦恼，游荡荒野，寻求永生，而应该当好国王，享受当下（第十块泥版，第267行以下）。

（2）生死由命不由人。他向吉尔伽美什揭示了一个道理：人的子孙往往像被用来编筐的芦苇一样夭折；不论是俊男还是美女，往往都会在如日中天时被夺走生命，死不可预测，随时可能降临（第十块泥版，第301行以下）。

（3）人生变幻莫测。他说：在人生的某个阶段人们建造了房子，在某个阶段建立了家庭，在某个阶段兄弟分家，在某个时期国家出现世仇，有时河水会泛滥，有时蜉蝣会浮在水面……但突然之间就可能一切化为乌有。（第十块泥版，第308行以下）

乌特纳皮什提回答吉尔伽美什疑问的这部分残损严重，这是非常令人遗憾的。他的话里包含着巴比伦人对生死的解读和对人生意义的解读，充满了人生智慧。巴比伦人的宿命论和及时行乐主义在此得到充分表述。

第十一块泥版。乌特纳皮什提和吉尔伽美什二人继续对话。现在轮到了吉尔伽美什回应。他说道：

> 我看你，乌特纳皮什提，
> 与我并无别，都是骨肉躯。
> 的确，你我并无别，都是骨肉躯。
> 我甚想与你交交手，比比高与低。
> 现在面对你，我手变得软无力。
> 你曾如何获得永生？如何与神站在一起？
> （第十一块泥版，第2—7行）

乌特纳皮什提这样回答道：

> 吉尔伽美什啊，我来告你一秘密，
> 我来泄露一天机：
> 舒鲁帕克是座城，这座城市你熟悉。
> 幼发拉底河岸边，它的位置在那里。
> 那座城市甚古老，神在那里曾安息。
> 大神一天共商议，发场洪水淹大地。
> （第十一块泥版，第9—14行）

　　舒鲁帕克（Šuruppak）是一座古代城市，如今是一个考古遗址，即 Tell Fāra，位于伊拉克南部，是大神们决定发洪水的地方。在楔形文字文学中，洪水故事是个非常常见的母题。最早的洪水故事是用苏美尔语书写的，虽然残缺严重，但几个重要的故事情节还都清晰可见：神创世——神造人——人类打扰了神——神决定发洪水消灭人类——几个神发誓保守秘密——其中一个神泄密——告诉一个人造船逃生——洪水暴发——放鸟探水—— 一人（家）得救，少数物种得救——得救者拜神谢神——神赋予得救者永生。具有这些情节的洪水故事，不但苏美尔人有，阿卡德人有，希伯来人有，世界各地的许多民族都有。截至目前，已知的、流传于上古世界的"洪水故事"有四个版本：最早的版本是用苏美尔语书写的、被学界称为《埃利都创世纪》中描述的洪水，其次是用阿卡德语书写的、被学界称为《阿特拉哈希斯》的文学作品中讲述的洪水，再次就是《吉尔伽美什史诗》中讲述的洪水，最后是希伯来人的《圣经·创世纪》中讲述的洪水。这四个版本都有内在联系，构成传承关系。此处的洪水故事，即《吉尔伽美什史诗》的第十一块泥版讲述的洪水故事来源于阿卡德语的《阿特拉哈希斯》，但内容有所删减。在苏美尔语版和阿卡德语版的洪水故事中，都有神创世——神造人——人类打扰了神的情节，而《吉尔伽美什史诗》中的洪水把这些情节都省略了。为什么省略？因为这些都不是吉尔伽美什关心的问题。《吉尔伽美什史诗》的作者是文学巨匠，在取材方面当然是有选择的，就洪水故事的取材而言，可谓恰到好处。

一起商议发洪水的神有安努（Anu）、恩利尔（Enlil）、宁努塔（Ninurta）、恩努吉（Ennugi）和埃阿（Ea）。他们决定发洪水，彻底消灭人类，一个生命也不留。这几个神共同发誓保守秘密。但其中的一个参与者埃阿神还是泄露了秘密。他托梦给统治舒鲁帕克的国王乌特纳皮什提，说道：

"芦苇藩篱，芦苇藩篱！砖建墙壁，砖建墙壁！
芦苇藩篱请注意！砖建墙壁请听好！
舒鲁帕克人啊，乌巴尔图图之子，
毁掉房屋，快把船造。
放弃财宝，去把命逃。
抛弃财产，来把命保。
把所有生物的种子都装进船中，
你将建造的船只，
尺寸应该相应：
宽度、长度二者一致，
像阿普苏一样，再封上船顶。"
我明白神意，（于是）把我的主人埃阿这样回应：
"我的主人啊，你之所言，我都赞同。
我聆听了你的旨意，我按你说的施行。
可我怎么向城市交代？如何向民众和长老解释才行？"
埃阿开口说了话，
把他的仆人我这样回应：

"你就对他们做这样的说明：
'恩利尔也许已经讨厌我，
我不能继续居住在城中，
我不能再踏上恩利尔的土地，
我要到阿普苏去，与我的主人埃阿朝夕与共。'"
（第十一块泥版，第21—42行）

　　作为国王，乌特纳皮什提欺骗了全体臣民。除他之外，所有人都被蒙在鼓里，不知道造船的真实原因。所以，在第二天的黎明之际，举国（城）行动，都来帮助国王造船。史诗中提到了木匠、芦苇工、年轻人、老年人、富人和贫民。5天时间就把船架建造完毕。用今天的换算方式计算，船高60米，宽60米，长60米，是个名副其实的"方舟"。船由7个部分组成，上下分为6层，船舱里面分为9个部分。国王用了大量沥青来为船做防水处理。为了犒劳帮忙的民众，乌特纳皮什提杀牛宰羊，还拿出各种美酒给大家享用：

为这些民众我杀牛，
我每日宰羊无数头。
啤酒、麦芽酒、油和葡萄酒，
多得就像河水流，我给他们喝个够。
仿佛过大年，他们每日都在享庆宴。
（第十一块泥版，第71—75行）

　　就这样，船很快就造完了。接下来是装船。

我把我拥有的一切都装进舱：
我把我拥有的全部银器装进舱，
我把我拥有的全部金器装进舱，
我把我拥有的全部生物装进舱，
我把我的全部家眷与亲戚送进舱，
我把各种野兽装进舱，还有各行各业的工匠。
（第十一块泥版，第81—86行）

沙玛什（太阳神）为他规定了最后期限。这个时刻即将到来。因此，埃阿（？史诗没有明示，应该是埃阿）向乌特纳皮什提喊话，让他立刻上船封舱。他看看天，已经是乌云密布，他上了船，一个叫普祖尔－恩利尔（Puzur-Enlil）的造船工为他封了舱，他把宫殿以及里面的财宝都送给了这位封舱人。

洪水暴发，天昏地暗，电闪雷鸣，风雨交加，如此这般，长达六天七夜，地上的生物都变成了泥土，神都吓得上了天。第七天，大雨停止，万籁寂静，方舟在尼木什山（Nimuš）搁浅。乌特纳皮什提打开通风口向外看，看见 14 个地方有陆地露出水面。方舟在尼木什山搁浅六天。第七天，乌特纳皮什提放出一只鸽子，因为没有落脚之地，鸽子又飞了回来。他又放出一只燕子，因为没有落脚的地方，燕子也飞了回来。第三次他放出去一只大乌鸦，乌鸦有了落脚之地就再也没有回来。

乌特纳皮什提见洪水已经退去，走出船舱，祭拜四方，又到高山上祭拜，用容器装上祭品，下面燃起芦苇、雪松和桃金娘。神闻到了香味，都聚拢过来，"像苍蝇一样围拢在进献牺牲者的周边"（第十一块泥版，第 163 行）。母神贝蕾特－伊丽（Bēlet-ilī）抱怨恩利尔等大神，说不应发洪水消灭人类。这时，恩利尔也来到这里，看到有人活了下来，非常愤怒，问是谁泄露了秘密。宁努尔塔告诉恩利尔，说这事也只有埃阿能做得出来。埃阿直认不讳。不过埃阿泄露了一个细节，说他自己没有泄密，只是让乌特纳皮什提做了个梦，是他在梦里听到了神的秘密。接着，埃阿理直气壮地指责恩利尔，陈述不应该发洪水消灭人类的理由：谁有罪治谁的罪，谁的错谁承担后果，不能不分青红皂白地把人类统统消灭。再者：

> 与其发洪水，
> 不如用狮子来减少人类。
> 与其发洪水，
> 不如用狼来减少人类。
> 与其发洪水，
> 不如让饥荒来把这个国家灭。
> 与其发洪水，
> 不如让埃拉来把这个国家毁。

（第十一块泥版，第188—195行）

　　埃阿认为，充其量应该"减少"（ṣeḫēru）人类，但不能使用"洪水"这样的极端方式彻底消灭人类。最后一句话中的"埃拉"（Erra）是个冥界神，是冥界女主埃丽什吉伽的丈夫。让他来毁灭这个国家，也是要减少人口而已。

　　埃阿建议恩利尔不要再争论了，而要考虑如何处理乌特纳皮什提这些大难不死的人。恩利尔同意埃阿的建议，到船上（乌特纳皮什提大概因为害怕神的惩罚，回到了船上）把乌特纳皮什提"领"了出来，让乌特纳皮什提的妻子跪下，恩利尔站在两人之间，郑重宣布：

　　　　乌特纳皮什提直到今天仅仅是个凡人，
　　　　从现在起他和他的妻子，就位同我们诸神。
　　　　乌特纳皮什提将在那遥远的诸河河口存身。
　　（第十一块泥版，第203—205行）

　　这几行基本采用了赵乐甡的译法（赵译本第92页），有些变化，但韵味相同。为什么采用他的译文？因为他的这段译文太精彩了，无法超越！

　　乌特纳皮什提讲述完洪水故事，又回到现实，反问吉尔伽美什道：

　　　　但如今，谁能召集众神做决定，
　　　　让你找到你想要的长生？
　　　　来吧，看你六天七夜不睡不眠行不行！
　　（第十一块泥版，第207—209行）

　　话音刚落，吉尔伽美什就睡着了。乌特纳皮什提的妻子建议乌特纳皮什提叫醒吉尔伽美什，以便让他赶紧沿着来时的路回去。乌特纳皮什提对妻子说："人性善骗，说不定他会骗你。"他让妻子烤面包，一天烤一炉，且在墙上做记号，以此来记录吉尔伽美什到底会睡多长时间。他妻子按此办理，开始烤面包。第一天的面包干了，第二天的面包皮了，第三天的面包没味道了，第四天的面包变白了，第五天的面包发霉了，第六天的面包还很新鲜，第七天的面包还在火上烤着。这时，乌特纳皮什提碰了吉尔伽美什一下，吉尔伽美什醒了过来。果然，乌特纳皮什提的关于人性善骗的说法得到了验证。吉尔伽美什醒来便问："怎么我刚睡你就把我叫醒了？"乌特纳皮什提早就预料到了吉尔伽美什会这么说，于是不急不忙地让吉尔伽美什看看面包，看到底睡了多长时间。这个故事告诉读者，吉尔伽美什不能超越人性，该睡觉的时候必须睡觉，六天七夜不合眼，人是做不到了，具有三分之二神性的吉尔伽美什也做不到。乌特纳皮什提之所以用这种方式来挑战吉尔伽美什，是因为神是能做到的。虽然史诗没有明确这样说，但读者会自然得出这样的结论。这又体现史诗的一个特点：欲表此而言他。这样做可以收到一箭双雕的效果。

吉尔伽美什眼看就要徒劳一场，心里非常着急和困惑，所以，迫不及待地向乌特纳皮什提讨教：

> 远古的乌特纳皮什提啊，我该怎么办？我该何处去？
> 强盗已夺走我的肉体，
> 死神就在我的卧房栖息。
> 无论我把脸朝向哪里，哪里就有死神与我相觑。
> （第十一块泥版，第243—246行）

乌特纳皮什提没有直接回答吉尔伽美什的问题，因为当务之急是让吉尔伽美什沐浴更衣。所以，乌特纳皮什提让乌尔沙纳比带吉尔伽美什去沐浴更衣。这时的吉尔伽美什蓬头垢面，破衣烂衫，面容上带着徒劳一场后的垂头丧气和怅然若失以及不知未来何去何从的迷惘。

对吉尔伽美什的问题，乌特纳皮什提也没有答案。吉尔伽美什似乎也放弃了自己的追求。所以，沐浴更衣后，吉尔伽美什和乌尔沙纳比就登上了船，准备渡海返程，目标应该是乌鲁克。这时，乌特纳皮什提的妻子感到于心不忍了，遂对乌特纳皮什提说：

> 吉尔伽美什此行历尽艰苦，

他即将返回家园，你给了他何物？

（第十一块泥版，第274—275行）

　　吉尔伽美什听到乌特纳皮什提的妻子如此说，马上掉转船头又靠了岸。乌特纳皮什提果然不想让吉尔伽美什空手而归，便把"返老还童草"的位置告诉了他：这种草生长在海底，食之便可还童。这也是天机，是神的秘密。这样做等于泄露了天机，但对吉尔伽美什来说是最好的补偿。不断地返老还童，实际上就是永生。乌特纳皮什提的话音刚落，吉尔伽美什就系石入海，把自己坠到海底，得到了这种植物，尔后割断系石头的绳索，解下石头，浮出水面。

　　吉尔伽美什拿到这种植物后似乎很兴奋，也似乎对这种植物早就有所耳闻，所以他马上就叫出了这种草的名称，并对乌尔沙纳比说这种草叫"心跳草"（*šammu nikitti*），用现代语言翻译就是"心脏起搏器"。吉尔伽美什给这种草起了个新的名字，叫"返老还童"（*šību iṣṣaḫir amēlu*）。他没有马上试吃这草，而是准备把它带回乌鲁克，先给老年人吃，看看效果如何，然后再自己吃。于是，二人带着神草踏上返回家园之路，"二十里吃点面包，三十里搭棚睡觉"，披星戴月，风餐露宿，翻山越岭，蹚水过河，一路奔波。白天烈日炎炎，骄阳似火，他们来到一个池塘边，池水清澈凉爽，吉尔伽美什便下到水里，把神草放在地上。一条蛇闻到了草的香味，悄悄地把草叼走，吃了下去，老皮立刻蜕去，换了新皮。吉尔伽美什见追求长生路上的最后一点希望也没有了，瘫坐地上，泪如泉涌。吉尔伽美什感慨万分，一切努力和艰辛最后都竹篮打水一场空，自己什么都没有得到，却为他人做了嫁衣裳，甚至为虎做了伥（指蛇吃了草，蜕了皮，可以继续为害）。

　　这两个人"二十里吃点面包，三十里搭棚睡觉"，很快回到了乌鲁克。吉尔伽美什带着乌尔沙纳比登上城墙：

　　　　乌尔沙纳比啊，登上乌鲁克城墙走一圈，
　　　　察一察那基石，验一验那些砖，
　　　　看看其砖是否炉火所炼，
　　　　看看其基石是否七贤所奠。

> 城市大无边，林园大无边，河谷大无边，伊施妲庙是
> 其一半。
> 这些加在一起，就是乌鲁克的幅员。

（第十一块泥版，第323—328行）

至此，第十一块泥版结束，由衔接行（catchline）"我今天把球忘在了木工坊"转入第十二块泥版：

> 我今天把球忘在了木工坊！
> "木匠的妻子啊，你像母亲生了我。我是否把球忘？
> 木匠的女儿啊，你和我妹妹一个样。我是否把球忘？"
> 今天，球掉进了冥界。
> 我的球棍也是同样情况。

（第十二块泥版，第1—5行）

这时，恩启都对吉尔伽美什说：

> 主人啊，何必哭泣？何必痛苦？
> 我将亲自到冥界，把球取出。
> 我将亲自到冥界，将球棍取出。

（第十二块泥版，第7—9行）

第十二块泥版以对话开始，似乎在讲述一个家喻户晓的故事，而且省略了一些众所周知的情节。一开篇吉尔伽美什就在说话，但史诗没有交代说话的对象是谁。当恩启都开口时，读者才明白，原来吉尔伽美什在和恩启都说话。史诗并未描述吉尔伽美什的情绪，当恩启都说"主人啊，何必哭泣？何必痛苦"时，读者才知道，吉尔伽美什失物之后是这种状态。史诗此处的叙事特点可谓极其简练，给人一种感觉：作者在为读者展现一个"压缩版"的故事。

接下来便是吉尔伽美什对恩启都交代到冥界去的注意事项。这里似乎又有所省略。恩启都自告奋勇下冥界，这种为朋友两肋插刀、危难时刻挺身而出的精神可歌可泣，但吉尔伽美什对此却一点反应都没有，这似乎不太合乎情理。此处似有所省略，

46

疑作者故意为之。

吉尔伽美什告诉恩启都，到冥界不要穿洁净衣服，否则那里的人会把他当成陌生人；不要在身上涂油，否则那里的人会聚拢在他身边；不要投掷回飞棒，否则被击中的人会包围他；不要手持权杖，否则所有的影子都会发抖；不要穿拖鞋，不要发出声响，不要吻所爱的妻子，不要打所厌的妻子，不要吻所爱的儿子，不要打所厌的儿子，（因为）冥界女主就袒胸露背躺在那里。

史诗似乎又省略了恩启都对这番嘱咐的反应。史诗只告诉读者，恩启都来到了冥界。他到冥界后，没有按照吉尔伽美什的嘱咐行事，反而是吉尔伽美什不让他做的他都做了，正好反吉尔伽美什之嘱咐而行之。结果被冥界"抓住"，不能重返人间。显然，他死在了冥界，成为冥界成员。

吉尔伽美什见恩启都没有回来，便到尼普尔祈求恩利尔，让恩利尔挽救恩启都，恩利尔不应。他又到乌尔祈求辛神，辛神亦不应。最后，他来到埃利都，祈求埃阿神，埃阿决定出手相助。他让沙玛什（太阳神）打开一个地缝，让恩启都的灵魂出来。恩启都的灵魂果然出来了，与吉尔伽美什拥抱（*edēru*）和亲吻（*našāqu*）。接下来是吉尔伽美什与恩启都亡灵的对话。

吉尔伽美什迫不及待地想知道冥界规则。恩启都先卖了个关子说："我不能告诉你。如果告诉你，你必须坐下哭泣才行。"吉尔伽美什说："好好，我坐下哭泣。"吉尔伽美什一口气问了几个问题，先问独生子父亲在冥界生活得如何？再问有两个儿子的父亲在冥界生活得如何？接着继续以这种方式问了三子之父如何，四子之父如何，一直问到七子之父的情况。恩启都的亡灵一一回答：独生子之父和猪在一起，二子之父坐在砖头上吃面包，三子之父从吊袋中喝水，四子之父像拥有四头驴的人一样高兴，五子之父像好书吏一样手非常灵巧，他出入王宫轻而易举，六子之父像农民一样心里充满喜悦，七子之父与小神坐在一起听讼。

吉尔伽美什首先关注的是父亲，接下来关注的是太监，所以问道："你见到宫里的那个太监了吗？""见到了，他像一杆旗一样站靠在角落里。"接下来残24行。残文过后是吉尔伽美什询问死于不同原因的死者的情况。恩启都也逐一回答：被系泊

47

柱打死的人，挂钉一被拔出来，他就到处走；自然死亡的人在神坐的床上喝清水；战死沙场的人，他的父母把他的头抬起，他的妻子为他哭泣；暴尸荒野的人，他的灵魂无处安身；那些没有祭品可以享用的灵魂只能吃从锅上刮下来的碎屑和被遗弃在街道上的面包硬皮。以下残缺，至少缺百余行。这是第十二块泥版的内容。

关于第十二块泥版，学者间有许多争议。多数人认为第十二块泥版是画蛇添足，是作者的败笔。的确，不论从结构着眼，还是从内容着眼，这块泥版都有问题。就史诗的结构而言，第一块泥版从赞美乌鲁克城墙开始，到第十一块泥版吉尔伽美什带着乌尔沙纳比再登城墙，史诗完成了一个环环相扣、此起彼伏、逻辑关系合理清晰的故事叙述。把第十一块泥版作为史诗的结尾恰到好处。就史诗的内容而言，在第七块泥版中，恩启都梦游冥界，尔后无奈死去，由此引出吉尔伽美什游荡荒野、寻求永生的故事。在第十二块泥版中，已经死去的恩启都又成了正常人，自告奋勇到冥界为吉尔伽美什取球和球棍，无视冥法，被扣留在那里，等于又死了一次，因此在逻辑上讲不通。然而，既然古代的文学巨匠把这个故事放在这里，想必有其理由。以我拙见，史诗的作者之所以把第十二块泥版的内容也并入吉尔伽美什史诗系列，而且放在了史诗的最后，是由于：（1）第十二块泥版叙述的内容是作者编写第七块泥版时的取材源泉，但无法把第十二块泥版的全部内容都融入史诗中，所以作者把这部分内容放在了史诗的最后，作为"附录"供读者阅读欣赏。在第七块泥版中，恩启都受到神的惩罚，在弥留之际梦游冥界，醒来把所见告诉吉尔伽美什。由于故事要求这种"离题"叙事不能超越一定的限度，否则便会造成故事"脱节"，影响故事的连续性。所以把第十二块泥版的内容放在史诗的最后，既可以达到展示第十二块泥版讲述的全部故事的目的，也可以避免在叙述整个史诗故事时产生离题或脱节的问题。（2）作者大概想通过第十二块泥版叙述的故事表达几个观点：①恩启都不是死于战场，而是被冥界"抓住"，即病死，这对恩启都这样的英雄来说是一种悲哀；②吉尔伽美什没有获得永生，迟早要成为冥界中的一员，所以迫不及待地想知道冥界的规则；③现世与来世密切关联，即死于不同原因的人在冥界中过着不同的生活，这决定了吉尔伽美什的价值取向，决定了他将如何度过余生。

我的这些想法可备为一说参考。其实，关于第十二块泥版的讨论不会有任何结果，原因是泥版缺失太多，不知内容，何谈解读?! 德国著名学者毛尔在《吉尔伽美什史诗》(2005年)一书中，只翻译了十一块泥版，不提第十二块泥版，这也是一种态度。我在此想为读者展示《吉尔伽美什史诗》的全貌，所以介绍了十二块泥版的内容。如何解读第十二块泥版，相信大家都有自己的见解。

炉火纯青的阿卡德语十二块泥版的《吉尔伽美什史诗》是经过几百年漫长的时间，在吸收了不同时期、不同文化中的不同元素后才逐渐形成的。不论它出于一人之手，还是出于多人之手，它既反映了苏美尔人的智慧，也反映了阿卡德人的智慧，是这两种语言共同承载的两河流域文明的一个缩影。虽然阿卡德语版的《吉尔伽美什史诗》取材于诸多苏美尔语版的相关故事，但阿卡德语版的史诗在很多方面都做了新的处理，多有改编，或增或减，或全新创作。显然，阿卡德语版的《吉尔伽美什史诗》不是随意将某些独立的、相互没有勾连的故事串联起来，而是围绕一个主题来选材和串联的，这个主题就是放之四海而皆受瞩目的文学母题：友情、爱情以及追求长生。也有学者认为，在阿卡德语的《吉尔伽美什史诗》中有多个主题：力量与王权、野蛮与文明、友情与爱情、胜利与骄傲、生与死、人与神。

《吉尔伽美什史诗》也体现了巴比伦人的英雄观：高大英俊、勇猛智慧、爱憎分明、亦刚亦柔、敢于冒险，希望生前建功立业、死后青史留名。然而，英雄什么都能超越，就是不能超越生命。但英雄死而不亡，永垂不朽。吉尔伽美什在生理和物理上没有获得永生，但他在历史学中获得了永生，他在文学中获得了永生，他在考古学中获得了永生，他在人们的记忆中获得了永生：吉尔伽美什这个名字，如今家喻户晓，人人皆知，他的故事千古流传，人人喜闻乐见。

刘　淳

古希腊神话略谈：以欧里庇得斯悲剧《美狄亚》为例①

　　刘淳　本科和硕士就读于北京大学英语语言文学系，于美国加州大学河滨分校比较文学系获博士学位。2011 年起任教于北京大学英语系，曾开设古希腊语、拉丁语，以及西方古典文学、西方古代史诗传统、西方古代文学理论等相关课程。研究兴趣为荷马史诗、索福克里斯悲剧和奥维德爱情诗；关注古代作品中命运的概念和表达、口传与书写等主题。曾发表《奥德修斯与赫拉克勒斯的两个故事——从两副弓箭的传承看英雄形象的塑造》《斯芬克斯与俄狄浦斯王的"智慧"》《〈俄狄浦斯王〉中命运的表达》等学术论文，有学术译著《荷马史诗中的生与死》。

今天我们要谈的话题是古希腊神话。神话可能是大家比较熟悉的一个话题，对西方文学和文化感兴趣的朋友，多多少少都曾了解过一些古希腊神话作品。除文学文本之外，绘画、雕塑、建筑中，甚至影视作品中，也常常采用古希腊和古罗马神话题材。但给神话下定义，却并不是一件很容易的事情。一直以来，我们都没有一个能让所有人接受的、公认的神话的定义；然而每个人心中，都有自己对神话一词的理解。母语是中文的我们，可能对"神话"会有一个先入为主的概念，觉得神话的内容会跟"神""神仙"有关，同时又表现为某种叙述形式。如果查阅 *Oxford Dictionary of English* 等英文词典，会看到 myth 一词在现代英文中的定义，大概有两种意思。第一种把神话定义为一个传统的故事，涉及人们关于早期的历史，或者是自然和社会现象的一些解释，然后它可能还会涉及一些非日常的、超凡或超自然的现象、人和事件。另一种意思，是指不太可信的事情，荒诞、夸张的说法，甚至是对某事的误解和不太对的看法。这样的意思，在中文世界对"神话"的用法中，也经常听到。

英文等西方文字所用的"神话"一词，来自古希腊文 myth-os。这个词最基本的意思就是"言语、言辞"，可以表示对话，也可以表示某人在特定公开场合说的话。例如，《荷马史诗》里面多次提到 Mythos 这个字，或者是复数的 Mythoi。美国学者 Richard Martin 在 *The Language of Heroes* 一书中对该词进行了很多讨论，认为荷马史诗中，mythos 常常用来指一个人在一定场合下讲的一些话，而且往往是跟当下情境相关的、过去发生的事情，说话人要借此事情来阐明自己现在要说的道理。作为言语的 mythos，是一种讲述，也可以说是一个或者很多个"故事"。古希腊人热衷于讲述过去的故事，尤其是关于诸神和英雄的故事。曾经有怎样的一个大英雄，是某某神的后裔，他做过哪些哪些伟大的事情，受过什么神怎样的恩惠，有哪些子女后裔，等等。在某种程度上说来，这些都是古希腊人对自己的历史和自己过去的构建，这些被讲述的故事，是古希腊人传统中的一部分。值得注意的是，在很长一段时间里，古希腊人并不质疑这些故事的真实性，也并不关心一个事件或者一个人物的准确系年，对他们来说，只要知道一些人和事属于过去，而过去有别于现在，就已经足够。

希罗多德在其《历史》中讲述过去的故事，已经开始有不同的安排。例如，他讲到特洛伊战争的缘起时，将神话故事中的若干事件安排了先后顺序，通过给予这些故事一个时间线索，对人类的战争提出了自己的解释。根据他的说法，外族人先抢了希腊人的某个女子，然后希腊人又抢了外族人的某个女子，如此几次后，终于引发了特洛伊战争（1.1－4）。于是，在荷马史诗中被解释成神的意志的一场战争，在希罗多德这里，成了人们历年行为累积的结果，人的行动是战争的缘由。这体现了一种很不同的思维方式。总的说来，公元前5世纪以后，出现了较多对于传统神话的重新思考，人们开始质疑和辨析以荷马史诗为代表的传统故事。某些事情哪个在先哪个在后，某些神为什么不道德，某些故事为什么听起来这么的荒诞、不合情理，我们应该如何解释这些故事。到公元前4世纪柏拉图的《理想国》里，我们看到 mythos 的意义已发生了较大改变。一个明显的例子是在《理想国》的开头。苏格拉底和他的对话者们，打算构想一个想象中的城邦，他们用了 mythos 这个词，来指代他们想要虚构的情景：让我们来讲一个故事，来构想一个城邦（公元前 376—377 年）。在这个上下文中，mythos 这个字已经没有过去的、传统故事的意味了，它的虚构意味更强。

对神话的分析和研究，是更晚近的事情。我们熟悉的 mythology 一词，就是把希腊文的 mythos 和 logos 两个词放在一起造出来的。有些学者认为，我们现在所讨论的所谓 myth 或者 mythology 都是 18 世纪以后的构建，希腊人虽然讲了很多故事，但是并没有一个所谓神话的这样一个概念，或者说他们没有我们今天所以为的神话的概念[②]；对神话的研究和讨论是后来人构建的一个话题。这种态度得到了一些学者的认同，但也有一些学者不以为然，他们认为既然当时已经有讲故事的这样一种行为了，我们就可以去讨论它，我们也没有必要认为这完全是被构建出来、没有任何的根据的东西③。希腊神话经过多年讨论，已经形成了相当多的理论，故此神话理论也是一个非常棘手的问题。很难有哪个理论，能合理地解释所有的神话故事，并让所有人都满意。美国学者 G. S. Kirk 曾说，所有关于神话的这种普遍性的理论它们自动就是错的，就是本来就是错的④。也就是说，如果你想用一个理论来概括所有的神话，解释所有的神话的话，这必然会是一种不太成功的经历，会陷入某种谬误；所以最好不要试图用一种能够以一概全、囊括一切的理论来解释所有的神话。这是 Kirk 在 20 世纪后半期提出来的观点，也代表了很多学者的态度。然而，也有不同的学者指出，只要你谈论神话、试图理解神话，你就无法完全脱离某种理论⑤。尽管我们可能不一定是在有意识地运用理论来介绍什么，潜意识里总会或多或少地采取某种理论、某一角度；我们从个人的教育和生活背景形成一个态度，这个态度总是和某个理论相关的。故此，一个人谈论神话，完全不涉及任何理论，是不可能的。这是两个可能看上去互相矛盾的论述，但仔细想想，我们在接触神话、了解和分析神话的时候，的确是会陷入这样的困境：一方面，我们无法梳理出来一种特别清晰、所有的场合都适用的理论；另一方面，我们可能总会站在某种立场和角度来看待神话。

接下来我们谈谈希腊神话的一些基本特点。已有学者指出，当希腊神话展示在我们面前的时候，你会发现它往往是片段的，而不是完整的。比如，《荷马史诗》常常会简略地提及某个人物的故事；家庭悲剧是阿提卡悲剧所喜爱的主题，但聚焦点往往在某个人物的某一阶段，并不会面面俱到地讲完一个人一生所有的事情。我们在其他很多艺术作品里也看到类似情景。瓶画、壁画或是雕塑，往往展示了某个瞬间。我们举一个比较晚近的例子来说。贝尼尼的雕塑作品《阿波罗与达芙妮》，展示了女孩变成月桂树的一刻。她身体的一部分已经变成了树枝，但大部分身体还是一个女孩子，在她身后，阿波罗已经赶上来，可他还是太迟了。如果一个人完全不知道阿波罗和达芙妮的故事，这个雕塑所传达的紧张感、所包含的各种意义，至少会部分地失去。所以，古希腊作品中对神话片段式的展示其实告诉我们，希腊人对神话是相当熟悉的，他们能毫不费力地在这种片段的展示中看到一个故事的全貌，并领会这一片段、这一场景、这一时刻的意义和妙处。这些对神话的片段式展示，其实也充斥着古希腊人生活的方方面面，在日常用具里，在建筑和装饰里，也在节庆和仪式中。

其次，古希腊神话其实和近东文明有很强的相关性。在很长一段时间里，西方和东方，以及它们各自所代表的价值观，都曾被简单地对立起来；人们认为古希腊是西方文化的源头，是西方的、纯粹的东西；而公元前 5 世纪的波希战争，在后来的很长时间内都被人看作是不同社会制度、不同价值体系的冲突和对立，甚至是东方和西方的对立。19 世纪的时候，人们还会把希腊人看作欧洲文明和民主制度的源头，然后认为希腊人和波斯人那场战斗代表西方和东方之间的争斗，一个更文明的制度战胜了落后的制度。这种观点显然是西方中心主义的，或者说，这种观点可能忽略了古希腊文化的多元本质。20 世纪之后，很多研究作品反思了希腊人作品中的种族主义，不再强调东方与西方的对立、希腊人与蛮族的对比，不再进行极端的两极对立，而是更多地考虑古希腊与其他文明的交流和互动，具体地考察某一个故事、某一个作品或者某一个事件的具体情况。如果我们平心静气地考察古希腊文明，就不得不承认，在迈锡尼时代，米诺安时代，或更早的时候，环地中海的这个如今被划分成亚洲、欧洲和非洲的区域，是一整个文明，相互之间的交流很密切；它们可能有自己的各自特色，但是它们之间的交流，可能比我们今天有据可考的还要多，并没有所谓的某一个非常纯净、完全不受外来影响的文明。很多考古发现证明，古希腊的神话与古代近东文明有很大的联系。举例来说，赫西俄德的《神谱》里提到的克罗诺斯（Kronos）是天空神乌拉诺斯（Uranus）的儿子。克罗诺斯与母亲密谋，把乌拉诺斯阉割掉，代替他成为众神之王。有意思的是，赫西俄德说克罗诺斯用来阉割他父亲的那个工具，叫作 harpe（175 行）。这个字指的是一种弯弯的刀。这种刀，同时也就是很多近东的文明中，国王或神用来作为权力象征或者是作攻击之用的武器，二者的相关性很有意思。图 1 是学者 Kilinski 书中的一幅照片。这是一个赫梯人的石头浮雕，是公元前 1400 年（对应的是希腊人的迈锡尼时代）赫梯人描绘的神，他们每个人都拿了这种弯刀似的东西。

Kilinski 认为，这个东西就是赫西俄德提到的弯刀，很多古希腊艺术作品中，希腊英雄手里拿的都是这个东西[6]。图 2 是公元前 5 世纪的希腊人的瓶画，展现了大英雄珀尔修斯（Perseus）斩杀美杜莎（Medusa）的情景。右边戴头盔的女神是雅典娜，她似乎在帮助英雄；中间已被砍掉头颅的是蛇发女妖美杜莎；左边的英雄正是珀尔修斯，他左手拿的东西也是一把弯刀。希腊的画师会用这种弯刀的形象来描绘自己的英雄，可见他们并没有把这种武器与外族人必然地联系起来。他们可能熟悉这一武器，或者至少在其他艺术作品中见过它，这种借用也是文化交流的一种表现。故此，古希腊文明与地中海周围文明有诸多交融，而希腊神话在文本和艺术形式中，都体现了近东文明的影响。

图 1　赫梯众神浮雕

[土耳其亚兹勒卡雅（Yasilikaya），约公元前 1400 年。图片来自 Karl Kilinski 著作（参见注释 6），由该作者本人摄影]

图 2　珀尔修斯斩杀美杜莎（阿提卡红绘，约公元前 1400 年）

　　古希腊神话的第三个特点，是某一神话往往有多个版本共存，某一人物或事件的故事可能会不断发生演进和变化，并没有一个稳定不变的标准版本。神话故事的基本框架和走向是不变的，但在不同的年代、不同的作品中呈现出的面貌是不同的，会有不同的侧重和强调。这种变化和演进，展示了古希腊文化的包容性与活力。很多希腊主神有外来的源头，或者在外族文化中也有对应的形象。比如，古希腊神话中有女神阿芙罗狄忒（Aphrodite），而《吉尔伽美什》中有女神伊什塔尔（Ishtar），今天我们倾向认为两位女神是同一形象在不同文化中的体现。这种情况也发生在亚历山大征服外族期间。当希腊人到了别的地方，接触了不同的文化，发现本地自有的神和祭仪后，希腊人并不把这些不同的神祇和不同的做法看作是异族的宗教，而是将此看作自己的宗教在此地的变体。有时，他们也会把外族一些神明的故事或相关祭仪引入希腊，并在其后不断对其进行改造。某些神话形象，在进入希腊人的视野之后，可能会逐渐进入某个神话故事，其形象和意义也会发生较大的演进。以下是几个有关怪兽斯芬克斯（Sphinx）的例子。

　　图 3 是公元前 13 世纪一个麦锡尼墓穴中的斯芬克斯形象，这很可能是斯芬克斯最早进入希腊人视野时的形象。这时的斯芬克斯是一头强壮的猛兽，没有翅膀；很多时候，它与其他的猛兽一起出现在墓葬中，人们对它的期待是起到保护和震慑的作用。图 4 是公元前 6 世纪的黑绘作品，斯芬克斯有人的头和怪兽的身体，但已长出翅膀；它们在追赶年轻的男子①。图 5 来自公元前 5 世纪，学者们一般认为是公元前 470 年或者公元前 460 年的作品。斯芬克斯还是带着翅膀，但是它的身体已经纤细

了很多，身体姿态也很文雅，坐在那里，跟一个身着旅行者衣服的年轻男子对话；这个年轻男子应该是俄狄浦斯。也就是说，在这个时候，斯芬克斯这一怪兽，已经与俄狄浦斯的故事发生了关联⑧。如果说他们两者之间有一场较量的话，这场较量应该不是武力的较量；斯芬克斯好像在等待什么，而俄狄浦斯则好像在思考。我们还会注意到斯芬克斯身下的柱子：其样式和花纹都表明，画中的场景并不是发生在丛林和野外，而柱子本身也象征了文明社会，代表着城市生活。我们知道，索福克里斯的悲剧《俄狄浦斯王》上演于公元前 430 年到公元前 425 年，其中提到了斯芬克斯难解的谜题。通过这一绘画作品，我们了解到，在这部著名的悲剧上演之前，斯芬克斯的形象已与早期墓葬中的形象有了显著的不同。来自近东或者埃及的怪兽斯芬克斯最早是与死亡相关的形象，一度代表需要征服的自然力量，但在公元前 5 世纪已渐渐进入与城邦的文明世界发生了交融，用挑战脑力的方式来给人带来麻烦。

图 3　麦锡尼古棺上的斯芬克斯［希腊贝奥提亚（Boiotia）
坦纳格拉（Tanagra），公元前 13 世纪］

图4 斯芬克斯追逐年轻男子（阿提卡黑绘，公元前6世纪）

图5 俄狄浦斯与斯芬克斯（阿提卡红绘，约公元前470年）

　　对古希腊神话的解读和不同演绎，也在一直进行着。图6
至图8是比较晚近的画作。我们看到，在19世纪的前半期的这
幅作品中，俄狄浦斯被刻画为一个俊美的年轻人，斯芬克斯身
体则处在暗处，差不多要隐没到黑暗之中；它的脸我们看不太
清楚，但身上的女性特征非常明显，翅膀也小了很多。在19世
纪后半期的这幅作品中，对斯芬克斯脸部的刻画已经非常细致，
可以说是一个非常美貌的年轻女子的脸；斯芬克斯紧紧地抓着

站立的俄狄浦斯，整个肢体动作充满引诱的意味。最后是杜米
埃（Daumier）对斯芬克斯和俄狄浦斯故事漫画式的刻画，图中
的俄狄浦斯，好像在宣扬自己的本事，一副夸夸其谈的得意样
子，而斯芬克斯脸上则是不以为然的表情。杜米埃画了一系列
神话题材的画，但他颠覆了每个故事最著名的版本；这里的斯
芬克斯看上去既不太聪明也不太有武力，而俄狄浦斯也不是英
雄的样子；俄狄浦斯在自我夸耀，而斯芬克斯在表达蔑视。这
是俄狄浦斯与斯芬克斯故事的另一种演绎。

图 6　俄狄浦斯与斯芬克斯（让·奥
古斯特·多米尼克·安格尔，约作于
1808—1827 年）

图 7　俄狄浦斯与斯芬克
斯（居斯塔夫·莫罗，
1864 年）

图 8　俄狄浦斯与斯芬克斯（奥诺雷·杜米埃，
"古事绘"版画系列第 43 幅）

我们要谈的最后一个方面，是古希腊神话关注的重心。古希腊神话的重心，是人的努力和对人的关注。虽然希腊神话中有很多神的参与，但神只是作为人的一种参照，映衬出凡人生活特色。在一些其他民族的神话里，可能会更多地看到对动物的描写和拟人，但这种做法在希腊神话里并不多⑨。希腊神话所涉及的怪兽，往往是作为一个自然力的代表，是被征服的对象。希腊神话反映了人与自然之间的关系，人征服自然，建构一个相对文明的世界；而神是高于人的存在，映衬出人的局限。在希腊神话中，人最大的局限，在于时间和空间的局限，每一个人都出生在某个地点，只有一段时间的生命；注定到来的死亡等待着每一个凡人，而一生中又可能遭遇各种苦难。希腊神话关注的焦点，总是在凡人身上。

　　以上是对古希腊神话基本特点的一个粗略梳理。接下来，我们具体讨论一个神话题材的古希腊文本，公元前 5 世纪在雅典上演的欧里庇得斯的《美狄亚》。

　　美狄亚是古希腊神话中一个令人印象深刻的人物。已知最早有关美狄亚故事的残篇，可追溯到公元前 8 世纪⑩。公元前 5 世纪的诗人品达和欧里庇得斯都写过美狄亚。公元前 3 世纪，罗德岛的阿波罗尼奥斯（Apollonius of Rhodes）创作的史诗《阿尔戈斯英雄纪》中讲述了伊阿宋与美狄亚的故事。罗马人对美狄亚这个人物也格外感兴趣，奥维德和塞内卡都曾写下以她为主人公的悲剧，可惜奥维德的剧作今已失传。

　　美狄亚的故事，如果不计相关记载的年代先后和每部作品的不同侧重，可以概括如下：她是科尔喀斯（Colchis）的公主，父亲是埃厄忒斯（Aeetes），祖父是太阳神赫利俄斯（Helios）。当英雄伊阿宋（Jason）率领阿尔戈斯英雄来到科尔喀斯时，美狄亚协助他通过重重难关，获得金羊毛，并跟随他来到希腊本土。他们在伊阿宋的家乡伊奥科斯（Iolcus）杀死了伊阿宋的叔叔，随后到达科林斯（Corinth）。在那里，伊阿宋决定迎娶科林斯的公主；被抛弃的美狄亚便设计杀死了科林斯的公主和国王，并杀死了自己与伊阿宋的两个儿子，随后乘太阳神的车驾离开，来到雅典。还有一些作品讲述了美狄亚离开雅典的缘由以及之后的故事。美狄亚的故事体现了许多神话共有的主题，她是帮助大英雄成功的少女，是英雄外出征战、带回家乡的"战利品"，是被爱人抛弃的弃妇，也是拥有魔力的巫女，杀死血亲的"弑亲者"。

欧里庇得斯的悲剧，集中讲述了美狄亚在科林斯时发生的故事。该剧对美狄亚的刻画有两个重点。首先，美狄亚被刻画成一个外族女子，她帮远行涉险的伊阿宋杀死巨龙、获得金羊毛，并离开自己的家乡，跟随爱人来到希腊本土。在希腊神话中，美狄亚并不总是被看作是外族人，也没有特别的异族特征。在赫西俄德的《神谱》中，美狄亚是神的后裔（962 行），与凡人的英雄结合（992 行之后）。由此可见，早期希腊神话中的美狄亚，并不总是被描述为异族女子。欧里庇得斯的悲剧则着重强调了美狄亚的外族身份。在一场美狄亚和伊阿宋的对手戏中（476—546 行），美狄亚斥责伊阿宋负心背叛，伊阿宋则反驳说，你对我的帮助，不过是因为爱神的驱使，因为你自己的欲望（530 行）；你虽然帮了我，"所得到的利益反比你给我的恩惠大得多。我可以这样证明：首先，你从那野蛮的地方来到希腊居住，知道怎样在公道和律条之下生活，不再讲求暴力；而且全希腊的人都得说你很聪明，你才有了名声！如果你依然住在大地的遥远边界上，绝不会有人称赞你。"（520—546 行）[11] 可以说伊阿宋在诡辩，但这也体现了一个很有意思的论调。希腊人非常在意自己的声名，在他们的价值观中，获得声名，让人们都传颂自己的故事，是最值得追求的人生目标。可以说，在欧里庇得斯剧中，伊阿宋的诡辩强化了美狄亚的异族的身份。她出生长大的地方，和希腊本土形成一个对照，希腊所代表的就是所谓的文明、有法律的地方，人们可以在这里获得不朽的美名，与之相对的则是野蛮、没有法令和公道的世界。伊阿宋认为，自己把美狄亚从野蛮的世界带到希腊本土，比美狄亚帮助自己杀死巨龙、降服恶牛的功劳还要大；而自己因为娶了一个蛮族的女子，就遭受了很多不幸，所以现在要娶一个希腊人的公主，这样才能让自己和孩子过上应该有的生活（550 行之后）。

美狄亚身份的不确定性，可能来自她出生的地方。众所周知，科尔喀斯远离希腊本土，在今天的地理划分中属于亚洲。它早年是希腊世界的一部分。在希腊人海外扩张的过程中，曾在亚洲建立了很多居住点，把自己的生活习惯、宗教、信仰和语言都带了过去。可能在很长一段时间里，科尔喀斯都处于希腊人的影响下，这也是为什么早期神话中的美狄亚并不是外族人。后来，随着希腊人与外族人之间力量的消长，科尔喀斯逐渐被希腊人之外的力量控制。在希波战争期间，它处于波斯人的势力范围内。很可能因为波斯人力量的扩张，人们在公元前5世纪，会把跟科尔喀斯相关的人物看作外族。当然，古希腊人对外族人（barbarians）的看法，是一个很多学者讨论过的话题。已有学者指出，希腊人虽然很早就意识到有跟自己不同的人群，但早期作品中并没有过多强调异族人的身份；只是希波战争之后，希腊人才更有意识地将自己与外族人对比，并在这界定自我的过程中创造出异族人的形象[12]。有意识地与异族人对比，正是希腊人形成自己民族认同和身份认同的过程。公元前5世纪上半期发生的希波战争给希腊人带来很强的冲击，希腊人反复回顾和反思这场战争，讨论自己能够战胜强大波斯的原因。正是在这种对自我的反思和界定中，希腊人也在一定程度上塑造出了作为自己对照的、外族人的整体身份和形象，而欧里庇得斯在《美狄亚》中对女主人公异族身份的强调，可能也是这种自我身份和异族身份构建的产物。

美狄亚的异族特色，不仅在于来自地理位置的遥远，还在于她的行为和能力。剧中的美狄亚拥有巫术，她协助伊阿宋杀死巨龙，获得金羊毛，靠的就是神秘莫测的巫术；而在伊阿宋的家乡更是靠巫术杀死了伊阿宋的叔父和仇人（358行，1126行，1201行）。尽管巫术在荷马史诗中已有描述，在这部剧中却被看作是蛮族女子的特征。此外，美狄亚的行为举止常常出人意料。追随伊阿宋逃离家乡时，美狄亚亲手杀死了自己的弟弟（257—258行），这在希腊人看来是一个非常惊人的举动。有学者指出，在希腊家庭中，姐弟/兄妹之间的联系其实比同性兄弟姊妹之间的联系更紧密，兄弟可以在一定阶段成为女性在法律上的代表人，更是女子与自己家族的联系的纽带。美狄亚杀死了自己的弟弟，这可以说是一个非常决绝的态度，表明她亲自断绝了与自己家庭的联系，再无回头的可能（483行），也不可能再得到任何来自家族的支持和帮助[13]。更令人惊骇的是，美狄亚为了报复负心的伊阿宋，虽然自己万般不舍，还是选择亲手杀死两个孩子，只为了断绝伊阿宋的子嗣，让他陷入无尽的痛苦中。一个母亲在清醒的状态下杀死了自己的儿子，这样的事情不是常人能够做到的，在整个神话传统中应该也比较少见。虽然一些神话故事会有这种血亲谋杀，但往往都有不得已之处，比如《奠酒人》中，阿伽门农的儿子俄瑞斯特斯（Orestes）杀死自己的母亲，是为父亲复仇；《酒神的伴侣》中的阿格芙（Agave）杀死儿子彭透斯（Pentheus），是母亲在癫狂状态下的行为。在美狄亚神话的其他版本中，两个孩子的死亡也可能另有缘故。比如，根据鲍萨尼阿斯（Pausanias）等人的复述和一些古代评注（Scholia），公元前 8 世纪的诗人欧墨洛斯（Eumelus）曾有一部关于科林斯的史诗——《柯林斯纪》（*Korinthiaca*）[14]。根据这些记载，美狄亚的父亲是科林斯的合法国王，但他令人代理摄政。美狄亚来到科林斯，是以主人的身份到来，而伊阿宋成为这里的国王，也是因为他和美狄亚有婚姻关系。在欧墨洛斯的史诗中，美狄亚生下孩子后，就把它埋在赫拉的神龛下，以为这样能让孩子得到永生。伊阿宋因此不满，离开了科林斯。有学者认为，这个故事之所以存在，是因为科林斯本地本有某种关于死去孩童的祭祀仪式，而最早故事中与祭仪有关的孩子，可能本是某个本地女神的孩子，与伊阿宋的故事无关。是名字的偶然重合，让美狄亚与这位女神的形象合二为一，也令埃厄特斯、伊阿宋与科林斯发生关联[15]。还有一些故事提到，实际上是柯林斯人杀死了美狄亚的孩子，但他们将此归咎于美狄亚。然而，欧里庇得斯将美狄亚杀子的行为刻画为主动的选择，不仅并非出于无奈，而且经过非常清醒的考虑。她之所以这样做，只是为了让自己的敌人更加痛苦。在全剧的末尾，伊阿宋批评美狄亚说，没有哪个希腊的女子会像你这样（1339 行）。美狄亚的异族身份，似乎成为她能够清醒地选择杀子的一个解释，而这种解释也再次让观众感到了自我和他者身份的强烈对比。

　　然而，欧里庇得斯剧中的美狄亚，并不仅仅是作为一个"异类"、一个自我界定中的他者而存在。确实，美狄亚是一个身份边缘化的人物，是女子，是外族人，拥有别人没有的巫术，行为也不同于常人。然而，悲剧中的主人公，其实都是既不同于寻常生活中的普通人，又是"每一个人"，拥有很多唤起观众和读者共鸣的特质。全剧开头就在美狄亚和保姆的对话中讨论了女性的不幸命运（230 行之后）。美狄亚似乎总是一个"外来者"，她无法再回到自己的家乡，同时也没有被希腊人接纳，没有任何朋友（166—167 行，255 行）。在某种意义上，这种孤独无助的情境，象征着所有出嫁后女性的困境：女性在婚姻中也像遭遇流放的人一样，离开了自己原来的家庭，开始新的生活，适应新的环境和生活方式。欧里庇得斯所刻画的美狄亚，还展现了很多男性的特点和价值观。美狄亚能言善辩，在前半部分就征服了歌队，使她们站在自己一方，又说服克瑞翁允许自己在科林斯稍作停留。在与伊阿宋的对手戏中，双方言辞锋利，你来我往，美狄亚的言辞之锋完全不逊于伊阿宋。美狄亚强调，自己在与伊阿宋交往中出力甚多，一直采取了主动："当时我父亲叫你驾上那喷火的牛，然后去耕种那危险的田地，原来是我救了你的命；我还刺死了那一圈圈盘绕着的、昼夜不睡地守着金羊毛的蟒蛇，替你高擎着救命之光；只因为感情胜过了理智，我才背叛了父亲，背弃了家乡……"（476—482 行）在大多数希腊神话中，女性往往是男性英雄功业战利品的一部分，是被"赢取"的新娘。虽然有很多故事中都有少女帮助爱慕的英雄，但欧里庇得斯所描述的美狄亚，亲手杀死巨蛇，完成英雄功业中最重要的一步，这是极不寻常的一笔，令剧中美狄亚的形象格外强大。美狄亚有超乎寻常的言辞力量，她和伊阿宋都令人想起公元前 5 世纪雅典的诡辩师，无论如何都能为自己的行为辩护，把自己的选择说成是迫不得已、很有道理。此外，美狄亚面临困境时，首要考虑的并不是自己和孩子的生活，而是念念不忘于自己的"荣誉"，这也体现了希腊男性的价值观。已有学者注意到，该剧中美狄亚的很多言行，与《伊利亚特》中的大英雄阿喀琉斯有很多类似之处⑩。美狄亚面对自己困境的态度和做法也不同于一般的女性。丈夫另有新欢，已经足够不幸，接下来，本地的国王又宣布流放美狄亚和她的两个孩子，并要求他们马上离开。面对这样的困境，美狄亚立刻向国王克瑞翁表示对自己言行的悔恨，并乞求宽限一日，让她做足准备再离开（340 行以下）。然而，美狄亚显然只是表面示弱，她从未像歌队那样，认为自己完全没有出路（359—363 行）。克瑞翁一离开，她就表示事情还没有糟糕到那个程度（365 行）。我们看到，虽然美狄亚一开始就用女性共同的不幸获得了歌队的同情和支持，又通过示弱从克瑞翁那里获得了更为有利的条件，但她只是在利用人们对女性的一般看法，尽可能争取到最有利的条件。在得到克瑞翁宽限的一天之后，美狄亚迅速得到了埃勾斯（Aegeus）的承诺和接纳，故事中的力量对比已经开始发生变化，美狄亚已经从一个被动的受害者，渐渐开始控制局面。在离开科林斯之前，美狄亚念念不忘的一件事就是报复自己的敌人。自杀只是她的第二选择，而无论自己是否能成功逃离科林斯，她都必须首先报复仇敌（392 行以下）。美狄亚完全清楚自己报复行为可能带来的后果（791 行以下），但仍坚持报复自己的敌人，哪怕这伤害敌人的同时，也伤害了自己。她强调，绝不能让任何人认为自己软弱（809 行），只要敌人笑不出来，自己忍受悲痛也好（1362 行）。可见美狄亚这一形象，完全不是一个弱势的、被动的、受害的女性，而是事事采取主动，以维护个人荣誉为最重要的事情。可以说，美狄亚的选择，也体现了一个人在最极端清醒下所面临的困境和可能要做的选择。在爱人和家人发生冲突时，要如何选择？在荣誉和亲情面前，应该以哪个为先？

美狄亚这一形象不仅挑战了性别的界限，也挑战了人的界限。全剧结束的场景，应该最令观众难忘。杀死了自己兄弟又杀死了自己孩子的美狄亚，并没有受到任何惩罚，而是乘坐巨蟒驾驶的车驾，腾空而起，飞离科林斯，飞向雅典。美狄亚的 车驾，可能是最令人感到意外和不安的元素。这是美狄亚的祖父太阳神赫利俄斯的礼物；直到此刻，观众和读者才意识到美狄亚出身的重要意义：她不仅是外族的公主，更是太阳神的后裔。而巨蟒驾驶车驾，也是希腊神话中罕见的意向。欧里庇得斯的悲剧《海伦》，提到由飞马驾驶的太阳神车驾（342 行），这应该是一个更为常见的意象。蛇在古希腊神话中有多重意义[17]，值得注意的是，蛇的形象，往往与死亡和地府相关联[18]。于是，由巨蟒驾驶、即将腾空而起的车驾，将大地与天空的意象结合在一起。伊阿宋曾警告美狄亚，要想逃脱惩罚，要么得把自己埋入地下，要么就得腾空飞起（1296—1299 行）；讽刺的是，美狄亚做到了所有人都意想不到的事情，真的飞上了天空。在全剧末尾，美狄亚在太阳神的车驾里，高高处在舞台上方。这一场景，一定给观众带来了强烈的视觉冲击。美狄亚曾跨过大海，也曾走过很多陆上的地方，而现在她则要飞上天空。这时的美狄亚，又打破了空间的界限，打破了人与神、人与兽的界限。

图 9 是公元前 400 年左右的瓶画。美狄亚驾着巨蛇牵引的车

图 9　美狄亚乘太阳神车驾飞
上天空（约公元前 400 年）

驾，周遭被太阳的光芒包含，寓意着车驾的来源。两侧长着翅膀的应该是复仇女神，她们望着下方发生的事情：保姆在痛哭两个死去的孩子，伊阿宋站在另一边，痛苦却无可奈何。瓶画与欧里庇得斯的剧情略有出入。在剧中，美狄亚声称要亲自把这两个孩子带走，把他们埋在赫拉的圣地，这样就不会有仇人侮辱他们，挖掘他们的墓地（1378ff）；而不是把孩子的尸体留下来。图 10 是 19 世纪画家德拉克洛瓦（Delacroix）的一幅油画，描述的是美狄亚将要杀死孩子的那一刻。两个无辜的孩子正在挣扎，甚至想要逃开，但母亲紧紧抓着孩子，手里拿着尖尖利刃。光从外面打进来，美狄亚的脸的一半是陷在黑暗之中，仿佛告诉我们，她是如何挣扎在光明和黑暗之间，挣扎在生与死的决定之间。

图 10　即将杀子的美狄亚（欧仁·德拉克洛瓦，1862 年）

注释：

①本文是在 2016 年 4 月在国家图书馆"中国典籍与文化讲座"所作讲座的基础上修改而成。本次讲座面向公众展开，故此内容和结构上考虑了听众的需求。在讲稿整理中，删掉了部分曾发表过的内容，对语言进行了调整，并增删了一些参考资料。国家图书馆的刘波老师和常蔚心老师对讲座安排和讲稿整理提供了很多帮助。在此表示感谢。

②参见 Marcel Detienne, *The Invention of Mythology*（1981）。

③参见 Richard Martin, *The Language of Heroes*（1989）。

④"All Universal Theories of Myth are Automatically Wrong". 参见 G. S. Kirk. *Methodological Reflections on the Myth of Herakles*. 1977.

⑤"There is no Theory-Free Approach to Myth". 参见 Ken Dowden, *The Uses of Greek Mythology*. New York：Routledge, 1992.

⑥Karl Kilinski II, *Greek Myth and Western Art：The Presence of the Past*. Cambridge UP 2013. pp. 8 – 9. M. L. West 也在他翻译的《神谱》引言中提到了这个相似性。另参考 Rutherford, I. "Hesiod and the Literary Traditions of the Near East", in *Brill's Companion to Hesiod*, eds. F. Montanari, A. Rengakos and C. Tsagalis, Leiden, 2009. 9 – 35.

⑦图 3、图 4 来自 Emily Vermeule, *Aspects of Death in Early Greek Art and Poetry*（1979）一书。

⑧关于斯芬克斯与俄狄浦斯神话故事之间的关联，详见我的论文《斯芬克斯与俄狄浦斯王的"智慧"》，《外国文学》2014 年第 1 期。

⑨参见 Jasper Griffin, *Homer on Life and Death*. Oxford UP, 1980. 其中第五章涉及与其他民族神话的对比。

⑩参见 *Clauss and Johnston*, eds. Medea：*Essays on Medea in Myth, Literature, Philosophy, and Art*. Princeton UP, 1997. p. 3.

⑪译文出自《罗念生全集》第三卷《欧里庇得斯悲剧六种》，罗念生译，上海人民出版社 2004 年版。

⑫参见 Edith Hall, *Inventing the Barbarians*.

⑬参见 Ian Bremmer "Why Did Medea Kill Her Brother Apsyrtus?", in *Clauss and Johnston*, eds. p. 96, p. 100.

⑭也有人认为这些诗歌不会早于公元前 6 世纪中期，只是归于 Eumelus 名下，不是他的作品。见 M. L. West, ed. and trans. *Greek Epic Fragments*（Loeb, 2003）一书中此处的讨论。

⑮参见 Pausanias 2. 3. 11, scholiast at Pi. O. 13. 74. West, M. L., trans. and ed. *Greek Epic Fragments*（Loeb 2003）. p237 – 243.

⑯参见 Ruby Blondell 对该剧的译序和注释。Blondell, Ruby, Mary-Kay Gamel, Nancy Sorkin Rabinowitz and Bella Zweig. Trans. *Women on the Edge*：*Four plays by Euripides*. New York：Routledge, 1999.

⑰参见 Wyles, Rosie. "Sta Staging Mades.", in David Stuttard, ed. *Looking at Medea*. New York：Bloomsburg, in Stuttard, ed., 2014. 60ff. 该文概括了蛇的形象可能代表的意义，并对《美狄亚》末尾的场景进行了解读。

⑱参见 Walter Burkert, *Greek Religion*：*Archaic and Classical*. trans. John Roffon. Oxford：Blackwell, 1987. p. 195.

王大庆

古代希腊体育赛会概说

　　王大庆　1969 年生，北京人。历史学博士，中国人民大学历史学院副教授。现任历史学系主任，世界古代中世纪史教研室主任。主要研究领域为世界古代史，研究方向为古希腊罗马史和中外古史比较研究。开设过"世界上古史""世界文明史""古希腊历史与文化""古埃及历史与文化"等多门课程。迄今发表学术论文 30 余篇，著作 5 部，教材 3 部，译著 4 部。著有《本与末——古代中国与古代希腊经济思想比较研究》（商务印书馆，2006 年）等，译有《希腊人和希腊文明》（雅各布·布克哈特著，上海人民出版社，2008 年）等。参与和主持多项国家和省部级科研项目。曾赴澳大利亚、英国、法国、德国、意大利、希腊等国家作短期学术交流。

古希腊人是一个热衷于比赛的民族，比赛的形式和理念渗透到政治、法律、文艺、哲学研究等社会生活的方方面面，形成了其独特的"赛会文化"。不过，在所有这些比赛活动或带有比赛性质的社会活动中，体育赛会不但产生最早，也是影响最大的一种比赛，体育赛会甚至成了把希腊人与非希腊人区分开来的希腊性（Greekness 或 Hellenicity）的重要指标之一。可以说，正是在体育赛会的驱动下，提倡公平竞争的赛会精神才逐步为希腊人所普遍接受，并跨越出体育领域，成为古希腊人的一种核心价值观念。

那么，古希腊的体育赛会起源于何时？有哪些种类？比赛设有哪些项目？规则如何？有哪些不同于现代体育竞技的特点？在古代的千年发展史中，又是一种什么力量造就了其如此持久和强大的生命力？应该说，要准确回答这些问题并不容易，主要原因在于，虽然体育运动和比赛是希腊人再普通不过的一种日常活动了，但在流传至今的古代文献中却几乎没有系统和全面的记述，大多为片言只语的提及，且相互矛盾之处颇多，这种并不理想的资料状况成为古希腊体育赛会研究的最大障碍。不过，从 19 世纪开始，随着包括奥林匹亚在内的古代赛会遗址的全面发掘，尤其是随着现代奥林匹亚运动的复兴，古代希腊体育赛会的研究成了 20 世纪古典学研究的一个热点问题，学者们通过对古代文献资料的重新整理和解读，尤其是对大量与体育比赛有关的瓶画、雕刻、碑铭和纸草等实物资料的悉心研究，希腊体育赛会的轮廓日渐分明，细节逐步显现。可以说，包括古代遗址、日常用品和艺术品在内的大量考古和实物资料，一方面极大地丰富了我们对古代希腊体育赛会的直观认识，另一方面也弥补了文献资料的不足，文献与实物资料的互证越来越成为一种重要的研究方法和趋向。

本文即试图在充分利用古代文献、实物和考古资料的基础上，结合中外学者的相关研究成果，从以下三个方面对古代希腊体育赛会的历史做出一些尝试性和概要性的描述与归纳，以求教于方家。

一、古代希腊体育赛会资料综述

首先说一下文献资料的状况。虽然体育运动和比赛活动贯穿了古希腊人的日常生活，但关于这方面的记述却少得可怜，即便是最为盛大的奥林匹亚赛会也是如此。正如古史专家芬利所言："关于奥运会的原始资料，就像古代世界一般的运动会那样，是残缺不全的和零零散散的。"①笔者认为，这种并不令人乐观的资料状况主要是由于运动和比赛太过普通了，古代的作家们大多更倾向于去记述那些不常发生的事情，比如城邦的政治斗争和邦际大战等。对于这样一种制度化和常规化的社会活动，有人推测，当时可能还是有官方档案之类的东西，但可惜没有保留下来。除了残缺不全之外，就保留到今天的有关运动和比赛的文献资料而言也十分不理想，主要表现在以下几个方面：

第一，除了品达的凯歌之外，很少有时人的记载，大多是后人的追述甚至编造，因此，就同一件事情而言，相互不一致甚至矛盾的地方比比皆是，这个问题在奥运会的起源过程和起源时间上表现得尤为突出；

第二，就文献本身而言，很少有体育运动和比赛的专门记述，大多是在记述其他事情的时候顺便提及，抑或是以体育比赛为喻或使用体育比赛的术语来说明自己对其他问题的观点和看法，此类一鳞半爪的记述构成了古希腊赛会文献资料的主体部分。不过，这类资料还是可以从一个侧面说明，体育运动和比赛为所有人熟知和热爱，而且，如果"集腋成裘"的话，还是可以得到一个较为完整的画面；

第三，资料的时段和地域分布十分不平衡。古希腊赛会的传统从形成到衰亡跨越了一千多年的时间，大致可以划分为古风时代的形成期、古典时代的鼎盛期、马其顿—亚历山大时代的拓展期和罗马时代的维持和衰落期等四个阶段，地域上也大致经历了从希腊本土向东西两个方向的殖民地扩展，再向希腊化时代的各个王国和罗马帝国时代的行省地区传播的历史过程，但是，就保存下来的资料而言，从时段上看缺乏连续性，存在太多的空白和缺环。从地域上看，以奥运会为代表的泛希腊赛会的记述较多，更为普遍且数量更多的地方赛会则很少得到记载。此外，对于比赛的各个项目，也会由于在各个时代和族群中受欢迎和重视程度的不同而存在着记述的多少和详略上的明显差异。下面，我们就按照时间顺序，对古希腊体育赛会的主要文献资料做一个简要的综述。

荷马史诗无疑是关于古希腊体育比赛的最早记述，其中最重要的就是《伊利亚特》中阿喀琉斯为阵亡的好友帕特洛克鲁斯举办的葬礼运动和《奥德赛》中奥德修斯受邀参加体育比赛的情节。史诗中所描写的包括马赛、摔跤、赛跑、投掷等比赛，基本上都成为后来体育赛会的主要比赛项目。总的来看，诗人对这些体育比赛的描述不仅十分详细，而且生动准确，可见其对体育比赛十分熟悉，虽然与后来制度化了的体育赛会还存在着很多不同之处，但其中反映出的游戏和比赛精神还是成为希腊赛会精神的滥觞。对研究古希腊赛会的起源，荷马史诗中的记述无疑是最为重要的资料之一。

在第一届奥林匹亚赛会召开的大约两百年之后，在公元前6世纪最初的25年中，其他的三个泛希腊赛会才相继创办。从古风时代晚期开始，到古典时代的早期，关于赛会的记载和描述也逐步增多，公元前5世纪形成了一个小的高潮。从赫西俄德的散文作品和抒情诗人的诗歌到希罗多德、修昔底德和色诺芬的历史著作，从希腊的悲剧和喜剧作品到柏拉图的哲学对话中，都不时出现关于体育运动和体育赛会的记述，但这些记述大都属于上文所说的偶尔提及的类型，体育运动和比赛与其说是描述的主要对象，不如说是为了服务于其他的伦理、道德、政治或哲学等主题的需要。不过，除了这些附带性质的间接记述外，这一时期还是出现了一些关于体育比赛的直接记载，其中最重要的就是品达等抒情诗人专门为泛希腊赛会的优胜者撰写的凯歌作品和伊利斯人西庇阿斯撰写的有史以来第一部奥运会的编年史。

随着各大泛希腊赛会的创办，专门受人之托且收取费用的凯歌诗人也应运而生，赛会各个项目的优胜者有史以来第一次享受到了此前只有神灵才能享受的获得颂歌和塑像的礼遇。在这些专门为优胜者写颂歌的诗人中，产生了很多著名的抒情诗人，其中包括开俄斯的西蒙尼德（Simonides，前556—前467），底比斯的巴克里德斯（Bacchylides，前505—前450，西蒙尼德的侄子）和品达（Pindar，约前518—前438），他们都留下了一些写给赛会优胜者的凯歌（*epinician*）。在他们当中最重要的当属彼奥提亚的贵族诗人品达了，原因在于，一方面，他为四大泛希腊赛会撰写的45首凯歌作品被完整地保存下来，流传至今；另一方面，这些诗歌也堪称古希腊抒情诗的典范之作。品达以其热情奔放、文辞隽永和思想深刻的独特风格成了抒情诗时代最伟大的诗人。在今天看来，这些诗歌既是时人所写，又是关于体育比赛的直接描述，十分稀有和珍贵，无疑是古代希腊赛会研究最重要的历史资料。不过，需要注意的是，作为付费写作的诗人，品达的诗歌带有强烈的个人倾向，不仅具有浓厚的贵族色彩②，而且写作的目的也并非是为了客观地记述比赛，而是为了赞美优胜者的"神性"，进而对凡人与神灵的关系做出思考，从性质上讲仍然是"醉翁之意不在酒"，这一点

在运用它来研究体育赛会的时候需要加以注意。正如芬利所言，品达的诗歌之所以被保存下来，"不是因为它们是关于运动的，而是因为它们的质量最高"③。品达不仅是伟大的凯歌诗人，也被认为是最后一位，品达之后，此类诗歌几乎就绝迹了。

大约在公元前5世纪末或公元前4世纪初，出现了希腊有史以来的第一部编年史，作者是伊利斯人西庇阿斯（Hippias of Elis），他也是一位哲学家和修辞学家。正是在这部作品中，他把第一届奥运会的举办时间定位在公元前776年。虽然这个时间在今天被广为接受，但从古至今异议不断，引发了无休止的争论。当中他提出，正是在公元前776年，伊利斯和斯巴达的国王结束纷争，握手言和，从而创办赛会。除了提出了一种影响颇为深远的关于奥运会起源的说法之外，这部著作最大的价值就在于提供了一个完整的奥运会优胜者的名录，一个世纪之后亚里士多德对这份名录进行了补充和修订。因为奥运会的继续举办，这份名录在马其顿时代和罗马时代不但广为流传，且不断得到补充和完善，成为古代奥运会千年发展史中几乎唯一的有系统的和连续性的文献史料。尽管这个名录的来源不清，

其真实程度仍旧存在争议，但还是为我们今天研究希腊体育赛会的运动项目的发展史、优胜者和运动员的地域分布和变化等问题提供了十分宝贵的第一手资料。

从公元前 4 世纪开始，关于体育运动和比赛的记述就进入了一个相对的空白期，直到罗马帝国时代早期，古希腊的赛会才再次引发旅行者和作家们的浓厚兴趣。不过，在这几个世纪里，虽然大多数的资料仍旧都是零星的和间接的，但也呈现出一些不同以往的特点。首先，随着体育运动和比赛的日益专业化和职业化，出现了一些类似于今天的训练手册的东西，不过，大多没有保存到今天。第二，体育运动越来越受到医学家们的关注，如何使运动员保持身体的健康，如何能够做到协调发展，成为他们普遍关注的问题。其中，医学之父希波克拉底（Hippocrates of Cos，约前 460—前 370）就有很多这方面的论述，亚里士多德也有不少的讨论。第三，从希腊城邦时代到希腊化时代再到罗马帝国时代，对希腊体育运动和比赛的批评之声就不绝于耳，这些批评散见于哲学著作、戏剧和演说等文献中。有人认为运动员不能为国家做出什么实质的贡献，远不如军事训练更加实用，还有人认为过度的体育训练不但有害于人的身体健康，而且造成了世风日下，甚至道德沦丧④。当然，这些批评主要来自于社会上层中的一小部分人，并不是普遍的看法，运动和比赛照常举行，但这些批评也反映出时人对运动和比赛的一些负面影响及其社会价值的反思。

总体来讲，罗马人对古希腊的体育运动和比赛活动抱着一种又爱又恨的态度，一方面，他们对希腊的运动和比赛十分熟悉，包括一些罗马皇帝在内的希腊文化的崇拜者们更是不遗余力地资助、举办或参加赛事⑤；另一方面，大多数的罗马人对希腊的运动和比赛都抱有一种怀疑、排斥甚至鄙视的态度，尤其不能接受裸体竞技的习俗。虽然希腊城邦时代的和后来新创办的赛事在罗马帝国时代照常举办，遍布于帝国的各个角落，但罗马人更偏爱于作为希腊竞技的变种的角斗士表演，当然还有赛车和赛马。尽管如此，在公元 1—2 世纪，还是出现了一个关于希腊运动和比赛的记述的小高潮，其中最重要的就是鲍桑尼阿斯（Pausanias）的《希腊纪行》（*Description of Greece*）和琉善（Lucian，约 125—180）的《阿纳卡西斯》（*Anachrsis*）。

鲍桑尼阿斯是公元 2 世纪的一位希腊旅行家，在他保留到今天的十卷本的游记中，有两卷专门记述他到访奥林匹亚的见闻，他大约在公元 160 年到 170 年之间访问了奥林匹亚，于 175 年左右撰写了这篇游记。在这本被称为"世界历史上的第一本导游手册"中[⑥]，他不仅详细描述了奥林匹亚的布局和很多纪念性建筑，记载了当时能够看到的大约 200 尊雕像的情况，而且还追述了奥林匹亚赛会的起源和漫长的历史，当然还有很多逸闻趣事，对公元前 6 世纪到前 4 世纪的记载尤其详细。从近代以来对奥林匹亚遗址的发掘来看，鲍桑尼阿斯的记载和描述是十分真实和准确的。这部晚出的"奥运史"被认为是继西庇阿斯的编年史之后关于古代奥运会的最重要的文献资料，不但更为详备，也很值得信赖。

琉善是罗马帝国时代的著名哲学家，他的写于公元 170 年左右的一篇作品《阿纳卡西斯》虽然是一篇虚构的"穿越"小说，但其中对希腊体育运动和比赛的价值做出了深入的思考。作品的主人公阿纳卡西斯是一个斯基台人，他从黑海附近到访雅典，时间被设定在公元前 590 年，因此他幸运地见到了立法者和改革家梭伦，但中心的话题却是体育。当面对涂油的运动员在尘土中搏斗的场景，浑身上下布满了汗渍和鲜血，阿纳卡西斯大为不解，尤其是听到他们这样做既没有实际的利益，也不是军事训练之后，认为这些人都疯掉了。对此，梭伦的回答是："你当然会这样看，因为他们做的事对你来说是陌生的，与你们斯基台的风俗十分不同……它并非疯狂，他们做的事不但有益，而且也不无快乐，可以强健他们的身体……他们运动的地方叫体育场，做的事情通称体育，比赛的胜者有奖。"梭伦还补充说，虽然不是军事训练，但体育运动和比赛还是有助于战争的。当然，这番话并不能让阿纳卡西斯信服，于是争论继续了下去。有趣的是，对于谁赢得了这场争论的胜利，琉善并没有做出明确的回答[⑦]。不过，这场围绕希腊的体育运动和比赛而展开的争论，一方面说明了这种习俗的独特性，另一方面，体育运动和比赛也成为区分文明人和蛮族人的重要标志，争论的输赢也就并不重要了。

除了上述两部作品，我们还要提到菲罗斯特拉图斯（Philostratos，170—250），他留下了古代唯一的一部运动手册《论体育运动》（*On Gymnastics*），其中，他详细地叙述了各个项目的比赛对运动员的身体各个部分的要求。需要指出的是，这本书虽然是古代历史上少有的与体育运动直接相关的文献，但写作的目的并非记述运动和比赛本身，而旨在运动美学和身体保养的知识和要领。此外，继希波克拉底之后的古罗马最大的医学家盖伦（Claudius Galenus of Pergamum，129—199）对体育运动和比赛也颇为关注，从医学角度留下了不少评论⑧。

实际上，在罗马时代，传统的和新兴的希腊式的体育运动和竞技活动不但如期举行，而且得到了社会各阶层的广泛关注和参与，包括并不喜欢这种活动的罗马人在内对体育运动和比赛极为熟悉，这一点从大量散见于这个时期留下的各种文献中的体育活动的描述可见一斑，比如，西塞罗（Cicero，前106—前43）虽说是希腊文化的热爱者，但他的热爱从未延伸到体育。他明确地反对这种习俗。但有人指出，在他的书中经常提及体育比赛，比如多次提到了起跑门，对短跑比赛的细节的描述也极为准确⑨。可以说，西塞罗对希腊体育的"不赞成但熟知"的特点在保守的罗马人中颇具普遍性。又如，奥维德（Ovid，前43—18）在《变形记》中对亚特兰大的摔跤比赛有着十分精准的描述，其专业和细致的程度在希腊文学中都极为少见。再如，虽然裸体竞技也遭到了生活在亚历山大的犹太人的抵制，但大多数犹太人还是可以接受体育运动本身，亚历山大的犹太哲学家菲罗（Philo Judaeus，约前20—40）的书中充斥了大量的体育运动的术语，他不但赞成青少年参加体育运动，而且很好地利用了希腊的传统来阐发他的哲学思想。

总之，公元1—2世纪既是罗马帝国的稳定和繁荣期，也是对古希腊赛会的记述比较多的一个时期。作家们不但对身边的希腊赛会十分关注，还试图追忆其城邦时代的辉煌历史。可以说，罗马帝国时代开启了对希腊体育赛会进行研究的序幕。不过，进入3世纪之后，随着帝国逐步陷入各种危机，尤其是基督教的兴起并成为国教，以多神教为背景和存在基础的希腊体育赛会也开始从根本上受到破坏，逐步走向衰亡。在这一时期，对赛会的记载再次陷入了沉寂。随着罗马皇帝下令终止各大体育赛会，这种延续千年的社会活动寿终正寝，直到19世纪末才得以再生。

关于古希腊的体育赛会，除了文献资料之外，还有大量的实物资料可供参考。这些资料一方面极大地弥补了文献资料的缺失和不足，填补了诸多的记述空白，而且还可以与文献资料相互对照，对赛会历史上那些相互矛盾和冲突的说法起到修正的作用。

就实物资料而言，首先要说到古希腊人存留至今的大量的青铜或石质雕像、浮雕和彩绘的陶瓶，它们遍布于世界各大博物馆，不论是从数量还是从质量上看都十分可观，它们以相对真实和客观的笔触，生动而形象地记录下了与古代希腊的体育运动和比赛相关的各种场景，同时，也承载着古希腊人的光荣与梦想，并展现出他们的审美观念。从雕像上看，从古风时代开始，一直到罗马帝国时代，男性的裸体雕像不仅普遍出现，而且成为希腊雕刻艺术的主流。从其发展过程来看，虽然经历了从神像到人像，从僵直拘谨到运动状态，从比例失衡到准确写实的过程，但自始至终都没有脱离体育运动的语境（context），这些雕像所普遍具有的健美的和匀称的体态都透露出雕刻家的模特就是运动场或赛场中的运动员。正是通过长期的观察、摸索和实践，他们不仅创造出了不同于其他文明的人体雕塑的式样和风格，而且还发现了人体美的固定的比例关系，并把这种具有普遍意义的美的比例运用到了更多的创作中。在这些雕像中，很多都是希腊体育运动和比赛的直接产物或真实的反映，它们或者作为比赛胜利的纪念物奉献给神灵，或者就是优胜者出资为自己打造的，塑像成为优胜者在羊毛绶带、桂冠和凯歌之外的获得像神灵一般的荣耀和不朽声名的另外一种重要手段。需要说明的是，我们今天所看到的人体雕像大多为罗马时代的复制品，且以大理石雕像为主，青铜雕像由于不易保存，留下的原件十分有限。

在古希腊，陶瓶的制作十分普遍，作为容器和炊具，陶瓶是普通人家居生活必备的日用品。除了各种几何花纹之外，匠人们很早就开始了在陶瓶上绘制各种图画。题材十分广泛，手法写实逼真，从为人们所熟知和津津乐道的神话故事到普通人的婚丧嫁娶，从贵族与富人到奴隶和妓女，在瓶画上都有生动和细致的描绘。可以说，这些瓶画全方位地展示了希腊社会生活的各个方面，堪称希腊社会的"万花筒"。其中，作为希腊人日常生活不可或缺的组成部分的体育运动和比赛的场景不仅数量很大，而且品质颇高，包括赛马、赛车、赛跑、拳击、摔跤、跳远和投掷在内的几乎所有运动比赛项目都得到了生动有趣的描绘。瓶画上，血从拳击手的鼻子里喷涌而出的场景使我们想起了青铜拳击手塑像上的伤痕累累的头颅。据粗略统计，仅仅在保存至今的雅典的陶瓶中，体育运动题材的瓶画的数量就在1500幅以上[⑩]。可以说，这些瓶画对体育比赛的全面关注和细致描绘与文献资料中的语焉不详和顺便提及形成了鲜明的对比，极大地弥补了文献记载的不足，瓶画因而成为文献记载之外的数量最大且品质最高的一类原始资料。不过，需要注意的是，这些瓶画的作者并不是艺术家而是普通的匠人，他们的名字甚至也没有保存下来。虽不乏传神和精妙之作，但也有大量的题材雷同甚至粗制滥造的作品（比如，在一个来自于斯巴达的描绘泛希腊赛会的瓶画上有一匹五条腿的马[⑪]），且大多并不完全为了反映现实的情况，而采用了一种带有夸张、逗趣和变形的风俗画的技法，我们在把它们当作历史资料运用的时候要加以注意。

作为一个石料资源十分丰富的古代文明，希腊人不仅将石头普遍用于建筑和雕刻，还习惯于把一些需要长久保存的文本刻写在石头上。这些碑铭资料有很多保留至今，且还在不断发现，由于其相对的真实性和客观性，无疑具有很高的史料价值。在古希腊的碑铭资料中，也不乏与体育运动和比赛相关的内容[⑫]。其中，既有大量的赛会优胜者的墓志铭，刻写在雕像底座上的纪念性文字，也有一些赛会的规则或法律被刻写在石碑上。此外，近代以来发现的埃及纸草文献中也有不少与体育运动和比赛相关的资料，从年代上看大多属于希腊化或罗马时代，内容包括摔跤手册、优胜者名录以及涉及投资和回报的体育训练机构的通信等[⑬]。

说到考古资料，我们还要提到近代以来对包括四大泛希腊赛会举办地在内的古代体育运动和比赛场所的重新发掘、考察和研究，其中，对奥林匹亚遗址的研究尤其丰富。从1875年德国考古学家正式开启奥林匹亚的考古发掘工作以来，时至今日，取得了极为丰硕的成果，主要表现在以下几个方面：第一，通过对奥林匹亚及其周边环境的地形、地貌、气候、植被等方面的研究，从生态环境的角度考察了奥林匹亚之所以能够发展为全希腊的崇拜中心和赛会举办地的外部原因；第二，通过对奥林匹亚及周边的古代地下埋藏的发掘和出土文物的研究，学者们试图对圣域的起源和早期发展的历史做出实证的研究。虽然在奥运会起源的时间上还存在争议，但通过对还愿贡品和水井在内的分析和研究还是透露出大量重要的历史信息和线索，可以在很大程度上弥补从前只能依赖于相互矛盾和冲突的古代神话传说来构建奥林匹亚赛会起源历史的缺憾；第三，通过对地面上现存的建造于各个历史时期的建筑物或遗址的布局、式样和规模的历史学的、建筑学的和空间学的分析和研究，不仅可以较为清晰地勾勒出奥林匹亚圣域的历史发展过程，还可以对包括体育比赛与宗教崇拜的关系、圣域控制权的激烈争夺等具体问题做出更具实证性的分析和考察[⑭]，这些研究或印证或修正了文献中关于奥林匹亚的历史记述，比如，考古学的研究表明，鲍桑尼阿斯关于奥林匹亚的描述十分准确，他是一位颇为可靠的游记作家。从 19 世纪下半叶开始，除了奥林匹亚，包括德尔斐、尼米亚和伊斯特摩亚在内的其他的崇拜中心和泛希腊赛会的举办地都得到了不同程度的重新发掘和考古学研究。

实际上，对古希腊的体育运动和比赛的古物学和考古学研究最早可以追溯到 18 世纪的美学家温克尔曼（Johan Joachin Winckelmann，1717—1768），正是他对希腊艺术史的开创性阐发揭开了古希腊赛会研究的序幕。在他之后，德国哲学家尼采（Friedrich Wilhelm Nietzsche，1844—1900）和瑞士文化史家布克哈特（Jacob Burckhardt，1818—1897）共同"发现"了"赛会"（agon）在希腊文化中的核心位置。可以说，古代遗址的发掘，"赛会"的重新发现和研究，法国人顾拜旦（Le baron Pierre De Coubertin，1863—1937）发起的现代奥运会的复兴运动，都大致上发生在同一个历史时期，它们之间互为推手，相互促进，共同推动了 20 世纪古希腊赛会研究的热潮。

综上所述，关于古希腊体育运动和比赛，虽然古代留下的文献记载十分有限，总体情况并不乐观，但近代以来，对更为丰富和多样的实物和考古资料的发掘、整理和重新研究，在相当大的程度上弥补了文献资料的不足。进入 20 世纪，在现代奥林匹亚运动的推动下，古希腊的体育运动和比赛日益成为古典学一个新的研究领域和热点问题。时至今日，虽然对很多具体问题仍旧存在不同的看法，但随着资料集的不断编纂，专著的大量出版⑮，新的研究方法的运用，新理论和新解释的提出，使我们对古希腊人的这种社会活动比以往任何时代都有了更多的了解和认识。

二、古代希腊体育赛会历史简述

就像很多已经无法知晓其缘起的社会风俗那样，关于希腊体育运动和赛会的起源，也有太多的神话故事和传说，把体育运动和赛会创始人归之于某位神灵或古代的英雄，不仅体育赛会本身，而且几乎所有的运动项目都有一位或一位以上的神灵作为开创者和保护人。希腊人普遍认为，大多数神灵是热衷于体育运动和比赛的，人的这种社会活动不仅是对神灵的模仿，也是向各路神灵致敬，比赛的优胜者自然被认为是受到了神灵的庇佑和宠爱，应该得到神一般的荣耀。值得注意的是，这些关于体育运动和比赛的神话传说大多晚出，且相互之间充满了矛盾和冲突，背后透露出编撰者自身的目的性和为了争夺圣域或赛会掌控权的激烈斗争。其中，作为希腊所有的体育赛会中创办最早、影响最大的奥林匹亚赛会的起源，就有宙斯⑯、赫拉克勒斯⑰、珀洛普斯⑱等许多种说法。虽然故事各异，但有一个共同点，那就是赛会是为了纪念某位神灵或英雄赢得了一项体育比赛的胜利而创办的，其他的泛希腊赛会或地方赛会的神话起源说也大抵如此。这些神话和传说虽然满足了当时人们的好奇心，并且起到了某种"宗教许可证"的作用，但几乎不能对我们今天确定赛会创办的具体时间提供多少帮助。

除了上述的说法，一种产生在公元前 5 世纪末或 4 世纪初的奥林匹亚赛会起源的说法不仅得到了时人的广泛认可，而且被后人普遍接受，甚至影响至今。这就是伊利斯人西庇阿斯在他的第一部奥运会编年史中提出的说法。按照他的记述，奥运会的创办是为了纪念伊利斯国王伊菲托斯（Iphitos）和斯巴达国王来库古（Lycurgus）结束了长期的战争，签署了和平条约，从此，希腊人化干戈为玉帛，和平的体育赛会取代了血腥的战争。根据他的推算，签署合约的这一年就是公元前 776 年。应该说，这种说法和时间点的确定绝非偶然，有两个重要的参照物或坐标值得关注，一是公元前476年的奥运会，这一年的赛会拥有十分特殊的地位，因为此时刚刚结束了希波战争（或战争的第一个阶段）。不久之前，希腊人在马拉松、温泉关和普拉提亚取得了抵御外敌的伟大胜利，因此，这届赛会几乎成了希腊人庆祝战争胜利的盛会，其团结一致、共享和平的象征意义自不待言。也正是在这个时期，在胜利过后各邦雄厚的资金的支持下，奥林匹亚也开始了大规模的新建和扩建工程，位于圣域中心位置的宙斯神庙就是其中的代表性和标志性建筑。从时间看上，西庇阿斯把第一届奥运会召开的时间确定在公元前776年，这一推算的起点无疑就是公元前476年的这届赛会，也就是说，奥运会创办在整整300年前。按照每代人30年计算，在公元前476年，大约经历了十代人，按照每四年召开一次计算，这一届恰好是第75届。西庇阿斯起源说的另外一个需要注意的时间坐标就是他撰写这部编年史的时候正值伯罗奔尼撒战争（前431—前404）结束不久。经过这场长达几十年的几乎波及所有城邦的旷日持久的希腊内战，希腊人渴望和平、结束自相残杀的内部纷争的呼声日益高涨，希望超越"城邦本位主义"使希腊走向更大规模的联合的"泛希腊主义"思潮再次兴起。在这样的时代背景下，以结束纷争、签署合约为主题的奥运起源说可谓生逢其时，备受欢迎。其实，在其中所蕴含的明显的"泛希腊主义"思想观念的背后，也不乏编写者自身的目的性。有学者指出，西庇阿斯提出这一说法甚至编写这部编年史的直接目的还是为了稳固和证明伊利斯人对奥林匹亚圣域和赛会的控制权[19]。

我们看到，一方面，西庇阿斯的编年史和"创始说"虽然带有明显的人为色彩和时代印记，但还是不胫而走，被包括亚里士多德在内的后世学者所广泛接受和传播，并且不断得到扩充和修订，成为我们今天关于古代奥运会年代学的最主要的依据；但另一方面，这种说法在古代就早已受到了人们的怀疑甚至否定，且仍旧存在着很多不同的版本和说法[20]。近代以来，对奥林匹亚圣域的考古发掘和各种遗存的年代学研究更是提供了很多新的重要线索。首先，从奥林匹亚地下出土的文物来看，其最早的贡品可以追溯到公元前10世纪，也就是说，这里最初可能只是作为一个地方宗教崇拜的中心，后来才发展成为全希腊的宗教圣地，而且，先有宗教崇拜，后有体育竞技，至于从什么时候开始，为什么要设立体育比赛，更是众说纷纭。第二，按照西庇阿斯的说法，在奥运会创办之后，一直到公元前724年的第13届赛会，只有单程赛跑一个比赛项目，但从这一时期出土的较为丰富的各种陶器和青铜贡品来看，似乎与这种只有一项比赛的情形不符。第三，对于崇拜活动和运动比赛来说，水源的充足都至关重要。根据德国考古学家的发掘，圣域中发现了两百口水井，大多开凿于公元前8世纪末期，即公元前700年前后，这从一个侧面反映出了赛会规模的扩大和参与人数上的增多，也就是说，只有到了这个时期，奥林匹亚才可能发展成为全体希腊人都可以参与的崇拜中心和体育盛会。德国学者马尔维茨（A. Mallwitz）还认为，最早的比赛可能是一年举办一次，从公元前680年增设了驷马赛车之后才改为四年一届[21]。因此，就目前掌握的资料而言，奥运会起源的时间仍旧是开放的。

　　说到奥运会的起源，我们不能不提到关于希腊运动和比赛的最早记述，即荷马史诗。在《伊利亚特》中有多处关于体育运动和比赛的描述，其中最著名的段落就是阿喀琉斯为阵亡的战友帕特洛克鲁斯举办的葬礼运动会。它不但提供了一种体育比赛的"葬礼起源说"，而且对包括赛马、赛车、跑步、投掷、摔跤、拳击等运动比赛的过程和方式都有着生动和准确的描述。我们注意到，这些运动比赛既是最古老的项目，也基本上囊括了后来奥运会及其他赛会中最主要和最为稳定持久的所有比赛项目。从这些身临其境和栩栩如生的叙述可以看出，这些描述绝不是想象出来的，而是来自于现实的观察，也就是说，史诗的作者对这些活动是极为熟悉的。在《奥德赛》中，在奥德修斯受邀参加淮阿喀亚人（Phaeacians）的比赛的段落中，我们再一次看到了赛跑、摔跤等运动比赛的场景。我们知道，作为口头文学作品，荷马史诗大约形成于公元前9世纪到公元前8世纪，而这一时期恰恰就是西庇阿斯编年史中奥运会的创办时期。但令人感到困惑的是，史诗中不但没有提及此事，甚至都没有提到过奥林匹亚。但是，与奥林匹亚毗邻的派罗斯（Pylos）却得到了十分生动和准确的描述，因为那里是老将涅斯托尔

（Nestor）的故乡。之所以出现这种情况，一个较为合理的解释就是，在史诗产生的时期，奥林匹亚仍旧是一个名不见经传的地方崇拜中心，尚未发展成为全希腊人都可以参加的宗教节日。因此，史诗还是可以成为探究奥运会起源时间的一个不容忽视的参照物。

更为重要的是，史诗展示出了"奥运会"的史前形态，也就是说，虽然这些运动项目和比赛都已经出现了，但还没有发展成为一种制度化的和规范化的社会风俗，与后来的体育赛会相比，荷马史诗中的运动比赛呈现出很多不同的特点。首先，运动比赛大多是即兴的表演，既没有固定的比赛时间，也没有固定的比赛场所，更谈不上有什么体育设施，比赛的规则和办法带有很大的随意性；第二，与奥运会不同，运动员既不需要裸体参赛，各项比赛也并非仅有一名优胜者，且比赛获胜的奖品大多为价值不菲的日用品或奢侈品，十分的丰厚；第三，从参赛者来看，基本上集中在王宫贵族的范围内，普通的士兵是不允许参赛的；第四，从比赛的项目看，"马赛"似乎更受到欢迎，后来居上的"裸体竞技"项目仅占据了次要的地位[22]。尽管如此，史诗中关于体育运动和比赛的这些最早的记述还是能够透露出很多重要的历史信息和线索，尤其是其明显的"贵族性"和"联谊性"既是这种社会风俗产生初期的特点，也在一定程度上揭示了其产生的过程[23]。另外，尽管还不是制度化和正规化的活动，但在这些生动鲜活的描述中所呈现出来的活力四射的"游戏精神"和"竞赛冲动"正是我们称之为希腊奥林匹克赛会精神的滥觞。

无论如何，西庇阿斯的编年史还是提供了一个关于古代奥林匹亚赛会的明确的时间起点，从此以后，各自为政、历法不一的希腊各邦才拥有了一个统一的时间坐标，即"奥林匹亚纪年"。从公元前776年第一届奥运会的举办，到公元393年最后一届奥运会成为绝唱，历时1169年，共293届。尽管其创办的确切时间还存在争议，但在希腊所有的赛会中，奥林匹亚赛会起源最早、持续时间最长和影响最大则是确定无疑的，甚至可以说，奥林匹亚赛会成为了此后希腊所有赛会的范本和标杆。

希腊的赛会就性质来讲，可以分为两大类，一类是"泛希腊赛会"，即所有希腊人都可以参加的赛会；另一类是各个城邦举办的地方赛会，一般来说只有本邦的公民可以参加，几乎每个城邦都有一个以上的此类赛会。除了参赛者的范围之外，这两类赛会还有一个重要的不同点，就是泛希腊赛会的优胜者只有象征性的奖励，即用某种带有地方特色的植物枝叶编成的桂冠[24]，因而也被称为"桂冠运动会"（stephaitic games）；而地方赛会的优胜者不但有实物奖励，而且十分丰厚，所以也被称为"奖金运动会"（chremata games）。实际上，二者的差别也并非绝对，因为在泛希腊运动会上获得优胜的选手虽然在赛场上只能得到象征性的奖励，但在返回家乡之后则会得到城邦给予的各种丰厚的物质奖励[25]。正如芬利所言，对于优胜者来说，虽然奥运会一直坚持无物质奖励，但可以提升市场价值[26]。因此，通过比赛而获奖——不论是精神上的还是物质上的奖励——也是希腊赛会的一个特点，现代英文中的运动员（athletes）一词就来自于希腊文，其原意是"一个为某种奖励（*athlon*）而参加竞赛的人"[27]。

继奥林匹亚赛会之后，在公元前 6 世纪的第一个 25 年中，另外三个最有名的"泛希腊赛会"相继创办。公元前 586 年，在希腊另外一个重要的泛希腊宗教中心德尔斐的皮提亚节上率先加入了体育比赛，仿效奥运会创办了皮提亚赛会（the Pythian Games），不仅收纳了奥运会所有的比赛项目，而且也是每四年举办一次，赛会前三个月向各邦派出使节宣布"神圣休战协定"。赛程亦为五天。不同的是，德尔斐的主神太阳神阿波罗不仅是很多体育项目的发明者，也是文艺和音乐之神，所以，体育比赛之外的音乐比赛成为皮提亚赛会的一大特色。优胜者的奖励起初为贵重的实物，从公元前 582 年起改为月桂树的枝条编制的桂冠，因为月桂树传说是由阿波罗追求的对象达芙妮（Daphne）变成的，用来编制桂冠的月桂枝条也必须来自于阿波罗曾流放的腾佩山谷（Vale of Tempe）。公元前 573 年，尼米亚赛会（the Nemean Games）创办，是"四大泛希腊赛会"中最晚出的，与奥林匹亚赛会相仿，尼米亚不仅也是宙斯的崇拜中心，而且也只设立了体育比赛，据说是为了纪念大力神赫拉克勒斯打败尼米亚的狮子而创办的，其项目完全是奥运会的翻版，不同的是两年举办一次，用来编制桂冠的是当地出产的野芹菜。创立于公元前 586 年的地峡赛会（the Isthmian Games），也是每两年举办一次。就比赛项目而言，如果说尼米亚赛会是奥林匹亚赛会的缩小版的话，那么，地峡赛会则被认为是小型的皮提亚赛会，除了"裸体竞技"和"马赛"之外，也设立了音乐比赛，优胜者的桂冠起初用松树，后来改用旱芹来编制。

值得注意的是，四大泛希腊赛会中的三个都创办于伯罗奔尼撒半岛，唯一一个不在伯罗奔尼撒半岛的皮提亚赛会的举办地德尔斐也是一个多利亚人为主的地区，其中的"多利亚色彩"颇为浓厚。同时，也正是由于这一地理位置上的原因，这些赛会始终带有明显的地方性，不论是参赛者、优胜者还是观众，都大多来自于伯罗奔尼撒及其周边地区，在赛会的早期尤其如此，只是到了公元前 5 世纪以后，随着来自雅典以及小亚细亚等东部地区的参赛者的逐步增多，这种"西部特征"才有所改变（参看表1）。

表1　公元前6—前1世纪泛希腊运动会优胜者的地区分布[22]

	奥林匹亚赛会	皮提亚赛会	地峡赛会	尼米亚赛会	合计
伯罗奔尼撒	175	31	67	102	375
中希腊和北希腊	115	37	68	61	281
西部地区的希腊人	78	20	12	17	127
东部地区的希腊人	76	28	113	59	276
利比亚和埃及	21	4	2	6	33
合计	465	120	262	245	1092

四大赛会创办后，不仅使希腊人每一年都能够参加一到两个"泛希腊赛会"，而且还形成了一个为期四年的"运动循环周期"（periodos），如果能够连续在四大赛会中皆获得优胜，就会成为"大满贯获得者"（periodonikai）。以公元前 480 年到公元前 476 年为例，一个周期包括了以下六个节日：

表2　四大赛会循环周期[23]

时间	举办月份	赛会
公元前 480 年	7—8 月	奥林匹亚赛会
公元前 479 年	7—8 月	尼米亚赛会

时间	举办月份	赛会
公元前 478 年	4—5 月	地峡赛会
公元前 478 年	7—8 月	皮提亚赛会
公元前 477 年	7—8 月	尼米亚赛会
公元前 476 年	4—5 月	地峡赛会
公元前 476 年	7—8 月	奥林匹亚赛会

如果说我们对于四大泛希腊赛会了解较多，因为不仅留下
了品达的凯歌等文字记载，还有优胜者的名录以及大量的碑铭
和人体雕刻，那么，对于不计其数且更具日常性的地方赛会则
所知甚少，只有一些零星的和片段的记载。其中唯一的一个例
外就是雅典的泛雅典娜节赛会。泛雅典娜节是雅典城邦一年一
度举办的地方宗教节日，起初也只对雅典公民开放，从公元前
566—565 年起，雅典人也把这个地方的节日发展成为向全体希
腊人开放的四年一届的国际性宗教节日，从而进入到了"泛希
腊赛会"的行列。不过，就赛会的举办方式而言，泛雅典娜赛
会仍旧保持了地方赛会的基本特点，一方面，各项比赛的优胜
者可以获得十分丰厚的实物奖励，其中很多项比赛也不只设立
一名优胜者㉚；另一方面，除了传统的"马赛""裸体竞技"和
音乐比赛之外，泛雅典娜赛会也设立了很多项颇具地方特色的
比赛项目，比如以部落为单位的火炬接力比赛、骑马射箭比赛、
三列桨舰船比赛、军事舞蹈比赛（*pyrrhiche*），甚至还有男子的
选美比赛（*euandria*）。除了泛雅典娜赛会之外，我们所知道的
地方赛会还有埃皮道鲁斯的阿斯克勒庇亚（Asklepeia）赛会、
贴萨利的埃留特里亚（Eleutheria）赛会和斯巴达的卡尼亚
（Karneia）赛会等，与泛雅典娜赛会相仿，这些地方赛会也会设
立一些带有地方特色的比赛项目，实物奖励更是五花八门㉛。

在所有的泛希腊赛会和地方赛会中，我们了解最多的还是
奥林匹亚赛会。除了上文提及的起源时间最早和影响最大之外，
奥林匹亚赛会自始至终都有一些有别于其他赛会甚至特立独行
的特点。首先，作为宙斯崇拜的中心，奥林匹亚赛会严格禁止
已婚妇女参加甚至不能够观看比赛。鲍桑尼阿斯对此有着十分
详细的记述，唯一的例外就是德墨忒耳的女祭司，此外，未婚

典籍与文化 11

89

少女可以观看但不能参赛，当然，不允许已婚妇女参加并非因为男运动员均裸体上阵，而是出于宗教禁忌的原因；第二，从严格意义上讲，奥林匹亚赛会只设置体育比赛，因而，体育比赛成为这个四年一次的节庆活动的核心内容和传统项目，也就是说，赛会期间的祭神活动虽然十分重要，但体育比赛还是逐渐成为赛会的主角，人们从四面八方奔赴奥林匹亚是为了实现获得优胜的人生梦想。正如米勒所言，如果说德尔斐的皮提亚赛会没有设立体育和音乐比赛的话，那么它仍旧是重要的宗教中心，其神谕能吸引来自希腊各地的人，但是，如果奥林匹亚没有体育比赛的话，那么它就难以为继了[32]；第三，就体育比赛的项目和规则而言，也严格限定在"马赛"和"裸体竞技"两大类传统项目上，很少增补新项目，且所有项目均为客观性比赛，或跑得最快，或跳得最远，几乎完全排除了裁决的主观成分。用社会学的词汇来讲，奥林匹亚赛会始终坚守着"理想型竞争"的原则和理念，也正是因为这种保守主义的思想观念，极大地限制了比赛项目的数量。有限的客观项目，再加上完善的比赛规则和严格的执法，从根本上保证了比赛的公平和公正。另外，每个项目只有一名优胜者（"马赛"除外），象征性的非物质奖励，都成为奥林匹亚赛会不变的"名片"。总之，保守主义一方面限制了奥林匹亚赛会的更新和变革，另一方面也成就了它的持久性和优势地位。在古代奥运会一千多年的历史中，不论是在战争还是在和平年代，不论是在城邦时代、马其顿亚历山大时代还是罗马人统治时期，奥林匹亚赛会一直在坚守着上述那些古老的传统和竞技的理念，始终吸引着来自各个地方的人们的目光，虽然世事变迁，但它在人们心目中的崇高地位从来没有被撼动过。

当然，奥林匹亚赛会从创办到逐步完善，比赛项目从一个发展到多个，还是经历了一个较为漫长的发展过程，此后的历史也绝非没有任何变化。根据西庇阿斯的编年史，从公元前776年到公元前724年，奥林匹亚赛会只有一个比赛项目，即单程赛跑，公元前724年增加了一个双程赛跑，此后，运动项目开始逐渐增加。在一开始只有成年组的比赛的基础上，后来逐步增设少年组的比赛。关于比赛项目的发展史参看下表：

表 3　奥林匹亚赛会比赛项目列表（按照时间的先后顺序）^㉝

项目	设立时间（公元前）	备注
单程赛跑	776	
双程赛跑	724	
长跑	720	
五项全能	708	
摔跤	708	
拳击	688	
驷马赛车	680	
希腊式搏击	648	
赛马	648	
单程赛跑少年组	632	
摔跤少年组	632	
五项全能少年组	628	（随即取消）
拳击少年组	616	
重装赛跑	520	
驴车比赛	500	（公元前 444 年取消）
骡车比赛	496	（公元前 444 年取消）
两马赛车	408	
吹号手比赛	396	
传令官比赛	396	
驷马赛车（马驹）	384	
两马赛车（马驹）	264	
赛马（马驹）	256	
希腊式搏击（少年组）	200	

对于这个以西庇阿斯的编年史为基础的年表，有以下几点值得注意：

首先，就可信度而言，中期和晚期的记载其可信度更高，早期的编年，尤其是奥林匹亚赛会最初的一两百年的历史，从古至今一直充满了争议。前文说到，按照西庇阿斯的说法，前13 届奥运会只有一个比赛项目，但考古发掘却并不能够提供证据，水井等遗存的情况则更支持奥林匹亚赛会起源于公元前700

年前后的看法，而且与西庇阿斯的年表也更为吻合，因为正是在这个时期才开始大量增设比赛项目，是奥运会历史上第一个大发展的时期。

第二，根据这张表格，总体上看，"裸体竞技"的设立要早于"马赛"，西庇阿斯把第一项"马赛"即驷马赛车的比赛放在了裸体竞技出现的一百年之后。这种看法即使在古代也没有得到广泛的认同。我们知道，希腊从很早的时候起就有了赛车和赛马的活动。关于奥运会的神话起源，有一种说法就是传说中的英雄珀洛普斯在赛车比赛中击败了比萨的国王而创办了奥运会。荷马史诗中也有关于马赛的记述，德尔斐还出土过青铜赛车和车手的雕像。关于马赛起源的时间，品达就有着不同于西庇阿斯的看法，他说赫拉克勒斯最早创办赛会的时候，除了后来的裸体竞技项目，就包括了驷马赛车㉞。实际上，之所以会出现两种截然不同的认识，根本上还是由于这两类比赛在性质上的明显差异。"马赛"自始至终都是贵族和富人们用以炫富和扩大影响力的重要手段，其参赛者的范围十分有限，而"裸体竞技"则面向所有阶层尤其是社会中下层的普通人，人们对这两类比赛的重要性的不同认识自然就反映在起源时间上的博弈和比拼上。总体而言，"马赛"在贵族制占据主导地位的古风时代受重视的程度是不言而喻的，而"裸体竞技"在城邦民主制度逐步完善的古典时代则后来居上，越来越受到人们的欢迎。正如克罗齐所言，"一切历史都是当代史"。如此看来，生活在古风时代晚期的品达强调"马赛"的古老和崇高地位，而生活在公元前 400 年前后的西庇阿斯则认为"马赛"的起源比"裸体竞技"要晚得多，其背后都有着现实的目的和考量。

第三，在裸体竞技中，跑步被认为是最古老的运动项目，其重要性自不待言，其中单程赛跑位列第一。一种广为流传的说法认为，奥林匹亚纪年就是以那一届的单程赛跑的优胜者来命名的。在所有裸体竞技项目中，如果说跑步被认为是"轻型项目"，那么包括摔跤、拳击和希腊式搏击在内的打斗项目则被归入"重型项目"之列。从起源时间上看，"重型项目"要晚于"轻型项目"，最后一个产生的"重型项目"是希腊式搏击。虽然起源较晚，但"重型项目"却受到了人们更为热烈的欢迎和喜爱。

第四，在成人组的"马赛"和"裸体竞技"项目已经发展齐全之后，从公元前632年起开始设立各项少年组的比赛[35]。在希腊，体育运动作为各邦培育合格的公民的主要科目和重要手段之一，增设少年组的比赛理所当然，但是，我们看到，少年组的比赛不仅出现较晚，而且并非遍及于所有的比赛项目，因为少年毕竟不同于成年，对于应不应该设立未成年人的比赛以及设立哪些比赛项目，希腊人还是有着不同的看法，甚有争议。有人认为，未成年人的身心尚未成熟，过度锻炼有害无益。亚里士多德在他修订的奥运会优胜者名录中说，很少有人在赢得了少年组优胜后继续获得成人组优胜[36]。也许正是由于这些原因，少年组的比赛没有贯穿于奥林匹亚赛会的始终，而且只是出现在个别项目中。

第五，在这张表中，除了传统的"裸体竞技"和"马赛"之外，我们还看到了一些出现较晚且比较特殊的比赛项目，比如"裸体竞技"中的重装赛跑和马赛中的驴车、骡子和马驹的比赛，这些非常设的项目的设立或者是出于现实的需要，比如重装赛跑无疑是为了服务于军事训练的目的，或者是为了使比赛更加丰富多彩，比如驴车、骡子和马驹的比赛，但都没有进入常设传统项目的行列，有些项目在设立了一段时间之后干脆就取消了，其主要原因还是由于这些运动比赛与奥林匹亚赛会的原则和观念存在冲突甚至抵牾[37]，从中再次透露出奥运会的保守主义的特点。此外，吹号手和传令官的比赛甚至不属于任何类型的体育比赛，这两项比赛的设立与其说是为了增设新的比赛项目，不如说是出于实际的需要，带有明显的服务性质。总之，这些另类比赛的设立，一方面说明了奥林匹亚赛会在其千年的历史中绝非没有变化甚至变革，另一方面，其晚出、非常设性或被取消也从另外一个侧面凸显出赛会常设的传统项目的稳定性和重要性。

如果说奥运会起源之后的两百年的历史还充满了不确定性和争议的话，那么，从古风时代晚期到整个古典时代，随着比赛项目、程序和规则的不断完善和制度化，尤其是关于比赛的记述也越来越多，我们对奥林匹亚赛会的了解也就越来越准确和具体。虽然没有留下多少古代的官方文件和系统记载，但如果把这些零星的描述和片言只语连缀起来，还是能够得到一个较为完整的图画。下面，我们就以一届奥林匹亚赛会为例，对赛会举办的整个过程做出概要性的描述㊳。

奥林匹亚赛会举办的日期被固定在每年夏至后的第二个满月，即阳历的七月下旬或八月上旬，通常为一年中最热的日子。也有学者认为，从季节上看，赛会举办的时候已经步入初秋，而最热的时候应该是七月中旬。之所以选择这个时间，还是与农业生产的时令有关，在这个时候庄稼的收获已经完成，而葡萄、橄榄的收获季尚未到来，也就是说，农闲时节为人们提供了充足的时间去参加这样的活动㊴。据记载，赛会最早只举办一天，从公元前 684 年的第 24 届开始增至 3 天，到了公元前 472 年，即第 77 届开始，增至 5 天，从此成为惯例㊵。赛会的裁判员从主办方即附近的小邦伊利斯人中遴选产生，通常为该邦的富人，因为这项工作不但没有薪俸，反而要承担起部分的举办赛会的费用。根据鲍桑尼阿斯的记载，起初为一人，后来由于比赛项目的逐步增多，增至 12 人，后来又减少到 10 人，并固定下来㊶。从公元前 5 世纪初开始，他们开始享有"希腊法官"（*Hellanodikes*）的尊称，身穿象征权力的紫袍，手执鞭杖，在比赛场上享有绝对的权威。除比赛的裁判工作外，这些希腊法官们还要承担起组织运动员在伊利斯接受赛前集训的任务。芬利指出，与现代体育比赛的裁判员不同，这些希腊法官集现代的奥委会委员、法官和裁判员的功能于一身㊷。

虽然奥林匹亚赛会的会期只有短短的 5 天，但其各项必需的准备工作很早就开始了。首先，在赛会举办之年的春天，伊利斯会派出三位传令官或"圣史"，头戴橄榄冠，手持权杖，在众多伊利斯贵族的陪同下，到希腊各邦通报赛会举办的消息，要求各邦恪守"神圣休战协定"，即在赛会举办当月停止一切敌对行为，有效期为一个月，后延长至三个月。有学者指出，这种提前宣布赛会的做法可能是由于当时希腊各邦没有统一历法的缘故㊸。关于"神圣休战"（*ekecheiria*）的功能和作用，只是为了保障来奥林匹亚的运动员和观众在奥运会期间能够获得一个安全的旅行通道，事实证明，这项协定远远不能够为全体希腊人带有永久的和平，其严格禁止的只是赛会期间伊利斯发动的或针对伊利斯的战争，历史上破坏神圣休战的事情还是时有发生。因此，其促进和平的作用十分有限，不能估计过高。此外，赛会举办之前的准备工作还包括，所有参赛者按照规定须在本邦参加十个月以上的训练，且需提前一个月到达伊利斯城，接受长达一个月的赛前集训，了解比赛规则，然后方可参加比赛。可以说，伊利斯是现代奥运村的前身。

赛会前一天，所有的运动员、教练员和观众就要在伊利斯城集合了。按照惯例，包括运动员和观众在内的所有参加赛会的人均为自由的希腊人，且未犯有渎神罪和谋杀罪，严格禁止已婚妇女参赛和观赛。伊利斯城位于奥林匹亚西北约 36 公里处，陆上距离 57 到 58 公里。所有人员到齐后，由数千人组成的游行队伍就开始沿着圣路向奥林匹亚圣域进发，大约经过一个白天和一个夜晚，于次日凌晨抵达圣域附近。队伍的前锋是由骑手或驭手组成的方阵，后面簇拥的是一群群步行的人，其中包括希腊法官、运动员、教练员，还有家仆、助手、"粉丝"和旅游者等其他的各种随行人员。

第二天早晨抵达奥林匹亚之后，在进入圣域之前，游行队伍还需要在一个叫皮里亚（Pieria）的泉水旁停留片刻，在希腊法官的主持下，所有人都要参加一个净化仪式，之后才能进入宙斯的圣地。如果说赛会举办之日是希腊人共同的"神圣时间"的话，那么，对希腊人来说，奥林匹亚圣域内所有的东西都是神圣的，圣域本身就成为一个统一的"神圣空间"。进入圣域后，也就开始了一项项的祭祀神灵的仪式活动。正是作为这些仪式的附属物和衍生品，各项体育比赛成为穿插于其中的固定节目。由此可见，奥林匹亚赛会从本质上说是一个全希腊人都可以参加的宗教节日。

进入圣域后，所有运动员要在希腊法官的引领下，进入议事会厅（Bouleuterion），在"保护誓言的宙斯"（Zeus Horkios）的祭坛下，举行庄严的宣誓仪式。鲍桑尼阿斯这样描述这一仪式的场景："在所有的宙斯像中，议事厅里的宙斯是最威严的，他的每只手里都握有闪电，在他的旁边站立着运动员、他们的父亲和兄弟，还有训练员，在新鲜的野猪肉前面，发誓他们绝不会做出任何有辱于奥林匹克运动会的事情。"宣誓完毕后，对所有运动员的年龄进行核准和注册，参赛马匹的年龄也需要得到确认，完成注册的运动员的名字会被写在一块白板上，放置在议事厅外面。接下来是赛会的第一项比赛即吹号手和传令官的比赛，在体育场附近的一个祭坛上举行，优胜者将得到在比赛期间吹号和宣布比赛项目和优胜者的殊荣，他们将组成赛会的"新闻中心"。这一天剩下的时间留给了个人，用来观光、献祭、与好友叙旧等活动。赛会的第一天就结束了。

赛会第二天拂晓，官方正式的祭祀活动开始了。在圣域西北角的主席厅（Prytaneion），圣火被点燃，在宙斯的祭司、希腊法官和其他官员的引领下，游行队伍一一走过圣域中的63个供奉着各路神灵的祭坛，逐一献祭。此后，游行队伍前往位于圣域东南面的跑马场，最受欢迎的各项"马赛"开始了。号手吹起号角以召集人群，在骑手和驭手按顺序入场的同时，传令官会依次宣布参赛者本人、其父和所在城市的名字，这实际上也是参赛者资格的一次检验，如果在族籍、年龄和品行上有问题，观众可以当场提出质疑，在所有比赛之前，参赛者都要经过这一关。在抽签决定赛道之后，参赛者各就各位，比赛开始。首先进行的是驷马赛车比赛，接着是骑马、两马赛车、骡车、驴车等比赛。在这一天的下午，裸体竞技中的第一项比赛即五项全能比赛在北面的运动场举行，运动员要逐一参加跳远、标枪、铁饼、赛跑和摔跤比赛。当天晚上，作为宙斯大祭的前奏，祭祀英雄珀洛普斯的仪式在珀洛普斯庙（Pelopion）举行。圣域内火光点点，优胜者和朋友开始了庆祝胜利的活动。

赛会的第三天是月圆之日，祭祀活动将达到高潮。这一天早晨，穿越圣域的游行再次举行，除了运动员、希腊法官和观众外，各邦的使者也纷纷拿出家乡的美食和特产款待奥林匹亚的客人，借以展示家乡的良好形象。游行的核心部分是伊利斯人主持的祭祀主神宙斯的"百牛大祭"，在宙斯庙附近的锥形大祭坛隆重举行。这些牺牲被杀死后，骨头等部位会被放到祭坛上焚烧，宙斯享用其烟，众人分食其肉，这是东道主为客人们准备的最大的盛宴。这一天的下午，会举行少年组的赛跑、摔跤和拳击比赛。不过，也有一种说法认为，宙斯大祭是这一天唯一的一项活动。

赛会的第四天举行成人组的各项"裸体竞技"。希腊法官带领参赛运动员进入体育场之前，需路过12尊宙斯神像，这些青铜神像是用违规者的罚金铸造而成的，无疑起到了警示作用。接着法官和运动员进入更衣室，脱衣，涂油，法官进入既定位置后，传令官一一宣读参赛者的名字，比赛开始。首先进行的是各项赛跑。接着是摔跤、拳击和希腊式搏击等重型项目，比赛者需要抽签配对，整个过程都有人在旁边执鞭监督，随时惩戒违规者。这一天最后一项比赛是重装赛跑。到了晚上，大多数失败者及其支持者都会黯然离去，只剩下优胜者和他的朋友们等待参加最后一天的授冠仪式。

赛会的最后一天，所有的优胜者都会聚集在宙斯庙前，参加最后的颁奖仪式。此前，优胜者都会在比赛现场得到鲜花和羊毛缎带，尤其是羊毛缎带，可以带回到家乡一直佩戴，成为优胜者的重要标志。在这一隆重的授奖仪式上，优胜者可以得到其梦寐以求的橄榄枝编成的桂冠。虽说这是一个象征性的奖品，但却非同一般，必须采自于宙斯庙后边的一片野生橄榄林（其果实不能食用），且应由一位父母健在的 12 岁男童用一把金镰刀砍下，然后放置在赫拉庙中的一张用黄金和象牙制作的桌子上。授奖仪式开始后，还是由传令官在众人面前一一宣读优胜者、其父和所在城市的名字，优胜者们从希腊法官中的长者手里接受桂冠。这是所有希腊人都梦寐以求的人生的巅峰时刻，优胜者被视为神的宠儿，授冠仪式所体现的正是人与神之间的神秘交流。授冠仪式结束后，这一届奥林匹亚赛会以伊利斯人在主席厅为优胜者们举办的一次庆功宴而告结束。当然，赛会结束后，优胜者们在返乡之际会得到家乡父老为他准备的各种欢庆仪式以及各种实物奖励，胜利的喜悦还会延续很久。

总体而言，进入古典时代之后，以奥林匹亚赛会为龙头的古希腊赛会经历了常规化和制度化的过程，成为希腊人日常生活不可或缺的组成部分。从地方赛会到泛希腊赛会，从少年组到成人组，体育运动和比赛成了所有希腊城邦的公民教育的重要内容，运动场也成了公民兵的军事训练基地。除了常规化和制度化，与古典时代之前的赛会相比，还有一个十分明显的变化，那就是平民化。如果说荷马时代和古风时代的赛会带有明显的贵族色彩，更像是王公贵族们联谊性质的聚会的话，普通人只有观看的份儿，那么，到了古典时代，从社会上层到下层的所有人都有了平等的参赛机会，这种变化尤其体现在"裸体竞技"项目的比赛中。这种平民化的趋势在文献中最典型的反映就是雅典的政客亚西比德向他的儿子抱怨，自己不愿意与那些出身卑下者同场竞技。其子回忆说："尽管他在自然天赋和身体力量上并不逊色于他人，但他轻视'裸体竞技'，因为他知道，一些运动员出身寒微，来自蕞尔小邦，教育欠佳。于是他把注意力放在养马上，只有最富有者才能胜任此事，非穷人所能企及……"[44]。

　　造成这种变化的原因是多方面的，除了"裸体竞技"重要性的逐步提升，城邦民主制度的建立和完善在使广大的中下层普通公民有了更多的政治权利的同时，也使他们拥有了更多的在包括体育场在内的公共空间里展示自己的个人能力的机会。有学者还指出，发生在这一时期的"重装兵改革"也是赛会平民化的一个重要推手，需要集体协同和配合的重装兵方阵逐步取代了个人的勇武，成为决定战争胜负的关键，而组成这些方阵的正是城邦中的普通公民。参赛机会的均等和增多，既体现出普通人公共权利的提升，众多与军事生活密切相关的"裸体竞技"项目也成为日常军事训练的主要手段[45]。随着赛会的逐渐平民化，尤其是出身卑微的优胜者们开始在地方赛会和泛希腊赛会获得了越来越丰厚的直接或间接的物质奖励，职业化和腐败的出现也就在所难免了。正是在这个时期，我们开始听到对体育职业化所带来的种种问题的各种反思和批评的声音，并出现了希腊赛会历史上最早的腐败事件的记载[46]。不过，有学者指出，这些反对之声仅仅代表个别人的观点，并不影响赛会的照常举行[47]，腐败也仅仅是极个别的现象，只有到了罗马帝国时期，才出现大面积的腐败的记录[48]。尤其是奥林匹亚赛会，有限的比赛项目和完善的比赛规则保障了赛会的公平和公正，这也正是它能够延续千年的主要原因。

　　古典时代后期，随着希腊城邦纷纷陷入危机，希腊北部边陲的马其顿人迅速崛起，最终依靠其强大的军事力量入主希腊，成为新的统治者。在马其顿人征服希腊的过程中，不但没有对作为希腊人重要传统的体育赛会进行任何的破坏，而是从一开始就充分认识到了它在获得希腊的民族认同和身份上的重要功能，从腓力二世的父亲亚历山大一世起，为了能够参加奥林匹亚赛会而成为希腊人的一员，马其顿王室就开始编造或续写古代的神话传说，以此获得了赛会的入场券[49]。在入主希腊之后，马其顿统治者们继续把希腊赛会当作获得希腊人的好感从而强化其自身统治的重要手段，不仅大力资助传统赛会场所的改建、扩建和新建^⑤，还鼓励新赛会的创办。赛会的大量增生和一批"准奥林匹亚赛会"的创办，成为马其顿人统治时期的一道风景。这种繁荣景象不仅出现在希腊本土。随着亚历山大的东征和帝国的建立，赛会的习俗不仅被带到了被征服地区，在希腊人所到之处，作为古希腊人独特生活方式的外在展示的剧院和体育场等公共设施也被原样复制到了异国他乡，成为希腊文化向外传播的重要佐证。总之，在马其顿人统治时期，古希腊的赛会开始逐步突破了古典时期仅限于希腊城邦的自由公民的狭小范围，从"泛希腊主义"向"世界主义"迈进。不过，与希腊赛会风俗的向外拓展和赛会数量的不断增加形成鲜明对比的是，希腊本土的赛会，尤其是以奥林匹亚赛会为代表的那些传统的泛希腊赛会，不但照常举办，而且恪守传统，虽然参赛者中出现了很多非希腊人，但赛会本身还是原来的样子，几乎没有进行什么与时俱进的新派改革，罗马时代也大体如此。对于这种旗帜鲜明的保守主义，芬利充满惊异和赞叹地写道，一般而言，制度上的僵化往往导致最终的衰亡，但奥林匹亚赛会却是个例外，"奥林匹亚从它的保守主义和稳定中获得了更新的力量，从一开始它就站在四大赛会的顶端，保持了一千年之久，对大众的时尚、复杂的政治和文化上的变化、帝国的怪念头以及所有或旧或新的相互竞争的吸引力的挑战都无动于衷"^⑤。

继马其顿之后，罗马人在征服希腊化时代的王国的过程中，也把自己打扮成希腊的解放者，对希腊人的这一古老的风俗采取了相对宽容的保留和保护政策。与马其顿人相仿，对希腊赛会的广泛参与和大力资助再次成为罗马人加强和稳固统治的重要手段^⑤。除了现实的需要，罗马人在其历史的早期对希腊文化的普遍接受、与希腊人相同的多神教信仰以及对竞赛活动的热爱等因素都构成了罗马人统治时期希腊赛会风俗得以继续保留和发展的基础。与此同时，我们也要看到，罗马人从一开始对希腊的赛会习俗的态度就带有明显的两面性，一方面，他们大多都会经常参加或观看希腊人的体育竞技活动，因而十分熟悉，其中那些对希腊文化的热爱者更是如此；另一方面，就民族性格而言，罗马人对希腊式的赛会很早就表现出不屑甚至厌恶之情，尤其是对裸体竞技完全不能接受，认为此举不仅伤风败俗，甚至被认为是"作恶的开端"⑬。有学者指出，"罗马的道德哲学家们经常嘲笑那些对希腊式的体育有兴趣的人，希腊人身体上和谐发展的原则，追求身体上的优美和优雅的看法被罗马人看成是女里女气。"⑭他们更喜欢残酷的打斗项目和各种马赛，因此，血腥无比的角斗士表演和场面宏大的赛车和赛马成为罗马人最热衷的赛事。正如芬利所言，"在拉丁世界，希腊式的运动会从未流行起来"⑮。另外，在罗马时代，早已开始的体育竞技中的专业化和职业化得到了更为充分的发展，各种体育行会纷纷建立，希腊城邦时代赛会的人人参与被专业运动员的职业表演所取代，大规模体育场馆和巨型看台的普遍修建见证了这一新的时代特点。总之，希腊式的赛会在罗马时代呈现出更为多元化的特点，一方面，传统的比赛仍旧在包括奥林匹亚在内的希腊城市和宗教中心按时举办，那些希腊文化的热爱者们在这里可以尽情饱览、凭吊和回顾古代希腊城邦时代赛会的辉煌历史，鲍桑尼阿斯就是其中之一；另一方面，罗马人在传统希腊赛会的基础上发展出了属于自己的竞技项目和竞技式样，运动员（和角斗士）的职业化和表演赛逐渐成为主流。这种世俗化和娱乐化趋势的日益加强，也使罗马时代的赛会更接近于我们今天的奥运会，而不是希腊城邦时代的赛会。

"成也萧何，败也萧何"，与赛会的起源相仿，作为各大宗教节日的古代希腊赛会的衰亡也主要是由于宗教原因。公元 4世纪末，随着罗马统治者接受了基督教信仰，继而基督教被奉为国教，以多神教为基础的宗教中心也就失去了存在的基础。公元 391—392 年，罗马皇帝提奥多西一世（Theodosius I，379—395 年在位）颁布诏令，禁止一切多神教祭祀活动，关闭所有异教神庙。就奥林匹亚而言，按照传统说法，公元 393 年举办了古代历史上最后一届奥运会。新的看法则认为，奥运会可能在提奥多西二世（Theodosius II，408—450 年在位）的时候才真正停止举办⑯。大约在 5—6 世纪，一堵墙在圣域和居民点之间修建了起来。522 年奥林匹亚发生了两次大地震，534—540年又遭遇洪水之灾，此后在这个地方就不能住人了。630 年，斯拉夫人开始大量迁到此地。从 9 世纪开始，奥林匹亚圣域被13—16 英尺高的冲积沙所覆盖。也正是由于这些自然原因，遗址得到了较好的保护，一直到 19 世纪才被重新发掘⑰。

三、古代希腊体育赛会运动项目说略

应该说，在古代世界的几乎所有民族中，都存在着某种形式的体育运动以及比赛活动，但只有古希腊人把它们提升到了一种制度化和民族性的高度，体育运动和比赛不仅成为全体希腊人普遍参与的社会活动、一种把希腊人和非希腊人区分开来的生活方式和社会习俗，而且还发展出了一套完善而严格的竞赛方式和比赛规则。在这种赛会制度设计的背后所体现出的，是希腊人所崇尚的包括平等、守法、公正、荣誉至上等核心理念在内的赛会精神。下面，我们就通过对希腊赛会主要的运动和比赛项目的竞赛方式和比赛规则的逐一描述，来看一看它们是如何体现出希腊人的那些一以贯之的赛会精神的。

先说"马赛"（*hippikos agon*）。虽然在奥林匹亚赛会中，是"马赛"还是"裸体竞技"更早成为比赛项目的问题还存在着争议，但赛马和赛车是两种十分古老而悠久的运动项目是毫无疑问的。在古代世界的很多民族中，马匹和马拉战车很早就被运用到战争当中，骑兵具有比步兵更强大的战斗力和优势，古希腊人也并不例外。在荷马史诗中，就有关于骑马和马拉战车的描述和记载。不过，令人感到奇怪的是，在这些描述中，马匹尤其是战车与其是一种先进的战争工具，不如说是一种好看的代步工具，英雄们在骑马或驾车到达战场之后，就会从上面下来投入地面上的搏斗。究其原因，还是因为，希腊本土多山，平原少而狭小，这样的地形和地貌完全不适合骑兵和战车兵大显身手，步兵，尤其是后来发展起来的重装步兵方阵成为战争的主力和决定胜败的关键因素。即使到了古典时代，情况依旧如此，因此，所谓的"重装步兵改革"受到了一些学者的质疑[38]。

虽说骑兵和马拉战车在希腊人的军事活动中派不上用场，但在日常生活中却十分重要。拥有马匹不仅是一个人的社会身份和地位尤其是富有的象征，名字中带有"马"（*hippo*）这个字十分受到欢迎[39]，能够个人出资出马代表自己的城邦参加泛希腊赛会的各项"马赛"，更是成为这些富贵人士们提升自己的社会知名度和影响力当然也是炫富的大好时机。"马赛"与"裸体竞技"存在着很多明显的不同之处，其最大的区别就是比赛的起点和条件的巨大反差。如果说"裸体竞技"虽然也会受到社会地位和贫富的一定影响[60]，但在理论上，所有自由公民都有均等的参赛机会，可"马赛"就不同了，从一开始且始终就是贵族和富人的领地，拥有马匹并负担得起昂贵的训练、雇用骑手或驭手和参赛的费用成为穷人们难以逾越的门槛，一直被社会上层所垄断。由此而产生出"马赛"与"裸体竞技"的另外几个不同点。

首先，如果说"裸体竞技"的参赛者主要是以个人身份参加比赛，优胜的荣誉主要属于参赛者个人，其家族和城邦也会间接受益的话，那么，"马赛"则带有城邦选送的性质，主要代表城邦参赛，比赛的获胜不仅使马匹和赛车的主人名声大噪，也会给城邦带来巨大的荣耀。第二，就比赛的规则而言，比赛的主体是马匹和赛车的主人及其车马，而不是驾驭马匹或赛车的骑手或驭手，他们往往只是马主或车主的附庸或雇工，身份和地位很低，甚至可以由奴隶来充任，几乎与获胜的荣誉无关。因此，与"裸体竞技"完全依赖于其个人的运动能力和运动技巧不同，"马赛"的参加者完全不受到年龄[61]和性别的限制[62]，在赛场上比拼的是财力和运气，当然，马匹和赛车的品质和骑手或驭手的个人技能也是十分重要的因素。第三，与"裸体竞技"项目的十分广泛的参与度不同，马赛的参加者虽说仅限于城邦中的少数富贵之人，但还是赛会中的重头戏，带有很强的表演性和娱乐性，受到人们普遍的欢迎和热烈的追捧。正是由于上述的种种特殊性，历史上关于马赛的记述颇多，从品达的凯歌到修昔底德的历史著作，从希腊的戏剧[63]到普鲁塔克的名人传记，留下了大量关于"马赛"的生动描述。城邦中的富人们，尤其是充满野心的僭主[64]、政客和征服者们，都非常善于利用这一难得的机会来提升自己在民众中的声望和地位，其中，关于雅典的政客亚西比德[65]、马其顿的国王腓力二世[66]和罗马皇帝尼禄[67]参加马赛的记载最具代表性。

最后，我们还要看到，虽说关于马赛的记述比较多，但我们关于比赛的具体方式和比赛规则、参赛者的数量等情况却不甚了了[68]，因为没有留下任何的官方档案。另外，就奥林匹亚圣域遗址的考古发掘而言，我们可以看到比较完好的裸体竞技的运动场以及其他附属建筑的遗存或地基,但是至今还没有找到赛马场的遗址[69]。不仅在奥林匹亚,考古学家至今尚未发掘出一个完整的赛马场[70]。因此,考古资料的贫乏也极大地限制了我们对马赛如何进行以及参赛数量和规模等情况的认识和了解。

说完"马赛",我们再说说"裸体竞技"(*gymnikos agon*)项目。总体而言,"裸体竞技"项目的参赛门槛较低,理论上向所有符合条件的公民开放,因而有着较高的参与度。不过,就比赛的激烈程度而言却不亚于"马赛",每项比赛一般只设置一名优胜者的比赛规则(first-only rule)近乎残酷,一方面使绝大多数的参赛者都成了"失败者"(loser),另一方面更凸显出取得优胜的难能可贵和备受神恩,现代奥运会所推崇的"参与精神"在古代似乎并不存在。此外,裸体参赛既是古希腊裸体竞技的根本特点之一,也由于这种风俗的前无古人、后无来者而独步于人类的体育运动史。为什么要采取裸体的方式进行运动和比赛?历来解释众多,涉及宗教、政治、社会、哲学和美学等诸多方面[71]。希腊人把体育馆(*gymnasion*,即现代英文中的体育馆 gymnasium 一词,其词根 *gymnos* 即"裸体")称为"裸体训练的地方"显示出古希腊人对这种风俗的普遍接受和广泛认同[72]。不论出身和贫富,所有运动员均裸体、赤足参加比赛,这种极端平等的比赛方式昭示出,运动员只能依靠自身的运动能力和拼搏精神来争取优胜,而不是任何其他外在的因素。

就"裸体竞技"的常规比赛项目而言,大致可以划分为两大类,一类是没有身体接触的竞技项目,主要包括赛跑、跳远、掷铁饼、掷标枪等,较少危险性,被称为"轻型比赛"(*koupha*);另一类是有身体接触的打斗项目,包括摔跤、拳击和希腊式搏击等,颇具危险性,被称为"重型比赛"(*bareai*)。另外,还有一种特殊的综合项目,即五项全能比赛,运动员要先后在跳远、掷铁饼、掷标枪、赛跑和摔跤五个项目中进行角逐,在这五项比赛中,投掷和跳远项目不设单项比赛,只在五项全能中进行比赛。需要说明的是,以上项目构成了希腊所有体育赛会的主体部分,除此之外,还会因时因地有一些颇具特色的地方项目和非常设项目。除了成人组之外,其中的很多项比赛还设置了不同级别的少年组比赛。下面我们就逐一对各项比赛进行详细的介绍。

赛跑（*dromos*）是世界上最古老的运动项目。在所有的赛跑项目中，单程赛跑（*stadion*）是最早设置的比赛项目，按照西庇阿斯的编年史，最初的 13 届奥林匹亚赛会只有这一项比赛。一种说法认为，起初，这项比赛不仅就在圣域的中心举行，而且与点燃宙斯祭坛圣火的仪式密切相关，换句话说，其本身就是一种祭神仪式，由此可以看出体育比赛与宗教仪式的伴生关系。由于希腊人形成了用单程赛跑的优胜者来命名"奥林匹亚年"的传统，所以，几乎每届单程赛跑的优胜者的名字都流传了下来，从中也凸显出这项赛事的重要地位。单程赛跑的距离是 1 斯塔特（*stadia*），本来是古希腊的一个基本的长度单位，来源于农民犁地一趟的距离，后来成为最短距离的赛跑比赛的代名词，现代英文中的 stadium 即"有看台的露天体育场"就由此而来。单程赛跑的长度约 200 米左右，但由于当时希腊各邦没有统一的度量单位，所以其实际长度稍有不同。比如，在奥林匹亚，单程赛跑的跑道长度为 192.27 米，德尔斐为 177.5 米，厄庇道鲁斯为 181.3 米，而帕加蒙为 210 米。与现代相仿，用于单程赛跑的运动场一般为长方形，长度为 1 斯塔特的距离，宽度为 30 米左右。由于古代的很多运动场较好地保存到今天，所以我们对单程赛跑的比赛方式有着比较准确的了解。以奥林匹亚为例，起跑线（*balbis*）为一排石板，上有两道平行凹槽，用于放置前后两个脚趾，此外，有些地方还使用了一种被称为"起跑门"（*husplex*）的装置，形状像一道柱廊，起跑线和起跑门的设置都是为了使比赛更为公平[73]。比赛的终点设在跑道的另一端，两旁立有赫尔墨斯等神灵的雕像，运动员在神灵的监督下展开比赛。从瓶画等资料上看，运动员的起跑姿势五花八门，没有统一的规定。希腊法官的助手们会站在运动员的旁边，手持鞭杖，随时准备对犯规的运动员发出警戒甚至鞭打[74]。由于比赛的距离较短，站立在终点的希腊法官们有时候仅凭肉眼难以辨明第一名是谁，遇到这种情况，就要再跑一次，如果再出现这种情况，比赛就要继续进行下去，直到分出胜负为止。之所以有这样的比赛规则，是因为那时候完全没有现代的计时设备，所以比赛仅仅是决出当场比赛的优胜者。由于没有比赛的成绩，更没有现代所谓的"纪录"，因此，一个人的优胜仅适用于一次赛事，其运动成就是按照比赛中获得优胜的场次来决定的，这种情况同样也出现在跳远和投掷等项目中，这是古代赛会与现代竞技体育比赛的一个明显的不同点。纪录和数量化是现代体育的特征⑦。古希腊人关注的是谁在哪天取胜。这样，我们就能够更好地理解修昔底德的这句话了，在其史著的开篇，他就声称自己的著作并非只是为了参加一场同时代人关注的比赛，而是为了更为持久的价值⑦。

在单程赛跑之后，从公元前 724 年的第 14 届奥运会开始增设双程赛跑（*diaulos*），其距离即两个斯塔特。与现代的弯道跑不同，双程赛跑以及更长距离的赛跑都采取了"折返跑"的形式，即在赛道的另一端树立起多个"折返柱"（*kampter*），运动员在跑完一个斯塔特的距离之后要绕过这些柱子再进行下一段赛跑，这种突然折返的方式会使现代的赛跑运动员十分不适应。有人指出，其比赛的方式类似于现代的游泳比赛⑦。之所以如此，可能还是与自然环境的限制有关。希腊境内地小多山，尤其是在泛希腊赛会的举办地及其附近，很难找到面积较大的平坦场地用于运动比赛⑦。

除了单程和双程赛跑，后来又逐步设立了更长距离的赛跑，从 7、12、20 到 24 斯塔特不等，最短不到 1 英里，最长不超过 3 英里⑦。需要说明的是，1896 年，为纪念希波战争中马拉松战役的胜利，尤其是传说中从马拉松一口气跑回雅典而倒地牺牲的英雄腓力皮德斯（Philippides），第一届现代奥运会设立了超长距离的跑步项目，即马拉松比赛。但这项比赛与其说是发源于古代希腊，不如说是一个全新的现代竞技项目，因而是一个典型的"被发明的传统"。古代既无这样的比赛项目，就连马拉松战役中那位英雄的传说也很可能是后人附会出来的，其可信度不高⑧。

说到赛跑，奥林匹亚赛会还有一项正式的比赛项目，即公元前 520 年第 65 届奥运会设立的重装赛跑（*hoplites dromos*）项目。参赛者要身穿盔甲手持盾牌，负重完成 2—15 斯塔特不等的跑步比赛。如果说跑步一直是希腊各邦军事训练必不可少的内容的话，那么，重装赛跑项目的设立有着更为直接和明确的军事背景和要求，其显而易见的军事目的"可能反映了赛会举办者力图恢复竞技的军事实用功能的努力"⑧。在缺乏统一的中央权力和城邦分立的状态下，在希腊，邦际的和各大军事同盟之间的战事十分频繁，以至于成为常态。为了保持自身的独立和自治，争夺土地、人口和资源，如何在战争中立于不败之地是所有城邦努力的目标。希腊各邦均实行公民兵制度，尤其是进入古典时代之后，作为军队主力的重装兵组成的方阵的战斗力成为决定战争胜负的关键。在这一大背景下，军事训练必然成为各邦公民最重要的日常活动，也是培养出合格公民的城邦教育的主要内容。可以说，重装赛跑项目的设立正是这一普遍而重要的社会需求的一种直接反映。不过，值得注意的是，也正是从古典时代开始，人们对体育运动和比赛的批评之声也逐渐多了起来，其中最大的诟病就是体育运动和比赛活动与军事训练完全是两码事，无益于培养出合格的军人，不过是"花拳绣腿"而已，完全无法满足军事活动和军事生活的需要[82]。当然，持相反观点的人也不在少数。此后，这一争论一直就没有停息。笔者认为，即使存在着这样的争论，体育运动和比赛对军事生活的作用还是不能否认的，甚至可以说，二者始终存在着极为密切的关联，正是在这些常规性的地方和泛希腊的体育运动和比赛中，希腊人从小到大受到了大量的体能训练，既强健了体魄，更磨炼了意志，运动场和体育场成为训练士兵的学校。与此同时，我们还是要看到，体育运动和比赛与军事活动毕竟有很多不同之处，如果说体育运动和比赛以和平的方式进行，其危险性相对较小的话，那么，在战场上的搏斗则需要流血牺牲，故而事关生死。在这个意义上，体育运动和比赛对军事生活的作用与其说是直接的，不如说是间接的。况且，二者的关联性还会因比赛项目而异，除了重装赛跑之外，投掷和各种重型的打斗项目无疑都带有更强烈的军训色彩。

除了这些常规的赛跑项目，还有一些颇具地方特色的跑步比赛，比如，在雅典举行的泛雅典娜节上，会举行以部落为单位的火炬接力赛跑。参赛者分成 10 队，代表 10 个部落参赛，每队 40 人，头戴各自部落的头饰，裸体参赛。起点设在雅典西北郊的学园，终点就是位于卫城山顶的帕台农神庙前的祭坛。全程 2.5 公里，每个接力者大约要跑 60 米，要求保持火炬不灭，第一个跑到祭坛前点燃火种的部落就会获得优胜[83]。与早期的单程赛跑相仿，这个赛跑项目也带有十分明显的仪式性表演的特征。不仅在当时深受欢迎，还是现代奥运会火炬接力传递活动的源头。

五项全能（*pentathlon*）设立于公元前 708 年的第 18 届奥运会，是一个十分有利于身体全面发展的竞技项目。亚里士多德[⑭]和菲罗斯特拉图斯等人都曾在著作中对该项目大加赞扬，认为它最符合体育运动的目标和真谛，旨在培养出体态匀称、身材优美的人。因此，五项全能运动员也成为雕塑家们的最爱，被称为"体育运动之神"的雕塑家米隆（Myron）的《掷铁饼者》（*diskobolos*）所刻画的正是一位五项全能运动员，其适中的体型和优雅的身姿与现代体育比赛中的投掷项目的运动员形成了鲜明的对比。可以说，五项全能运动也最符合希腊人的"中庸"的伦理道德和理想美的法则。不过，也有人认为，从事五项全能运动的大多是不能在单项比赛中获得优胜的人，不如跑步或摔跤专业性强。希腊化时代的科学家埃拉托色尼（Eratosthenes）因为在每个研究领域都名列第二而被讥讽为"五项选手"和"Beta"[⑮]。五项全能的比赛顺序和规则至今不清，说法很多。一种看法认为，运动员先要进行铁饼、跳远和标枪的比赛，如果某个人在前三项比赛中均获得第一，那么比赛就可以结束了，如果出现并列第一的情况才会进行最后两项角逐，即赛跑和摔跤[⑯]。赛跑和摔跤均有单项比赛，但前三项均不设单项，只在五项全能比赛中进行。

掷铁饼（*diskos*）运动早在荷马史诗中就已经出现了，是帕特洛克鲁斯的葬礼运动的八项比赛之一，神话中太阳神阿波罗就是一位投掷铁饼的健将。不过，有学者指出，与掷标枪相比，掷铁饼运动是一种奇怪的和不合逻辑的运动项目，可能与早期战争中的投掷石块有关[⑰]。从文献和出土文物来看，早期的铁饼为石质，从 6 世纪起开始使用金属，多为青铜，鲜有铁质，偶有铅质，重量上也无统一的规格[⑱]。

跳远（*halma*）也是十分古老的运动项目，经常出现在希腊的瓶画上。与现代的跳远运动相仿，希腊的跳远也采取助跑的方式，不同的是，运动员一般都会双手持有一种被称为 *halters* 的重物，一般为石质或金属制，形状酷似现代的哑铃（有学者认为就是现代哑铃的前身[⑲]），用来加强身体的惯性。此外，在瓶画中，我们还看到，跳远运动员的身边常常有吹笛手来伴奏，大概是因为这项运动十分需要节奏的把控。尽管多有描述，但跳远的比赛方式至今不清，古代为我们留下了多个令人匪夷所思的运动记录，最远的一个竟达到了 55 英尺，大约 17 米左右[90]。在排除了记录错误的可能性之后，学者们推测，首先，这项比赛一定采用了多级跳远的方式，现代的三级跳远项目即来源于古代希腊；第二，跳远的场地可能存在着一个较大的坡度[91]。

掷标枪（akontisis）运动与军事活动的关系十分密切，因为在古代希腊，标枪是重装步兵必备的辅助性武器，是远距离杀伤敌人的利器。因此，从技术要求上讲，不仅要投得远，精准也是很重要的。为了更好地掌控方向和角度，在比赛中，运动员的手指要套在标枪中部的一个有弹性的皮圈上。此外，标枪运动带有一定的危险性，投掷目标的失准会造成人员的伤亡，历史上不乏这样的记载[92]。

最后说一下"重型项目"。包括摔跤、拳击和希腊式搏击在内的重型项目由于其激烈的对抗性和颇具危险性与刺激性而广受关注和欢迎。与现代的同类比赛不同的是，在希腊，这些项目既无重量级的区分，也无比赛的时间限制或回合的设置，其简单明了的比赛规则使得运动员先天上的身体优势成为获得胜利的最重要的前提条件，比如个头的高大，体型的壮硕，还有手臂较长等等。因此，重型项目成为最早出现专业化和职业化倾向的比赛项目，此类项目的运动员也由于食量惊人、体型扭曲或性格暴戾而饱受非议和诟病。

作为最古老的运动项目之一，拳击（pyx）可以追溯到爱琴文明时代，也颇受神灵们的喜爱，传说中阿波罗神最擅长拳击。就比赛规则而言，运动员或赤手空拳，或手臂上缠绕绷带，或佩戴软手套，可以击打包括对方的头部在内的任何部位。其危险性自不待言，头部被打得伤痕累累甚至面目全非是拳击运动员普遍而真实的写照[93]。按照规则，比赛期间不能休息，直到一方伸出一指或三指以示服输为止。公元前 1 世纪锡拉岛的一篇铭文中赞美了一位优秀的拳击手，其中的一句话是：一个拳击手的胜利是用鲜血赢得的。当一个获得优胜的拳击手被问到在一场绝望的比赛中如何避免了失败，他的回答是：通过嘲笑死亡[94]。历史上不乏在拳击比赛中死亡的记录[95]。

摔跤（pale）比赛也是神灵们的最爱，传说中的英雄赫拉克勒斯和提修斯都是摔跤的高手。在所有的重型项目中，摔跤的普及率最高，甚至被认为是竞技之首⑯，是军事训练的常设内容。遍及希腊各邦的运动学校都被称为"摔跤学校"（*palaist-ra*）。在鲍桑尼阿斯的书中提到最多的奥林匹亚赛会的优胜者就是摔跤冠军⑰。与其他两项重型比赛相比，摔跤不仅需要蛮力，更需要技巧，因而被视为一种体力与智力相结合的运动项目。荷马史诗中身材矮小的奥德修斯正是用自己的灵巧和聪慧在摔跤比赛中战胜了身材高大和力大无比的埃阿斯。在古典时代，有人还编写过论述摔跤比赛的技巧的小册子，瓶画上也颇多生动的描绘。就比赛规则而言，运动员主要依靠上身和双臂使对方就范，胜负由对方摔倒在地的次数来决定。一场比赛下来，没有被对方摔倒过一次的"无尘"（*akonniti*）的状态是一件非常值得骄傲的事情。

希腊式搏击（*pankration*）字面上的意思是"全部的力量"，是摔跤和拳击比赛的结合。传说中这项运动的发明者是赫拉克勒斯，正是用这种无所不用其极的方式，他空手战胜了尼米亚的狮子。可以说，这项比赛是一种最为原始的格斗活动的复归。

希腊式搏击既是希腊人发明的一项独特的运动项目，也是所有重型项目中最为激烈和残酷的比赛项目。可以说，希腊式搏击既是力量、体能和技巧的比拼，也是耐力、意志和品质的较量。就比赛规则而言，几乎可以使用包括摔跤和拳打脚踢在内的一切手段，唯一被禁止的是咬人和挖眼。危险性极大，历史上不乏"杀人"的记录，也只有在这个项目中，可以最充分地体现出希腊人的"要么花环，要么死亡"（either the wreath or death)⑱的人生理想。作为有死之凡人的优胜者由于比赛的胜利而获得了不朽的声名，因而战胜了死亡，用品达的话说就是，"一如我们所料，必死与凯旋同时繁盛，但是凯旋消解了死亡"⑲。

文献中就记载了这样一位把获得比赛的优胜看得比生命还要重要的希腊式搏击运动员，从中能够透视出"总是争取第一并超越其他人"（语出荷马）的赛会精神。公元前564年，在奥林匹亚赛会的搏击比赛中，在比赛的最后一个回合中死去的阿瑞琪翁（Arrichion）在死去之前，看到了对手伸出一个手指表示认输，菲洛斯特拉图斯生动地描述了其取得胜利时的情景：

你来到了奥林匹亚节的举办地，参加了奥林匹亚最好的运动项目，在这里有男子搏击的比赛。为了追求胜利而死去的人，得到了它的桂冠……让我们再看看阿瑞琪翁的事迹，他似乎征服的不仅是他的对手，而是整个的希腊民族……他们跳下座位欢呼雀跃，挥动着他们的双手和大氅。一些人跳到半空，一些人疯狂地与旁边的人摔在一起……尽管他已经赢得两次奥运会的优胜的确是一件很伟大的事了，但现在发生的事情更伟大：他以生命为代价赢得了比赛，带着打斗的尘土去了天堂福地。不要认为这是机运的结果！……勒住他的那个人被描绘成就像一具尸体，他用手表示他的退却，但阿瑞琪翁被描述成所有胜利者都有的样子——他红光满面，汗流浃背，他笑着，活着，当他们看到他的胜利的时候[⑩]。

注释：

①M. I. Finley&H. W. Pleket, *The Olympic Games*：*The First Thousand Years*, Book Club Associates, London, Preface, v.

②比如，品达的诗歌中所歌颂的优胜者车赛最多，反映出富有者的价值体系。

③M. I. Finley&H. W. Pleket, *The Olympic Games*：*The First Thousand Years*, p. 13.

④例如，最早的批评来自于公元前 6 世纪后期的希腊哲学家色诺芬（Xenophanes），在大约写于公元前525 年的残篇 2 中，他这样写道："即使一个人在奥林匹亚的宙斯祭坛赢得了赛跑或五项全能或摔跤或痛苦的拳击或希腊式搏击的可怕的打斗，即使他成了他的同胞公民们景仰的最荣耀的象征，赢得了运动会上的前排座位，免费的公餐，一些来自于国家的特殊的礼物，即使他赢得了马赛，即使他能够完成所有这些事情而非其中之一，但他还是没有活得有价值。因为我的智慧是一种比人和马的力量更好的东西。现在力量比智慧更光荣的习俗既不恰当也不公正。因为一个城邦有了一个好的拳击手或一个五项全能运动员或一个摔跤手或一个飞快的赛跑手的话一点也不更为守法，即使跑步在男人的运动会上是最荣耀的项目。当一个运动员在奥林匹亚赢得了优胜，对一个国家来说并不快乐，因为他并不

能填补国家的金库。"古典时代对体育运动的批评，最为严厉也最为典型的当属悲剧诗人欧里庇得斯（Euripides）在大约创作于公元前420年的《奥托吕科斯》(*Autolykos*) 残篇282中的一段话："在希腊的成千上万种邪恶的事情中，再没有比体育比赛更大的了。首先，它们不能正确地生活，或者学习正确的生活。一个是他的嘴的奴隶和他的肚子的仆人的人能够比他的父亲更健康吗？而且，这些运动员不能忍受贫穷或理好自己的财产？因为他们没有养成好的习惯，他们艰难地面对很多问题。他们闪闪发光，就像城邦自己的雕像那样，当他们处在壮年的时候；当痛苦的老年来临的时候，他们就像是扯成碎片的和破旧的地毯那样。因此，我谴责希腊人的这种风俗，他们聚在一起看体育比赛，给无用的快乐以荣誉，为了有一个盛宴的借口。有什么人曾经用赢得一顶摔跤的桂冠或跑得快或把铁饼掷得很远或用一个上勾拳打到对手的下颚上而保卫住了他父亲的城市吗？有人用他们手中的铁饼打仗或向一排盾牌打出重拳把敌人从他们的祖国赶出去吗？当他站在强大的敌人面前的时候，没有人傻到如此地步去干这些事情。我们应该把桂冠给予好人和有智慧的人，给予使城邦良好运作的公正的人，给予那些领导我们避免做出邪恶之事、打斗和内部斗争的人。这些才是对每个国家和所有希腊人有益的事情。"参见 Stephen G. Miller, *Arete, Greek Sports from Ancient Sources*, a Second and Expanded Edition, University of California Press, 1991, pp. 184 – 185.

⑤罗马帝国的第一个王朝即朱利奥·克劳狄王朝（公元前30—公元68年）的历代君主都是希腊文化的赞助者和仰慕者。比如，屋大维为纪念公元前31年的亚克兴海战的胜利，于公元前28年、27年亲自创办四年一次的亚克兴赛会，并把它列入泛希腊赛会的"大满贯巡回赛"中。此后，各种以皇帝名字命名的"准奥运会"在罗马和地方城市不断被创办出来。除了创办赛会，皇帝参赛的记录也有很多。比如，提比略在继位前就曾经参加过公元前4年第194届奥运会的驷马赛车并获得优胜。当然，其中最有代表性的就是罗马帝国的皇帝尼禄（42—68年在位）。尼禄渴望参加希腊所有的重要节日和比赛，包揽所有赛会的音乐和竞技奖项。为了实现他的这个愿望，公元前67年，他打乱了所有赛会的规程，还在奥运会上设立音乐比赛。更有甚

者，他不允许在他表演期间有人离开剧院，致使有孕妇把孩子生在了剧院里。车赛也成为一场闹剧。因此，尼禄的所作所为与其说是促进了古希腊赛会的发展，不如说是一种明目张胆的大肆破坏。在运用他的政治权力获得了大量优胜之后（据说在巡行希腊期间，他包揽了 1808 个奖项），他把罗马公民权和大量金钱馈赠给"希腊法官"。"在暴君淫威下，奥林匹克的规则和公平原则消失殆尽，严肃的比赛变成一场滑稽闹剧。"参看王以欣：《神话与竞技——古希腊体育运动与奥林匹克赛会起源》，天津人民出版社，2008 年，第 73 – 75 页。

⑥ M. I. Finley&H. W. Pleket, *The Olympic Games*：*The First Thousand Years*, p. 113.

⑦Lucian, Anacharsis 1 – 8 and 28 – 29, Stephen G. Miller, *Arete*, *Greek Sports from Ancient Sources*, a Second and Expanded Edition, pp. 28 – 31.

⑧例如，盖伦在他的《医学劝诫》(*Exhortation for Medicine*) (9 – 14) 中就对职业体育进行了全面而系统的批评，认为这种方式极不利于身体的健康，对城邦无益，也不会给人带来快乐。参看 Stephen G. Miller, *Arete*, *Greek Sports from Ancient Sources*, a Second and Expanded Edition, p. 174.

⑨H. A. Harris, *Sports in Greece and Rome*, Cornell University Press, 1972, p. 52, p. 70.

⑩Mark Golden, *Sports and Society in Ancient Greece*, Cambridge University Press, 1998, p. 58.

⑪Mark Golden, *Sports and Society in Ancient Greece*, p. 59.

⑫例如，公元前 264 年的一篇碑铭详细记载了皮提亚赛会的准备情况，包括有哪些工作、承担者的名字、需要支付多少钱。又如，还有一个属于公元前 28 年的碑铭记载了在奥林匹亚宙斯祭坛上工作的所有官员和服务人员的名单，从中可以看出当时除运动员和观众外还有哪些工作人员。Stephen G. Miller, *Arete*, *Greek Sports from Ancient Sources*, a Second and Expanded Edition, pp. 63 – 65, pp. 87 – 89.

⑬参看 Stephen G. Miller, *Arete*, *Greek Sports from Ancient Sources*, a Second and Expanded Edition, p. 8. 例如，在米勒的《资料集》中（第 85—87 页），就有一篇公元 250 年的纸草文

献，记载了公元前 5 世纪以来的奥运会优胜者名单，说明这个名单在当时流传很广，且被普遍接受。

⑭2010 年，米歇尔·斯科特（Michael Scott）的专著《德尔斐和奥林匹亚：古风和古典时代泛希腊主义的空间政治学》（*Delphi and Olympia*，*the Spatial Politics of Panhellenism in Archaic and Classical Perriods*）在剑桥大学出版社出版。在这本书中，他在充分利用了近代以来对德尔斐和奥林匹亚圣所的建筑和布局的研究成果，在对这些代表性的建筑的静态的空间分布进行全面分析的基础上引进了动态的时间观念，运用"空间政治学"的概念，结合历史文献，全面考察了圣域控制权的争夺历史和泛希腊主义思想的形成。这一新的综合研究再次证明了考古资料的重要性及其巨大的开发与利用潜能，令人耳目一新。

⑮就考古资料的研究和利用而言，在 20 世纪早期比较有代表性的就是英国学者伽丁纳尔（E. Norman Gardiner）的研究，从 1910 年到 1930 年，他出版了三本关于古希腊的体育运动和比赛的著作，即《古希腊的体育运动和节日》（*Greek Athletic Sports and Festivals*，1910）、《奥林匹亚，它的历史和遗存》（*Olympia*，*Its History & Remains*，1925）和《古代世界的体育》（*Athletics of the Ancient World*，1930），今天仍旧被视为该研究领域的经典和奠基之作。其中，出版于 1925 年的《奥林匹亚，它的历史和遗存》正是在奥林匹亚的考古发掘报告的基础上撰写而成，是英语世界第一部考古资料和文献资料相结合的对奥运会的历史做出系统研究的专著。此后，学者们在从宗教、社会、文化、性别等视角对古希腊的体育运动和比赛进行研究的时候，无不参考和利用了各种实物和考古资料。1984 年，美国加州大学洛杉矶分校召开了以"奥林匹亚的考古学"为题的国际学术研讨会，会后出版了论文集，来自欧美各国的学者们对古代赛会的起源、"业余问题"、女性运动、罗马时代的体育运动等问题进行了探讨，其中有多篇文章还专门考察了古希腊的各种体育场馆、设施和出土的有关碑铭。参看 Wendy J. Raschkeed.，*The Archaeology of the Olympics*，*the Olympics and Other Festivals in Antiquity*，The University of Wisconsin Press. 1988. 据大卫·马兹统计，截至 1991 年，关于古代希腊体育运动的研究著作和论文的数量在 1000 种以上，见 David Matz，*Greek and Roman Sports*，*a Dictiona-*

ry of Athletes and Events from the Eighth Century B. C. to the Third Century A. D. McFarland & Company, Inc. , Publishers, 1991.

⑯根据鲍桑尼阿斯的记述，宙斯（Zeus）与其父天神克洛诺斯（Cronus）为争夺王位在奥林匹亚进行了一场摔跤比赛，宙斯取得了胜利，不仅获得了天界的统治权，而且为了纪念这次胜利而创办了奥林匹亚赛会。

⑰这个说法也出自于鲍桑尼阿斯在伊利斯的见闻，据说黄金时代的人类种族曾在奥林匹亚为宙斯的父亲天神克洛诺斯修建了一处神庙，宙斯之母瑞亚（Rhea）女神把刚出生不久的宙斯交给克里特岛伊达山的库里特五兄弟照管，这五兄弟后来移居到奥林匹亚，五兄弟中最大的就是赫拉克勒斯（Heracles），他经常组织弟兄们赛跑，并为优胜者带上野橄榄枝编制的桂冠，后来的奥林匹亚赛会即由此而来。

⑱根据传说，在奥林匹亚附近的比萨城（Pisa），古代有一位统治者奥诺玛俄斯（Oenomaus），膝下只有一女名叫希波达美亚（Hippodameia），宠爱有加。美丽的希波达美亚长大后，引来了无数的求婚者。虽然神谕警告奥诺玛俄斯将会死在未来的女婿之手，但奥诺玛俄斯还是决意与每位求婚者赛车来决定女儿的归属。此后，无数的求婚者因比赛失败而丧命。后来，小亚的王子珀洛普斯（Pelops）来到了比萨城，希波达美亚见到他之后一见倾心，在神灵和公主的帮助下，珀洛普斯在车赛中施以狡计，不仅取得了胜利，而且也使老国王在比赛中丧命。珀洛普斯不仅赢得了美人，继承了比萨的王位，还取得了奥林匹亚的控制权，创办了赛会。"伯罗奔尼撒"（Peloponnese）的名字就源于"珀洛普斯"。

⑲Ulrich Sinn, *Olympia*, *Cult*, *Sport and Ancient Festival*, Translated from German by Thomas Thornton, Markus Wiener Publishers, Princeton, 2000, p. 5.

⑳例如，五项全能运动员埃拉托色尼（Eratosthenes）认为，古代奥运会开始于公元前884年，即在特洛伊战争的300年之后。在他的纪年里，公元前776年只是开始记录优胜者的开端。参看 Mark Golden, *Sports and Society in Ancient Greece*, p. 63.

㉑Mark Golden, *Sports and Society in Ancient Greece*, p. 64.

㉒例如，斯蒂芬·米勒指出，"马赛"的参赛者一直是富

人，后来这种贵族品位一直保留下来，但"裸体竞技"从一开始这种品位就很淡，后来几乎完全消失了。这种差异在荷马史诗中就已经有所反映，例如，来自于贫穷小国的奥德修斯只能依靠他的智慧而不是财富，甚至没有参加车赛，而只是参加了跑步和摔跤比赛。参看 Stephen G. Miller, *Arete*, *Greek Sports from Ancient Sources*, a Second and Expanded Edition, p. 28.

㉓正如斯坎隆所言，奥运会的创办得益于三种因素的结合，即贵族体育比赛的习俗，宙斯崇拜的宗教节日，以及邀请其他的希腊城邦在奥林匹亚公共神祇的保护性赞助下来庆祝和比赛。其中前两个因素是旧有的，而第三个因素是后来才出现的。参看 Thomas F. Scanlon, *Eros & Greek Athletics*, Oxford University Press, 2002, p. 34.

㉔一种说法认为，奥林匹亚赛会优胜者的奖品起初也是三足鼎等实物奖励，还有人认为是苹果。从公元前 752 年的第七届（一说第六届）奥运会开始，才遵照德尔斐神谕的指示改为用橄榄枝做的花环。参看 Wendy J. Raschkeed., *The Archaeology of the Olympics*, *the Olympics and Other Festivals in Antiquity*, p. 11. 有墓碑为证，参看 David Matz, *Greek and Roman Sports*, *a Dictionary of Athletes and Events from the Eighth Century B. C. to the Third Century A. D.* p. 45.

㉕据公元前 440—前 432 年间的雅典的一篇碑铭显示，至少在公元前 5 世纪中叶以后，在泛希腊赛会上取得优胜的人就可以得到城邦给予的物质奖励。该铭文的内容如下："那些在奥林匹亚或德尔斐或伊斯特摩亚或尼米亚的体育比赛中获胜的人，可以在有生之年每天在主席厅吃一顿免费的餐食，其他荣誉也是如此。那些在奥林匹亚或德尔斐或伊斯特摩亚或尼米亚赢得驷马赛车和骑马比赛的人，可以在有生之年每天在主席厅吃一顿免费的餐食。"另据普鲁塔克《梭伦传》(23.3)，梭伦的立法规定，雅典给伊斯特摩亚的优胜者 100 德拉克马（约合 2200 美元），给奥林匹亚的优胜者 500 德拉克马（约合 11000 美元）。见 Stephen G. Miller, *Arete*, *Greek Sports from Ancient Sources*, a Second and Expanded Edition, pp. 181–182.

㉖M. I. Finley&H. W. Pleket, *The Olympic Games*: *The First Thousand Years*, p. 74.

㉗Stephen G. Miller, *Ancient Greek Athletics*, Yale university Press, 2004, p. 243.

㉘Mark Golden, *Sports and Society in Ancient Greece*, p. 36.

㉙Stephen G. Miller, *Ancient Greek Athletics*, pp. 111 – 112.

㉚例如，基塔拉琴演唱的成人组的第一名可以得到一顶价值 1000 德拉克马的金冠和 500 德拉克马的白银现金，第二名到第五名的奖金额度分别为 1200、600、400 和 300 德拉克马，可谓十分丰厚。要知道 1 德拉克马在当时相当于一个技术工人一天的收入，第一名的奖励约合 33000 美元。赛跑和五项全能优胜者的奖励是一定量的装在陶瓶中的橄榄油。例如，少年组单程赛跑第一名的奖励是 50 瓶，第二名是 10 瓶，青年组的第一名和第二名的奖励分别是 60 瓶和 12 瓶。按照每瓶大约 38.9 升计算，50 瓶就是 1944 升。如果按照每升 5 美元计算，加上瓶子本身的价值就可以达到 10000 美元。这样估算，全部裸体竞技项目的奖励总共可以达到 50 万美元。在"马赛"中，奖励额度也很大，例如，两马赛车的优胜者的奖品是 140 瓶橄榄油，驷马赛车的奖励更多。参看 Stephen G. Miller, *Ancient Greek Athletics*, pp. 133 – 135.

㉛例如，斯巴达重视军事训练，其卡尼亚赛会重视长距离奔跑；贴萨利以畜牧业而闻名，其埃留特里亚赛会不仅有马背上的火炬接力项目，还有牧牛比赛。参看 Stephen G. Miller, *Ancient Greek Athletics*, pp. 145 – 146. 就奖品而言，如果说雅典以本地产的橄榄油为特色的话，那么，在埃留特里亚赛会，由于当地盛行德墨忒耳崇拜，所以优胜者的奖励是谷物。在阿卡狄亚的佩勒内，由于当地的畜牧业很发达，所以赛会优胜者的奖励为用地方羊毛制作的大氅。参看 Ulrich Sinn, *Olympia, Cult, Sport and Ancient Festival*, p. 48.

㉜Stephen G. Miller, *Ancient Greek Athletics*, p. 97.

㉝Mark Golden, *Sports and Society in Ancient Greece*, p. 41.

㉞Mark Golden, *Sports and Society in Ancient Greece*, pp. 43 – 44.

㉟关于未成年人的参赛年龄和分组情况说法不一。从奥林匹亚未成年人优胜者的年龄看，最小的 12 岁，最大的 17 岁，分属少年组（*paides*）和青年组（*ageneioi*，即 beardless youth）。克里（Klee）认为，少年组的参赛年龄为 12—14 岁，青年组为

116

14—17 岁。参看 Mark Golden, *Sports and Society in Ancient Greece*, pp. 104 – 106.

㊱Stephen G. Miller, *Ancient Greek Athletics*, p. 74.

㊲米勒指出，骡、驴和马驹等项目的设立无疑是为了增强马赛的多样性，但大多带有很强的地方性色彩，甚至受到西部一些僭主个人的推动。在希腊，人们还是普遍认为马是高贵的象征，而看不起骡和驴。参看 Mark Golden, *Sports and Society in Ancient Greece*, pp. 41 – 43. 芬利也指出，在希腊人看来，"骡子是用来驮运的牲畜，不是一个骑士贵族的恰当的象征"，见 M. I. Finley&H. W. Pleket, *The Olympic Games：The First Thousand Years*, p. 42.

㊳以下关于一届奥林匹亚赛会日程的描述，如不标明出处，均来自于 Stephen G. Miller, *Ancient Greek Athletics*, pp. 113 – 128 和王以欣：《神话与竞技——古希腊体育运动与奥林匹克赛会起源》，第 63 – 67 页。

㊴E. Norman Gardiner, *Olympia, its History & Remains*, Oxford, 1925, p. 72.

㊵王以欣：《神话与竞技——古希腊体育运动与奥林匹克赛会起源》，第 60 页。

㊶王以欣：《神话与竞技——古希腊体育运动与奥林匹克赛会起源》，第 56 页。

㊷ M. I. Finley&H. W. Pleket, *The Olympic Games：The First Thousand Years*, p. 59.

㊸王以欣：《神话与竞技——古希腊体育运动与奥林匹克赛会起源》，第 90 页。

㊹Isocrates, *Team of Horses*, pp. 32 – 34, 转引自王以欣：《神话与竞技——古希腊体育运动与奥林匹克赛会起源》，第 240 – 241 页。

㊺Mark Golden, *Sports and Society in Ancient Greece*, pp. 25 – 26.

㊻据鲍桑尼阿斯记载，在公元前 338 年的奥运会上，色萨利人欧波罗斯（Eupolus）向参赛的拳击选手行贿，结果，行贿和受贿者皆被处以罚款，罚金铸成六尊铜像，并刻有铭文。其中第一尊铜像基座上的两行诗文说明，"奥林匹亚的取胜之道不是靠金钱，而是靠捷足和体力。"这是古代奥运史上第一次丑闻

的记载。参看 Stephen G. Miller, *Arete, Greek Sports from Ancient Sources*, a Second and Expanded Edition, p. 56. 王以欣：《神话与竞技——古希腊体育运动与奥林匹克赛会起源》，第 57 页。

㊼ Ulrich Sinn, *Olympia, Cult, Sport and Ancient Festival*, p. 53.

㊽ M. I. Finley&H. W. Pleket, *The Olympic Games：The First Thousand Years*, p. 65.

㊾据希罗多德记载，马其顿国王亚历山大一世是最早参加奥运会的马其顿人。当时的马其顿人被希腊人视为蛮族人，为了取得参赛资格，马其顿王室不惜编造神话谱系，宣称他们是古代阿尔哥斯王族的后裔，赫拉克勒斯的子孙。参看王以欣：《神话与竞技——古希腊体育运动与奥林匹克赛会起源》，第 62 页。

㊿马其顿征服时期，奥林匹亚最具代表性的新建筑就是始建于腓力二世时期完成于亚历山大时期的腓力庙（*Philippeion*），它不仅位于圣域的中心区域，也是奥林匹亚第一座圆形建筑，成为奥林匹亚仅次于宙斯神庙的标志性建筑，里面有宝石镶嵌的腓力的父亲、母亲、妻子和儿子的塑像。米勒指出，腓力庙"所要表达的东西在奥林匹亚并不是什么新鲜的事物，但其规模、位置和装饰却远胜于其他的胜利纪念碑，代表的正是喀罗尼亚的胜利已经使马其顿人成为希腊的主人"。参看 Stephen G. Miller, *Ancient Greek Athletics*, p224.

51 M. I. Finley&H. W. Pleket, *The Olympic Games：The First Thousand Years*, p. 46.

52例如，在罗马皇帝哈德良在位期间（117—138），他不但授予希腊人完全的罗马公民权，并出资兴建了很多新的文化体育设施。他亲自在雅典创建了"泛希腊同盟"和"泛希腊赛会"。在他的推动下，有 12 座希腊城市创办了新的赛会，在他统治期间，奥林匹亚也得到了大规模的扩建。他的几位继任者也继续了这样的政策和做法。参看王以欣：《神话与竞技——古希腊体育运动与奥林匹克赛会起源》，第 75－76 页。

53语出西塞罗，在一本哲学著作中，他征引并同意艾尼乌斯（Ennius）的说法，即"公开脱掉衣服是作恶的开端"。参看 H. A. Harris, *Sports in Greece and Rome*, p. 53.

118

54Allen Guttmann, *From Ritual to Record, the Nature of Modern Sports*, Columbia University Press, 2004, p. 24.

　　55 M. I. Finley&H. W. Pleket, *The Olympic Games：The First Thousand Years*, p. 11.

　　56参看王以欣：《神话与竞技——古希腊体育运动与奥林匹克赛会起源》，第79页。不过，也有人指出，赛会在拜占庭帝国仍旧持续了一段时间，比如安条克的运动会一直举办到520年。参看 H. A. Harris, *Sports in Greece and Rome*, p. 42.

　　57 Ulrich Sinn, *Olympia, Cult, Sport and Ancient Festival*, pp. 134 – 135.

　　58Mark Golden, *Sports and Society in Ancient Greece*, pp. 25 – 26.

　　59比如，希腊历史上名字中含有"马"的包括 Hippias, Hippokrates, Hippocles, Hippodameia, Hipposthenes, Philip 等。阿里斯托芬的喜剧《云》中主人公为他的儿子起的名字"俭德马"（Pheidippdes）更是令人啼笑皆非。

　　60比如，昂贵的赛前训练费用、雇用教练的费用以及往返赛会举办地的路费和比赛期间的各种费用，也都会是一笔不小的开支。

　　61有人统计了有记录的四大泛希腊赛会（至公元前100年）的马赛冠军的年龄，60岁以上的3位，50岁以上的7位，40岁以上的9位，30岁以上的15位，30岁以下的11位，显然平均年龄远大于"裸体竞技"的优胜者。参看 Mark Golden, *Sports and Society in Ancient Greece*, pp. 120 – 121.

　　62有趣的是，这种不合理的比赛规则却为妇女奥林匹亚赛会乃至获得冠军创造了机会。历史上不乏马赛冠军为女性的记载，例如，公元前4世纪初，斯巴达公主库尼斯卡两次赢得奥运会驷马车赛的冠军。公元前268年，埃及国王托勒密二世的情妇贝莉斯提克赢得驷马驹车赛的冠军，随后又赢得了下一届双马驹车赛的冠军。公元前1世纪，有六位伊利斯人相继赢得马赛冠军，其中有两位是妇女，最后一位已知的女性车赛冠军是公元2世纪中期的伊利斯妇女卡西娅。参看王以欣：《神话与竞技——古希腊体育运动与奥林匹克赛会起源》，第237 – 238页。

　　63例如，在索福克勒斯的悲剧《厄拉克特拉》中（第681—

756 行)，就十分细致地描绘了奥列斯特参加皮提亚赛会的马赛因不慎发生事故而惨死的整个过程。

(64)例如，抒情诗人们留下了大量关于西西里的希腊殖民城邦的僭主们参加“马赛”的记载。叙拉古的僭主格伦曾赢得公元前 488 年第 73 届奥运会的赛马冠军，他的弟弟希埃隆曾蝉联公元前 476 年和公元前 472 年两届奥运会的赛马冠军，以及公元前 482 年和公元前 478 年两届皮提亚赛会的赛马冠军和公元前 470 年赛会的赛车冠军。格伦的另外一个弟弟波吕泽罗斯曾赢得公元前 478 年皮提亚赛会的赛车冠军。西西里的另外一个殖民城邦阿克拉伽斯的僭主克赛诺克拉特斯曾赢得过公元前 490 年第 24 届皮提亚赛会，他的兄弟铁龙赢得过公元前 476 年奥运会的赛车冠军。格伦的姐夫克罗米俄斯赢得过尼米亚赛会的赛车冠军。参看王以欣：《神话与竞技——古希腊体育运动与奥林匹克赛会起源》，第 241 页。

(65)修昔底德的《伯罗奔尼撒战争史》(6. 16) 中，亚西比德自夸道：“雅典人啊，我比其他人更有权利出任指挥官——因为尼基阿斯攻击我，我不得不一开始就提出这个问题——同时我相信我自己是无愧于指挥官这个职位的。至于那些指责我的事情，那是给我的祖先和我本人带来荣耀，也是使国家从中受益的光荣之举。希腊人曾经认为我们的城邦已经被战争所摧毁，而今在希腊人的心目中，我们的城邦相当强大，甚至超出其实际情况。原因在于我在奥林匹亚竞技会（徐松岩注：可能是公元前 416 年，也有学者推定是在公元前 424 年或公元前 420 年）上代表城邦表现出的高贵和豪华，当时我有 7 辆双轮马车入选参赛者名单，过去从未有过私人用这么多的马车参赛，我赢得第一名、第二名和第四名，其他所有的仪式安排都与我取得的胜利相称。在习惯上，人们将这种事情视为一种荣耀，它给人们留下难以磨灭的印象。再有，我在国内所显示出的富丽豪华，如提供合唱队的花费或其他方面，自然引起我的公民同胞的忌妒，但在异邦人看来，这与其他事例一样，是邦国实力的一种表现。当一个人花费自己的金钱不仅仅为自己而且也为她的城邦谋利益的时候，这并非是徒劳无益的愚蠢行为。他自视高人一等而拒绝与其他人保持平等地位，这并非不公平。当他遭受挫折的时候，他得独自承受全部苦难。因为我们没有看见有人去与他共患难。按照同样的原则，一个人应该接受成功者的傲慢；否则，让他首先以平等的方式善待所有的人，然后才有权利要求别人以平等的方式对待他。我知道，这种人以及所有因获得各种荣誉而出名的其他人，虽然在他们的有生之年不受其同胞特别是同辈同胞的欢迎，但是到了后世，都竭力声称与他们有亲戚关系，甚至那些与他们没有任何关系的人也是如此；我知道，他们所在的城邦好要尊奉他们为自己的同胞和英雄，而不把他们视为异乡客和作恶者。这就是我的抱负。"参看《伯罗奔尼撒战争史》，徐松岩译注，上海世纪出版集团、上海人民出版社，2012 年，第 423－424 页。

⑥⑥据普鲁塔克《亚历山大传》(3) 记载："菲利普刚刚占领波蒂迪亚（Potidaea），同时传来三个消息：巴米尼奥（Parmenio）在一场大战中击败伊里利亚人；他派出的马匹在奥林匹亚竞技会的赛车中获得优胜；以及他的妻子平安生下亚历山大。这样一来使他感到非常高兴。那些占卜者的话更是锦上添花，告诉他说他的儿子和三个胜利同时降临，将来一定百战百胜所向无敌。"参看《希腊罗马名人传》，席代岳译，吉林出版集团有限公司，2009 年，第 1197 页。

⑥⑦据苏埃托尼乌斯的《尼禄传》(24) 记载："（尼禄）也曾在许多地方表演过驾车。虽然在自己的一首诗中他谴责米特拉达悌表演十马拉的战车，但在奥林匹亚，他也做了这种表演。他从战车上被甩下来，然后又被扶上战车，后来实在坚持不住了，只好中途退场。但尽管如此，桂冠还是授给了他。后来，当他离别时，他把自由授给整个行省，同时把罗马公民权和许多金钱赠给裁判员。他的这些赏赐是在伊斯米亚竞技会（即地峡赛会——引者注）之日，他站在运动场的中间亲自宣布的。"参看《罗马十二帝王传》，张竹明、王乃新、蒋平等译，商务印书馆，1996 年，第 238 页。

⑥⑧根据古代零星的记载可知，赛马场也呈长方形，德尔斐的场地允许 40 辆战车同时参赛，奥林匹亚甚至允许 60 辆战车同时参赛。与"单程赛跑"相仿，赛马场的中线两端也各设两个"折返柱"，骑手或驭手要在折返柱的地方转弯，从跑道另一侧返回，通常要往返多圈。不过，关于跑道的长度，参赛者的多少和要跑多少圈，均说法不一。参看王以欣：《神话与竞技——古希

121

腊体育运动与奥林匹克赛会起源》，第 234 页。

⑥⑨Alfred Mallwitz，*Cult and Competition Locations at Olympia*，Wendy J. Raschkeed.，*The Archaeology of the Olympics，the Olympics and Other Festivals in Antiquity*，p. 95.

⑦⑩Stephen G. Miller，*Ancient Greek Athletics*，p80.

⑦①参看王大庆：《古希腊体育竞技中的裸体习俗探析》，《世界历史》2015 年第 2 期。

⑦②王以欣：《神话与竞技——古希腊体育运动与奥林匹克赛会起源》，第 322 页。

⑦③王以欣：《神话与竞技——古希腊体育运动与奥林匹克赛会起源》，第 142 – 143 页。

⑦④在希罗多德的《历史》(8.59) 中，记载了一个科林斯人这样警告泰米斯托克利斯："泰米斯托克利斯，在竞技会比赛的时候，抢跑的人是要挨棍子揍的。"泰米斯托克利斯随即反唇相讥，他说："对啊，可是起跑太迟的人是无法赢得桂冠的。"参看徐松岩中译本，上海三联书店，2008 年，第 438 – 439 页。

⑦⑤参看 Allen Guttmann，*From Ritual to Record，the Nature of Modern Sports*.

⑦⑥修昔底德，1. 22. 4. 参看 Mark Golden，*Sports and Society in Ancient Greece*，p. 62.

⑦⑦Ulrich Sinn，*Olympia，Cult，Sport and Ancient Festival*，p. 33.

⑦⑧H. A. Harris，*Sports in Greece and Rome*，p. 18

⑦⑨王以欣：《神话与竞技——古希腊体育运动与奥林匹克赛会起源》，第 144 页。

⑧⑩Stephen G. Miller，*Ancient Greek Athletics*，p46.

⑧①王以欣：《神话与竞技——古希腊体育运动与奥林匹克赛会起源》，第 145 页。

⑧②例如，普鲁塔克在《菲罗波欧曼》(*Philopoemen*，3. 2 – 4) 中讲到，菲罗波欧曼（约前 253—前 182）很适合摔跤，他的朋友们劝他从事体育运动。他就问他们，体育会不会破坏他的军事训练。他们就说体育运动的身体和生活方式在所有方面都与军事的不同，饮食和训练尤其不同。为强化身体，运动员要睡很多，吃很多，在固定的时间运动和休息。军人要面对各种的

冒险和不规则，尤其要忍受饿肚子和少睡眠。于是他不但不再参加体育运动和从中获得乐趣，而且在他后来成为一位将军的时候禁止所有的体育活动。见 Stephen G. Miller, *Arete*, *Greek Sports from Ancient Sources*, a Second and Expanded Edition, pp. 166 – 167.

㊷王以欣：《神话与竞技——古希腊体育运动与奥林匹克赛会起源》，第 147 页。

㊸在《伦理学》（*Rhetoric*，1361b）中，亚里士多德写道："每个年龄都有每个年龄的美，在年轻的时候，美在于拥有一个能够经受所有类型的比赛的身体，不论是赛跑还是身体力量的比赛，年轻人自身就会很好看。因此，五项全能运动员是最美的；他们既适合于身体的用力，跑得又快。"参看 Stephen G. Miller, *Arete*, *Greek Sports from Ancient Sources*, a Second and Expanded Edition, pp. 39 – 40.

㊹H. A. Harris, *Sports in Greece and Rome*, p. 33.

㊺Ulrich Sinn, *Olympia*, *Cult*, *Sport and Ancient Festival*, p. 41.

㊻H. A. Harris, *Sports in Greece and Rome*, p. 38.

㊼王以欣：《神话与竞技——古希腊体育运动与奥林匹克赛会起源》，第 165 – 166 页。

㊽E. Norman Gardiner, *Athletics of the Ancient World*, Oxford, 1930, p. 145.

㊾资料来源于公元前 3 世纪的斯库里翁（Schlion）为阿里斯托芬的《阿卡奈人》（*Acharnians*）所写的一个注释，其中说到一个名叫法洛斯（Phayllos）的人在跳远比赛中跳出了 55 英尺。参看 Stephen G. Miller, *Arete*, *Greek Sports from Ancient Sources*, a Second and Expanded Edition, p. 45.

㊿王以欣：《神话与竞技——古希腊体育运动与奥林匹克赛会起源》，第 174 页。

92例如，大约公元前 425 年，在雅典智者安提丰（Antiphon）的一篇演说（*Second Tetralogy* 2）中，就记载了一个体育事故纠纷的官司，一位少年不慎被标枪扎死。参看 Stephen G. Miller, *Arete*, *Greek Sports from Ancient Sources*, a Second and Expanded Edition, pp. 47 – 48.

㉝除了拳击运动员的雕像，历史上也有很多此类的记载。例如，一位出生地和年代不详的拳击手阿波罗法尼斯（Apollophanes），他的头被描述成一个筛子或被虫子吃过的书，到处是洞洞和疤痕。另外一位出生地和年代不详的拳击手奥鲁斯（Aulus）留下了一段充满幽默色彩的格言，描述了拳击的残忍，后人把他的有裂缝的头骨献给了宙斯。还有一位出生地和年代不详的拳击手斯特拉丰（Straphon），在比赛结束后回到家里，已经没人能认出他来了，甚至他家的狗。一个少有的例外是，1世纪的卡利亚的一位拳击手马兰克马斯（Melancomas），打遍各大赛会均无敌手，使他更为骄傲的是，其英俊的脸庞毫无损伤，据说他掌握了高超的躲避对方打击的技巧。参看 David Matz, *Greek and Roman Sports*, *a Dictionary of Athletes and Events from the Eighth Century B. C. to the Third Century A. D.* p. 28, p. 34, p. 94, pp. 70 – 71.

㉞Michael B. Poliakoff, *Combat Sports in the Ancient World*, *Competition*, *Violence*, *and Culture*, Yale University Press, 1987, p. 68, p. 88.

㉟例如，公元前5世纪早期阿斯提帕拉亚的拳击手克里奥米德斯（Cleomedes），在公元前492年第72届奥运会上杀死了他的对手埃庇道鲁斯的伊库斯（Iccus），被判过度残暴，取消了桂冠。此人脾气不好，回到家，为了撒气，把学校房屋的一根立柱打坏了，60个孩子死伤，孩子的家长追击他到雅典娜神庙，他把自己藏在一个大箱子里，但人们打开箱子后，他却不见了踪影。又如，拳击手狄奥格内图斯（Diognetus），时代不详，克里特人，在比赛中杀死了对手赫尔库勒斯（Hercules），随即被取消资格，被逐出了奥林匹亚，显然违反了不允许过度伤害的规则，但仍受到了他的国人的崇拜。见 David Matz, *Greek and Roman Sports*, *a Dictionary of Athletes and Events from the Eighth Century B. C. to the Third Century A. D.* p. 41, p. 50.

㊱据说，天神宙斯就是通过摔跤比赛打败了自己的父亲克洛诺斯而获得统治权的。实际上，摔跤不仅在希腊，也是很多古代民族的神话传说中最受推崇的比赛项目。古代两河流域的英雄吉尔加美什，古代犹太民族的族长雅各等都是以摔跤见长。

㊲Mark Golden, *Sports and Society in Ancient Greece*, p. 38.

⑨⑧语出在奥林匹亚发现的一块墓志铭，属于亚历山大的一位拳击手阿伽托斯·达蒙（Agathos Daimon），绰号"骆驼"，曾经获得尼米亚赛会的优胜，铭文如下："在这里（奥林匹亚）他去世了，在体育场参加拳击比赛，他曾经向宙斯祈祷，或者桂冠，或者死亡。"无独有偶，公元前3世纪晚期伊利斯的一块墓志铭上也有类似的话："你站在这里，卡罗尼德斯，列于前排的斗士之中，祈祷说，'啊，宙斯，给予我战斗中的死亡或者胜利'。"参看 M. I. Finley&H. W. Pleket, *The Olympic Games*: *The First Thousand Years*, pp. 124 – 125.

⑨⑨刘小枫、陈少明主编：《奥林匹亚的荣耀》，华夏出版社，2009 年，第 125 页。

⑩⑩Michael B. Poliakoff, *Combat Sports in the Ancient World*, *Competition*, *Violence*, *and Culture*, p. 91.

谷　裕

《尼伯龙人之歌》——古日耳曼英雄主义与中古骑士精神

　　谷裕　1991 年毕业于北京大学西语系德语语言文学专业，获学士学位。1991—1997 年就读于德国波鸿大学，攻读现当代德语文学、中世纪德语文学、天主教神学，获文理博士学位。1998 年起在北京大学外国语学院德语系任教。2005—2006 年获德国洪堡奖学金。现为教授、博士生导师。教学和研究方向：从中世纪到 19 世纪末的德语国家文学史、现当代德语文学、德语文学与基督教文化、歌德《浮士德》研究。近年出版《隐匿的神学：启蒙前后的德语文学》（2008/2010）、《德语修养小说研究》（2013）等学术专著，《面向终末的美德：罗马书讲疏》（2010）、《此世的君王：约翰启示录解经及政治神学论文》（2015）等学术译著，发表学术论文 20 余篇。

很高兴也很荣幸，有机会到这里和大家进行交流。今天给大家介绍一部德国的史诗《尼伯龙人之歌》。德国文学中有很多有意思的史诗，可惜翻译成中文的就只有这一部。我和大家谈一下这部史诗的主要内容，在谈的过程中，同时考察古日耳曼文化与中世纪宫廷骑士文化的融合与冲突。这背后隐含着暴力与和平的问题。

在讲述过程中，我争取做到深入浅出，一方面把史诗内容传达给大家，另一方面也希望给大家介绍一些德国中世纪文学特殊的研究领域或研究方式。但因时间关系，很多方面无法涉及，比如手稿研究——中国很早就发明了纸张，而欧洲中世纪没有纸张，文字靠手抄在所谓羊皮纸上，图书制作是一件复杂而昂贵的事情。手抄不同于现在的印刷，版本之间会有区别，因而产生手稿对比研究；包括传说系统研究，因为《尼伯龙人之歌》由好几种古日耳曼传说系统组成；当然还包括对史诗形式的分析，比如史诗的语言、修辞，因为作为一部口头传唱的史诗，它需要特殊的语言修辞帮助接受和记忆。

然而，作为对西方文化感兴趣的中国人，我们可能更加关注史诗所体现的古日耳曼的民族特征和价值观，以及中世纪基督教下的特征与价值观，两者如何碰撞、交融。也就是说，我们更加关心思想史方面的问题，尤其是暴力与和平问题，因为说到底，《尼伯龙人之歌》是一部充满暴力的史诗，它以暴力、惨烈和悲剧的结尾著称。

一、史诗概述

关于译名。我们先来谈一下史诗的译名问题，或者先搞清楚，何为尼伯龙人，何为尼伯龙宝藏。可能在座的，尤其熟悉瓦格纳歌剧的听众会问，我们通常听到的是《尼伯龙根之歌》，为什么这里是《尼伯龙人之歌》？简单说，"尼伯龙根"是单纯的音译，

"尼伯龙人"则是把意思翻译过来了。史诗德语原文为 Nibelung-enlied，lied 是歌的意思，Nibelungen 是尼伯龙人的复数。史诗的译者——北京大学的安书祉老师——她曾在 20 世纪 50 年代在莱比锡大学留学，学习过中古德语文学——把译名改为《尼伯龙人之歌》，这样就一目了然了："尼伯龙人"是对某一种人的称谓，"尼伯龙人之歌"就是关于他们的故事，用歌的形式唱出来。

那么，尼伯龙人是什么人呢？传说他们最早是一个侏儒部落，善于挖矿，聚集了许多黄金，这些黄金宝藏称为"尼伯龙宝藏"。然而这个宝藏同时包含诅咒。宝藏由一个强大的侏儒、部落首领阿尔布里希保管。之后，需要特别注意的是，谁占有尼伯龙宝藏，谁就被称为尼伯龙人。后来一个名叫西格弗里德的英雄，打败阿尔布里希，获得了宝藏，随之西格弗里德所属的部落成为尼伯龙人。西格弗里德死后，勃艮第人获得了尼伯龙宝藏，于是他们又被称为尼伯龙人。总之，谁拥有这个宝藏，谁就叫尼伯龙人，同时也可能受到宝藏的诅咒。

基本信息。史诗《尼伯龙人之歌》的成文在 13 世纪，约 1202 年至 1204 年间，也就是中国的宋金时期，使用的语言是中古高地德语。德国的地势南高北低，中古高地德语指的是中世纪德国南部的语言。史诗共有三十九歌，每一歌就是一章。每章有若干诗节，三十九章共两千多个诗节。每个诗节四行，很工整。这样算下来，史诗共有九千五百多诗行，是一部相当庞大的史诗。

史诗的作者不详。因为对于作者，没有文字记载，后人只能通过史诗中提及的时间和事件进行推测。作者可能是生活在多瑙河流域、位于今天德国和奥地利交界的帕骚和维也纳之间的一名下层骑士，在帕骚大主教府或附近修院供职，因史诗中出现了帕骚大主教这个人物。又因为中世纪只有僧侣是文化阶层，故推测作者在修院供职，有一定文化修养，熟悉法律、骑士生活和宫廷礼仪。

显著特征。《尼伯龙人之歌》最显著的特征，是用宫廷骑士史诗风格书写的英雄史诗。注意这两者之间有一个时间上的错位：宫廷骑士史诗是中世纪鼎盛时期（1180—1250 年之间）的文体，英雄史诗则源自公元 4—6 世纪日耳曼民族大迁移时期。民族大迁移时期的日耳曼蛮族尚没有形成文字，英雄史诗依靠口头流传，到了中世纪被以文字记录下来。也就是说，它是用中世纪骑士史诗风格写成的古日耳曼英雄故事、英雄传说，是口头和书写文化的融合。也正因此，它可以融合原始日耳曼文化与中世纪骑士文化、基督教文明。——就好比《三国演义》，讲的是公元 3 世纪左右三国时期的故事，却是在 14 世纪元末明初以文字形式记载下来，成为章回小说。这样，成文时期的价值观自然注入了原始的故事。

二、史诗故事梗概

以下给大家交代一下史诗的大致内容。需要注意的是，它与瓦格纳的歌剧大不相同。瓦格纳的歌剧参照了更为古老的传说系统，他要避开中世纪基督教的影响，直接寻找古日耳曼英雄主义。当然以下不是单纯的讲故事，而是同时为讨论问题进行铺垫。

我尽量多引一些原文（译文），以求和大家一起读一读书。因为我们现在对于一部名著，无论是西方的还是东方的，无论文学的还是历史或哲学的，经常去读关于它的文字，而不是去读作品本身。然而事实上，阅读原文（译文）会给人更真切的感受，给人带来更多灵感和启示，也会帮助人更为深刻地理解和领悟作品。

第一部分：《尼伯龙人之歌》的内容分两大部分。第一大部分是 1—19 歌，第二大部分是 20—39 歌。从第一歌说起。第一歌首先交代了史诗的一个主场——勃艮第宫廷的情况。勃艮第宫廷中有兄弟三个王联合执政，长兄是恭特王，他们有一个母后，还有一个妹妹，名克里姆希尔德。接着讲述克里姆希尔德做了一个梦。注意，这位克小姐是整部史诗的主角，是情节发展的主要线索，而她的梦预示了引发悲剧的契机。史诗的开篇唱道："古代传说告诉我们的事迹多么扣人心弦：有赫赫有名的英雄，有骑士们的刻苦修炼，有欢乐，有庆典，也有哭泣和哀叹，还有勇士的斗争，现在请听我讲这些事迹。"大家可能没有察觉，这开篇中就显示了刚才说过的两种文化的结合。关于英雄的口头传说属于古日耳曼文化，而骑士则属于中世纪文化，"欢乐""庆典"描绘的是宫廷聚会的场景，属于宫廷生活。

接着第二节，第一句"从前在勃艮第有一位高贵的少女"，古日耳曼的口头文学中不会以一位少女为主角，古日耳曼是父系组织结构，史诗的主角是男性的英雄，勇敢刚毅；此外只有中世纪的宫廷骑士文化才会使用"高贵"，并用它形容女子。接着："她的名字叫克里姆希尔德，天生俏丽"。在这里，"美丽"也可以说是中世纪一个特殊概念，或者在中世纪有特殊含义。中世纪的人相信秀外慧中，内心充满美德，外表一定美丽，容颜的美丽甚至是上帝恩赐的一种外在表现。接着："后来她成为一位绝世的美貌妇人"，最后"因为她的缘故，许多英雄将生命失去"。这是史诗的第二节，也就是因为美丽的克里姆希尔德，因为她给夫君复仇，所有尼伯龙勇士，也就是她娘家勃艮第宫廷的骑士，与匈奴宫廷中所有的英雄全部丧生。

下面是克里姆希尔德的梦。先插说一下梦在形式上的作用。中世纪的文学即便有很多手稿流传，也不是供阅读的案头文学，它用于宫廷聚会时演唱，是一种公共文化。与阅读文化不同，它需要一些特有的固定形式。试想一部长如《尼伯龙人之歌》的史诗，需要连续唱几个月甚至几年，这样用一个梦来预示后面的故事，一可以招揽听众，二可以帮助记忆。

那么克里姆希尔德梦到了什么？她梦到自己驯养的鹰被两只大鹫啄死，自己却无能为力。鹰是骑士文学的信号：尤其在骑士爱情诗中，是恋人的象征。女子驯养鹰，用来比喻贵妇教化骑士，使之具有修养和美德。克小姐梦中的鹰就预示她后来的恋人。克小姐梦中醒来悲痛欲绝，向母亲讲述，母亲为她解梦，认为这是不祥之兆，因为那鹰就是一位高贵的男子，一位骑士，倘若没有天主保佑，便会很快失去他。

在这段中，一个"天主保佑"，自然流露出中世纪基督教文化的影响。古日耳曼是一个异教、多神的社会，而欧洲的中世纪是基督教的中世纪。接着克里姆希尔德就像一个任性的女孩一样说：那我就不结婚，不接受男子的爱情，因为它会带来不幸。母亲说：你还是不要嘴硬，愿天主赐给你一个骑士做夫君，好让你成为一位高贵的妇人。这个"高贵的妇人"不是现在意义上品格高贵的女子，而是指贵族骑士阶层的妇人，要么自己便是女君主或有爵位的女子，要么是君王或有爵位的贵族之妻。注意在讲中世纪的时候要有一个范式转换，不能用我们现在市民、私密、家庭范畴去套用当时的概念。

然后女儿说：莫要再提此事，因它会带来痛苦。总之，女儿和母亲之间的谈话，其结果是女儿宁愿不要与痛苦相伴的爱情，以求一生平静，即她"以纯真的情怀断掉一切对爱的思念"。但在拒绝了许多男子之后，克里姆希尔德"还是选中了一位高贵的骑士做她的情郎"。第一歌结束。之后事情的发展正像母亲预言的那样，这位骑士就是克里姆希尔德梦中的鹰，他做了她的夫君，而她的近亲却把他杀害；克氏为了给这一个人报仇，夺去了无数勇士的生命。《尼伯龙人之歌》讲的就是这样一个女子复仇的故事。

这里给大家放两个图片。因为《尼伯龙人之歌》后来在德国非常有名，在19世纪民族主义高涨的时候，尤其在一战、二战期间，几乎成为日耳曼民族精神的代表，所以它在德国的接受程度很高，有很多以它为题材的影视和绘画。第一张图是克里姆希尔德，她的梦里有一只鹰。（图1）第二张图是她和后来成为她夫君的骑士，其中有象征恋人的鹰。（图2）

图1　克里姆希尔德

图2　克里姆希尔德和夫君

第二歌围绕史诗男主人公西格弗里德展开，也就是克里姆希尔德后来的夫君。讲他的身世和成长过程。西格弗里德是莱茵河下游桑腾地方的王子。莱茵河从南流向北，在荷兰注入北海，桑腾即位于今天荷兰和德国交界的地方。这一歌讲西格弗里德在此接受宫廷骑士教育，最后以他的授剑礼结束。授剑礼相当于骑士的成人礼，给一个少年佩剑，他就成人了，成了一名骑士。西格弗里德是一名英俊的少年，外表华贵，有非凡的气质。依靠神的恩宠，他建立了许多功勋，声望与日俱增，受到宫廷妇人们的青睐。西格弗里德的双亲规定，他出游必要衣冠华贵；还要通晓宫廷礼仪，为治理国家和人民操练本领。

中世纪的著名史诗除《尼伯龙人之歌》外，还有《帕西法尔》和《特里斯坦》，都细致地讲到骑士教育。那时没有教科书，需要通过史诗对贵族进行教育。需要注意的是，对骑士的教育不同于我们今天的教育：今天的教育是为培养对社会有用的人才，而中世纪的教育面对的是贵族，是为了培养合格的骑士和君主。

继容貌的美丽之后，这里提到"衣冠华贵"，就是说穿得好，但这也不同于我们今天的文化。君主的穿着具有代表性，彰显其所在政治共同体（部落、邦国、国家）的荣耀。欧洲中世纪的社会形态是真正意义上的封建社会，特征是由封君封臣构成，与中国的不一样，如钱穆先生所说，中国事实上没有欧洲意义上的封建社会，如果有，也在周王朝，秦始皇统一全国以后，封建制就结束了，以后局部出现过但不是主流。欧洲的封建制一直持续到19世纪神圣罗马帝国解体。在这种制度之下，君主或领主是其邦国或领地的人格代表。因此衣冠华贵不同于现代市民的私密文化，是公共文化的一部分。

文中继续写道，这位王子身材魁梧，披坚执锐，并且经常为美貌的妇人服务、奉献殷勤。这是为什么？这是他的责任和义务。这是中世纪宫廷文化的特征。向美丽的贵妇奉献殷勤是骑士的责任和义务。这点也只有在封建采邑制下才可以理解。贵妇是宫廷中的贵族女子，或者自己是领主，或是领主的夫人，或属于领主的家眷、来访的客人，无论如何，赞美贵妇，就是赞美宫廷，赞美宫廷的主人、领主。

史诗接着写道，有四百名青年男子与王子一起晋升骑士。这就是授剑礼的场景。青年们身着华美的礼服，镶嵌宝石。盛大的典礼在夏至这一天举行，这是一年中白昼最长的一天，最适合于举行授剑晋爵、大宴宾客等宫廷庆典。宫廷庆典是宫廷生活一个重要组成部分。封君以这种聚会形式与封臣进行政治和情感联络，增加宫廷凝聚力——因当时没有其他联络方式。如《诗经·小雅》开篇的"呦呦鹿鸣"，里面都有政治含义。骑士的受剑礼中一个重要环节，是去教堂做弥撒，赞美天主，接受祝福。最后过渡到接受鞍马和武器的情节。在一片热闹的庆典中，西格弗里德父王宫廷的上空"铿锵声不停"，骑士聚会一项最重要的事情——骑士比武开始。可见，古日耳曼的英雄西格弗里德，在此已活脱脱成为一位中世纪的骑士。

在此顺便提一下，中世纪的史诗，包括我们的《尼伯龙人之歌》，就是在这种环境中表演吟唱的，属于宫廷庆典的一部分。这边有人比武，那边有人听书。中世纪的文学，骑士爱情诗，史诗，都由歌手（一般是下层骑士）演唱，之后由歌手本人或书记员记录下来。因此它们大多合乐可歌。演唱类似我们的说书，是一个公共事件。其目的是寓教于乐，以娱乐的形式宣传宫廷的价值观，对骑士和贵族进行教育教化。欧洲中世纪的贵族多是文盲，只有僧侣是文化阶层，掌握读书写字。游吟诗人、歌手一般都寄居在宫廷，为领主服务。

好，接着看文本，第一歌介绍了女主人公，第二歌介绍了男主人公，下面综合讲述第三到第九歌。——我们前几歌以及第一部分讲得详细一些，后面会加快速度。第二部分主要是打斗情节，扼要讲述即可。

第三歌讲西格弗里德听说了克里姆希尔德的美貌。——这种听—说，或称远程恋爱，同样是中世纪骑士爱情诗的一个母题。那个时候没有通信没有照片，没有公共媒体，关于俊男靓女的消息只能凭借口口相传。——西格弗里德听说勃艮第有个美丽的公主（美丽即有美德，贤良），就去求婚。这期间穿插了一段西格弗里德的身世，由勃艮第大臣哈根讲述，注意这里又掺入了两个古日耳曼英雄传说：其一，西格弗里德打败巨龙，沐浴龙血时，正好有一片菩提树叶落在他的肩胛上。于是他全身浸染龙血的地方刀枪不入，但唯独留下肩胛一个致命之处。其二，他打败侏儒国，获得了三样宝物：尼伯龙宝藏、利剑和隐身衣。这样他就成为尼伯龙人的王。很显然，两种文化就这样不无矛盾地穿插在一起，刚才是骑士西格弗里德，这里是日耳曼英雄。

西格弗里德在勃艮第宫廷受到恭特王款待。但为迎娶王妹，作为献礼，他需要帮助恭特王完成几件大事。第一件是帮助攻打萨克逊人、丹麦人，打赢后才允许与公主相见。结果西格弗里德打赢，与克里姆希尔德一见钟情。第二件很有意思，是陪同恭特王迎娶冰岛女王。传说中的冰岛女王非常彪悍，常人无法制伏。远不如西格弗里德强悍的恭特王，请求他同往，并保证，待西格弗里德相助赢得冰岛女王，就可以以王妹相许。另一方面，冰岛女王为求婚者设置了投标枪、投石等比武方式，输掉者将被杀掉。这绝非骑士比武的方式。古日耳曼人的野蛮就表现在这些细节上。

于是西格弗里德陪同恭特到冰岛求亲，但这样的话，他就只能以陪臣身份，而不能以桑腾王子或尼伯龙王身份出现。比武时恭特果然敌不过冰岛女王，西格弗里德便穿上隐身衣助战，仿佛演双簧，恭特做样子，西格弗里德在打。结果冰岛女王布伦希尔德打败，同意婚事，并交出自己的军队。也就是说，恭特娶到女王，也就一并获得她的领地和国度。中世纪的史诗（如《帕西法尔》）经常出现这样的情节。打败一方要交出自己的国家、城堡和军队，或通过联姻可以合并双方的土地和财产，典型的封建制下的政治形式。而婚姻都是政治婚姻、政治事件，不同于现代的私人婚姻。

史诗第十歌和第十四歌非常关键，为后面的悲剧埋下伏笔。其核心问题表面看来是位份高低、颜面和荣誉，实则涉及君臣隶属关系，权力高下。这在封建社会至关重要。恭特迎娶冰岛女王布伦希尔德，并答应把妹妹克里姆希尔德许配给西格弗里德。两场婚礼同时进行。然而问题出现了：布伦希尔德见恭特王把妹妹许配给臣仆，感到非常羞愧，伤心到落泪，这对她来说是莫大侮辱。日耳曼人除勇敢善战外，还有一个特征就是崇尚荣誉，视荣誉高于生命。夫君把王妹嫁给臣仆，对于布伦希尔德来说是奇耻大辱。

第一个伏笔发生在新婚之夜。恭特王无法制伏布伦希尔德，第一夜就被她用腰带吊在房梁上。第二夜恭特请西格弗里德相助，他再次穿上隐身衣帮助恭特王制伏布伦希尔德。据说西格弗里德与布伦希尔德之间并未发生肉体接触，未触碰恭特的初夜权。然而匪夷所思的是，西格弗里德在离开前拿走了布伦希尔德的戒指和腰带，并把这两件私密的物品转送给自己的妻子，克里姆希尔德。

第二个伏笔是两个王后之间的争执。这是史诗情节的转折。其前因后果如下：布伦希尔德对西格弗里德的身份一直耿耿于怀，关键在非难他不履行臣子的义务——觐见和纳贡。于是设鸿门宴，邀请西格弗里德夫妇来沃尔姆斯做客。在去教堂做弥撒时，两位王后就谁先进入教堂发生激烈争执。两方各不相让。布伦希尔德说"你是我臣仆的妻子，你不能走在我前面"，克里姆希尔德表示"我丈夫也是王，而且比你丈夫强大得多"。到最后，克里姆希尔德说出"新婚之夜是我丈夫制伏了你"，并拿出戒指和腰带作证。

这里给大家读几段译文。克里姆希尔德说："我的丈夫出类拔萃，理应统辖天下所有的王国。"布伦希尔德反驳："不论他多么仪表堂堂，你必须把你尊敬的兄长置于你丈夫之上。"克里姆希尔德一再表示自己的丈夫也是一国之君，门第和等级与勃艮第王恭特一样。这种争执在今天看起来似乎小题大做。然而在封建社会，它们是君臣关系、政治权力的博弈，决定谁向谁觐 见和纳贡，有直接的政治和经济后果。如布伦希尔德称：藩属必须向国王进贡。——结果克里姆希尔德抢先迈进教堂，布伦希尔德就说："一个封臣的妻子无权抢在领主之前，你不能在我之前迈

进去。"于是克里姆希尔德说："奴才的姘妇怎么成了国君之妻？"因她坚信西格弗里德先于恭特占有布伦希尔德："我的丈夫首先占有了你美丽的身体"，既然他是封臣，"你怎么首先让他来破你的童贞？"

这里有两幅中世纪手稿的插图。手稿一般在修道院由修士们在抄写室一行一行抄写在羊皮纸上。（图3）那时的绘画没有透视，仅象征性表达内容，比如后面有船，表明沃尔姆斯在莱茵河畔。这座教堂表明地

图3　手稿插图

137

点。这张图表示两位王后在激烈地争吵。(图4)

图4　两个王后发生口角

请注意，事件发生在最核心的公共聚会场所——教堂门前，而且是针对国家的代表——王后，这就构成对整个勃艮第国的侮辱。在国家荣誉受损的情况下，整个勃艮第臣民都有权对克里姆希尔德和西格弗里德进行惩罚。

第十五歌中，忠臣哈根设计杀死了西格弗里德。他谎称有萨克逊人入侵，以保护西格弗里德为由，引诱克里姆希尔德说出丈夫身上致命的位置，并让她标记在西格弗里德的战服上，在狩猎的时候，趁西格弗里德俯身饮水，用长枪从背后刺向那块印记，直抵心脏，西格弗里德的伤口血流如注。

图5　西格弗里德被刺杀

这个事件的悖论在于，西格弗里德认为对方恩将仇报，十分卑鄙，他临死时说道："我竭诚效力却得到如此的报复，我对你们忠贞不渝却惹来杀身之祸，这种倒行逆施给你们的族人蒙上耻辱，从现在起这个氏族的每一个后代，都有一种与生俱来的不光彩。"然而从哈根的角度讲，也有充分理由，即忠于君主，挽回国家荣誉。这里有一幅手稿的插图，哈根从背后用长枪刺向西格弗里德的肩胛。(图5)

接下来是克里姆希尔德哀悼自己的夫君西格弗里德，也是史诗第十七歌的内容。中国民间有滴血验亲之说，西方有流血验凶。也就是当凶手走近时，受害者的伤口就会流血。这里有一幅现代的插图，描绘了这一场景。显然不是古日耳曼风格的，倒像是基督教式的葬礼。（图6）西格弗里德躺在停尸床上，当哈根走近时，他的伤口果然开始流血。图中哈根的造型酷似魔鬼，一身黑衣，头盔上有角，而他的佩剑是刺死西格弗里德后夺得的战利品。

图6　西格弗里德的葬礼

从此以后，克里姆希尔德所有的意志、思想、行动，都倾注到一件事上——复仇！她孤注一掷，不惜一切代价。杀戮的悲剧由复仇而起。复仇是史诗最基本的母题，故事发展的根本动机。复仇也是继勇敢、荣誉感之后，我们见到的古日耳曼性格的又一特征。日耳曼部落之间施行血亲复仇，不但要杀死当事者，而且往往要灭掉敌对部落、全族。《尼伯龙人之歌》是典型，最明显体现了原始日耳曼文化这一特征。复仇的母题也是这部源于日耳曼英雄传说的史诗，与其他宫廷骑士史诗最大的区别。通常的亚瑟王系列的骑士史诗，受到基督教文化浸染，多以避免杀戮、永结为好的和解为结局（比如《帕西法尔》的兄弟相认、有情人终成眷属的大团圆结局）。

克里姆希尔德的复仇，有夫妻恩爱的层面，同时不能忽视的，仍然是国与国之间权力的斗争。这是我一再强调的范式问题，一方面是历史上封建贵族的、公共政治生活的范式，一方面是现代市民的、私人家庭的范式。在克里姆希尔德的复仇动机中，两个层面交织在一起。她除去妻子的身份外，还相当于一国之君，占有尼伯龙宝藏，她要报的既是私仇，也是两国之间的仇，尤其在尼伯龙宝藏失手后，她有义务将其夺回。

西格弗里德去世后，尼伯龙宝藏转移到克里姆希尔德手中。她表面上与哥哥和好，把宝藏带到沃尔姆斯，目的是慷慨地笼络那里的勇士，为复仇做准备。哈根觉察到复仇的企图，便趁国王们出访，把宝藏沉入莱茵河底，在莱茵河畔一个叫洛赫海姆的地方附近，"盼着有朝一日能够取出"。然而愿望终究没有实现，那批宝藏直到今日也不知下落，引得无数后人去潜水、探宝。这幅插图描绘了把尼伯龙宝藏沉入莱茵河底。（图7）第一部分到此结束。总结一下：西格弗里德被害，宝藏被沉到莱茵河底，更重要的是，克里姆希尔德酝酿复仇。

图7　宝藏沉入海底

第二部分：从第二十歌开始到第三十九歌结束，是史诗第二部分。主要讲克里姆希尔德为复仇，先远嫁匈奴王艾柴尔，继而摆鸿门宴邀请勃艮第人到匈奴宫廷，之后挑起两方打斗，最后所有人——勃艮第王、哈根、双方所有勇士——全部遭到杀戮，克里姆希尔德也被斩。第二部分大部分情节是血腥的厮杀和打斗。

具体讲，仍然是为复仇，克里姆希尔德接受了匈奴王艾柴尔（阿提拉的一个别名）的求婚，因求婚者发誓要助她复仇。她远嫁匈奴。第二十一歌讲克里姆希尔德一行沿多瑙河（德国境内另一条大河，由西向东流）东行，路过帕骚大主教府——后人据此推测史诗作者的籍贯。艾柴尔出迎，与克里姆希尔德在维也纳举行婚礼，再继续行至艾柴尔的城堡，为克里姆希尔德加冕。该城堡据说位于今天匈牙利布达佩斯的北边。这里至今居住着匈奴人的后裔。

接下来又是一个鸿门宴，一个有去无回的鸿门宴：克里姆希尔德提出，邀请沃尔姆斯母家的亲眷，也就是她三位哥哥来赴宴，特别点名要哈根同来。她意图借匈奴的力量对付自己的亲族，尤其是要杀死哈根，为夫报仇，夺回宝藏。尽管预感到必死无疑，哈根还是决定应邀前往。在此需要注意的是，此时勃艮第人已改称尼伯龙人（因他们得到了宝藏）。在读这部分的时候，遇到尼伯龙勇士，指的就是勃艮第人了。——尼伯龙勇士一路上遇到很多不祥之兆，比如噩梦、河水泛滥以及女仙的警示等等，但哈根一行破釜沉舟，显露出一种日耳曼人的英雄气概，其视死如归的精神，颇似我们的"风萧萧兮易水寒，壮士一去兮不复还"。

尼伯龙勇士来到匈奴宫廷，气氛十分紧张。哈根率先发难克里姆希尔德，不仅不向她施礼，而且拿出西格弗里德的宝剑挑衅。克里姆希尔德以自己和艾柴尔的儿子作诱饵，引哈根手刃了太子，双方就此开始交战。之后便是匈奴人和勃艮第-尼伯龙人厮杀的场景，直杀到双方勇士全部战死。与荷马史诗《伊利亚特》相似，史诗也用大幅篇幅描写惊心动魄的厮杀场景，让人读起来感觉十分惨烈。中国文学描写厮杀，不同于古希腊或日耳曼人，详细描写每一个细节、全部过程，刀从哪个部位刺入，从哪个部位出来……克里姆希尔德最后下令烧毁激战的大厅，烈火炎炎，哈根让勃艮第人用死伤匈奴人的血来止渴——不光我们有"笑谈渴饮匈奴血"。

第三十九歌是整部《尼伯龙人之歌》的最后一歌，是大结局，也是最残忍和血腥的一歌：一名流亡到匈奴宫廷的东哥特大将狄特里希，生擒了哈根和恭特。克里姆希尔德质问哈根宝藏沉入的地点，哈根表示如果他的主人中有一人还活着，他就拒绝透露。克里姆希尔德就下令杀死自己的哥哥，提着首级让哈根兑现诺言。哈根回答既然主人已死，就更无理由交代沉宝之地。克里姆希尔德遂手起刀落，用西格弗里德的剑砍下哈根的头。大将狄特里希终于为克里姆希尔德的残忍激怒，把她杀死在刀下。最后，浩浩荡荡的尼伯龙人和匈奴大军，全部丧生，只有艾柴尔和狄特里希两人幸存。

我们开始时读了史诗第一、二节片段，现在读一下最后两节片段："她（克里姆希尔德）揪住她长兄（恭特）首级的头发来到哈根面前，特罗尼的英雄（哈根的别称）此时心如刀割，如丧考妣。"克里姆希尔德说："是你杀了我的丈夫，把我推进了深渊"，手起刀落砍掉了哈根的头。史诗的结尾呼应开头：

"一生功名显赫的勇士们现在躺卧在地上，大家呼天抢地，悲切哭悼他们的伤亡。国王举行的庆典就此以痛苦收场，世界上的欢乐，到头来总是变成悲伤。"最后一句："故事到此结束，这就是尼伯龙人的厄运"；还有一个版本写道"这就是尼伯龙人之歌"。

三、结语：英雄主义与骑士精神

至此，我们了解了史诗的故事梗概。这个故事里面不仅综合了古日耳曼英雄和中世纪骑士两种文化，而且杂糅了好几种古日耳曼英雄传说。在这里不一一列举。重要的是，史诗对这些传说进行了重新安排整合，以克里姆希尔德这个形象，以其性格和命运为线索，将不同传说统摄在一起。克里姆希尔德由一个单纯美丽、待字闺中的姑娘，成为王后和忠诚的妻子，最后出于悲伤和绝望成为无情的复仇者。《尼伯龙人之歌》一共有32个手抄本，表明史诗在中世纪颇受欢迎。（图8）但后来，它的暴力描写似乎越来越令人难以接受，很长时间尘封湮没，直到18世纪中叶才重新被发现。

图8 抄本 A　　　　　　　图8 抄本 B

图 8　抄本 C

我们在讲述过程中，一再提及史诗的基本特征：古日耳曼英雄传说与宫廷骑士史诗的合体。其中英雄传说部分表露了日耳曼异教文化、生活组织形式和价值观等方面的特征。比如勇敢、忠诚、荣誉感、视死如归的英雄主义精神，同时包括复仇和暴力倾向。尤其复仇和暴力，构成史诗尤其第二部分的基调。

而骑士精神是对日耳曼英雄主义的一个继承和修正，确切地说是继承了其勇敢、忠诚、荣誉感、视死如归的一面，修正缓和了其复仇和暴力倾向。宫廷骑士文化是中世纪西欧封建制的产物。封建制下有很多邦国和领主，每一级领主都有自己的宫廷。大约 11 世纪以后，欧洲的文化中心从修院转移到世俗的宫廷，慢慢发展出一套宫廷礼仪和文化。骑士也是封建采邑制的产物，原指跟随领主骑马打仗的人，后泛指具有骑士美德的各级贵族，从皇帝、国王到各级领主或家臣，都可以称为骑士。宫廷骑士文化后来演化为思想高尚、举止优雅、外表华贵、体态优美、身体强健等各种高贵典雅的代名词。（顺便给大家推荐一本书，系统介绍宫廷文化，三联出版社 2003 年版的《宫廷文化》，上下两卷）。

这里有一幅骑士的插图，是海德堡大手抄本中的一幅。（图 9）有骑士的盔甲、马、剑、盾牌、旗帜和徽记。这里是一幅宫廷

图 9　海德堡手抄本插图

聚会的插图，也源自海德堡大手抄本。（图10）有国王、臣仆，宫廷诗人在演唱。贵族服装颜色非常鲜艳，配有披风。这里有几幅是关于骑士爱情的，也就是后来人们所说的典雅爱情。因不是今天的重点，不在此展开。（图11）描绘的是贵妇和骑士，背景有城堡或者是教堂，鹰的母题，花卉也是爱情的象征。这幅插图，把恋人用滑轮吊到楼上，中世纪版的罗密欧与朱丽叶。（图12）这些插图与《尼伯龙人之歌》手抄本中的插图风格相同，产生于同一时代。

图 10　海德堡抄本插图

图 11 - 1　宫廷贵妇与骑士　　　　图 11 - 2　宫廷贵妇与骑士

图 12　中古爱情诗图片

古日耳曼英雄文化与中世纪宫廷文化之间的分水岭，在于对基督教的接受。大约在公元 496 年，日耳曼一个大部族法兰克人的军事首领克洛维，率三千亲兵在兰斯接受洗礼，皈依了基督教。克洛维的后人查理大帝，把基督教确立为法兰克帝国的文化支持。从此基督教价值观逐渐融入原始日耳曼的英雄主义，形成所谓骑士精神，或骑士美德。骑士美德除去继承的日耳曼阳刚的英雄主义部分，是受基督教影响发展出的谦卑、节制、适度、宽容、同情、怜悯等阴柔的品质。提倡这些品质，在中世纪有效地化解和遏制了原始日耳曼的暴力复仇和血亲相残的倾向。

比如产生于同一时期的另一部史诗《帕西法尔》，与《尼伯龙人之歌》不同，其中的圣杯骑士以圣杯共同体，打破了日耳曼以血缘为基础的组织形式，建立在信仰之上的联盟淡化了血缘亲属关系。德性和灵性超越了宗族和血缘，成为连接新的共同体的纽带。父系的亚瑟王家族——古日耳曼英雄主义的品质，与母系的圣杯家族——基督教骑士的品质，通过联姻结合在

一起。

当然不止体现在史诗中，中世纪有实际的法律规定，比如禁止血族仇杀，或有关和平休战的规定，即有一些所谓"上帝的休战日"，规定在复活节等重大宗教节日，甚至后来到每星期三开始一直到主日也就是周日，都不允许打仗。这样一年中剩下的时间就不多了。再比如教会法有明令规定，基督徒不可受报复心理驱使。其根据是《马太福音》所记："不要与恶人作对，有人打你的左脸，右脸也要转过来给他打。"这不是教人懦弱，而是在当时的语境中，教导人不要以暴易暴，因"凡动刀的，必死在刀下"。因个人受到伤害而产生刻骨仇恨、继而进行报复的行为，也是教会法所禁止的。（就此大家可以参看北大历史系彭小瑜教授的著作《教会法研究》）

总之，在法律规定、文学教育教化下，《尼伯龙人之歌》之后再没有出现类似大规模描写复仇和杀戮的作品。稍晚成文的同样题材的《古德龙之歌》采用了和解的结局，表明社会的心理期待、审美意趣尤其是价值观的改变。

当然史诗仍然留下很多不可解释的矛盾、后人难以理解的地方。最让人疑惑的是，为何如此血腥和暴力？这或许是对人

146

原始暴力天性的展露，或许古代日耳曼的战争和血亲复仇果真如此惨烈，或许表达了所有战争的内核，再或许是对骑士的战争教育，或宣泄其暴力倾向的阀门。另一方面，族与族之间为复仇进行的灭绝斗争，至今仍在某种程度上、以某种方式——现代的方式延续。鉴于此，"尼伯龙人的厄运"或许是战争这一人类厄运的永恒的真实写照。那么在阅读《尼伯龙人之歌》时，能在对暴力的惊愕中，产生一些关于和平的思考，我们阅读史诗的目的就达到了。——谢谢大家！

颜海英

希腊化埃及的多元文化

　　颜海英　北京大学历史学系教授，博士生导师，北京大学古代东方文明研究所所长。比利时鲁汶大学古典学系博士后。曾任埃及开罗大学考古学院访问学者。学术专长为埃及学，有《古埃及文明探研》等专著和多篇学术文章。曾主持 2002 年 9 月中央电视台《金字塔考古行动》节目，担任 2003 年国家博物馆《古埃及国宝展》、2005 年国家博物馆《古埃及木棺石刻展》、2006 年世界美术馆《伟大的古代文明》等展览的专家顾问。

非常荣幸有机会跟大家交流。今天我讲的题目是"希腊化埃及的多元文化"，涉及古代历史上第一次大规模的文化交融。

希腊化是指公元前330年到公元前30年这段历史时期。在希腊城邦衰落下去之后，希腊北部的马其顿帝国亚历山大大帝远征，打败了波斯，又打到了两河流域，征服了埃及，建立了人类历史上第一个地跨欧亚非的大帝国。这个大帝国真正把东西方文明置于一个版图之内，可以说开创了古代历史上的全球化时代。所以这个问题的探讨，对于我们今天反思文明之间的关系——交流与冲突有非常大的启示。

首先从词源来看希腊化这个词的含义。19世纪末期的《牛津英语词典》，如此定义希腊化这个词："a. 希腊语的变体，有许多外国成分，应用于亚历山大大帝之后的埃及、叙利亚等国家。b. 或者指与这个时期的希腊人有关的，即真正的希腊特性被外国成分所改变的时期。"这反映了当时欧洲的一种传统观点：亚历山大之后的"堕落的"希腊世界不配被称作希腊的，应使用希腊化的（Hellenistic-Greekish），而不是希腊的这个名称——来称呼亚历山大之后和罗马人完全征服这个地区之间3个世纪的地中海东部地区的文化。欧洲历史上最辉煌的是希腊城邦时代，亚历山大帝国虽然是第一个地跨欧亚非的大帝国，但是他们不认为那是一个高峰，他们认为民主制时代是他们真正的辉煌时期。

关于希腊化问题的研究，学术界经历了三个阶段，我们现在在第三个阶段。19世纪的主流观点是融合说。即认为希腊化时期的文化不纯是希腊的，是掺杂了外国成分的，而且认为这种掺杂是导致希腊文明衰落的一个原因。根据融合说，希腊化时期，希腊和东方元素揉到了一起，你中有我、我中有你，成为一个新的文明。这是融合说时代。第二个阶段是二战之后，随着民族解放运动发展，学术界开始了文化身份认同的探讨，大家普遍地倾向于隔离说。隔离说概括来讲，即东就是东，西就是西，两种文明不可能融合成一种新文明。希腊化时期的社会是一个双面社会，两种文明是一体两面。在一个社会里两种文明并存着，但是没有融合在一起。隔离说在学术界占据主流很多年，我们最近刚刚进入了一个新的"文化元素说"时期。"文化元素说"目前还在完善当中，基本观点是：很难用希腊化还是东方化来概括这个时期的文明，不应该那样简单化地理解，应该是大家都有所取舍。希腊文明在东方文明当中选择它所需要的，东方文明从希腊文明当中选择它所需要的，选择了之后再进行改造。在这个选择改造的过程当中，传统延续下来了。我个人是比较倾向于这种观点的。

我接下来的讲述，就是以具体的例子来给大家展现一下对希腊化问题的探讨，这应该是一个比较复杂的过程，不能简单地以东或者西来贴标签。

首先，要深入探讨这个问题，应该有一个正确的前提。之前的融合说也好，隔离说也好，都没有重视这样一个前提，就是希腊罗马文明和西亚、北非文明的关系。19 世纪融合说出现的时候，"欧洲中心论"开始形成，其核心观点就是欧洲文明是优秀的，欧洲文明的源头是希腊罗马，希腊罗马文明和西亚、北非文明没什么关系。而 19 世纪之前，欧洲人一直承认希腊罗马文明是东方文明的学生。但近二百多年，他们有意地把欧洲和东方文明之间的纽带斩断，这是一种人为的过程。我们要重新还原历史的原貌，看到在古典文明起源阶段，东方文明对它的影响是非常大的。关于这个问题有两本书介绍给朋友们，大家可以去看，一个是《东方化革命》，一个是《黑色雅典娜》，顾名思义，"黑色雅典娜"就是希腊文明深受西亚、北非文明的影响。

在这个前提下再去看希腊化的问题，文化元素说应该怎么深入推进？我个人觉得，在这三百多年的时段里，每个时期是不一样的。对文化传统的各个方面也应该给予不同的看待。我想这样来展开这个问题：亚历山大建立大帝国的时候，就声称要把希腊文明传到东方，在他的帝国版图内，大家都是讲希腊语，希腊语是官方语言。希腊的表象覆盖了东方文明，比如说它的语言，它的概念、方法、体系，希腊文明突出的表达优势充分显现出来。而古代东方文明有一个很大的特点，即以具象的、图像的象征和神话、仪式这些形式来表达自己，属于内敛型，不擅长对外传播和渗透。在最初的时候，东方文明刚刚接触到希腊文明的那个体系，有一段时间表面上东方文明被覆盖了，有一个东方文明的隐没期。

但是随着希腊化的推进，东方文明逐渐出现了分层。一部分失落了，被淘汰了；一部分经过改造延续下去；还有一部分是隐没的，这部分进入了潜伏期。这个问题的复杂性就在这里，东方文明经历了分层之后，潜伏下去的，也就是希腊人或者西方人不接受的东方传统，表面上看沉寂了，但是到了特定的历史时期，当有需求的时候，它又再次爆发、回归。一会儿我们就会以具体的例子来证明这个问题。正因为这样，经历了隐形、分层、再次爆发，东方文明的精华浪潮式地不断涌入了后世的西方文明当中。而欧洲文明最大的特点，也在于它的混合。我们反驳欧洲中心论，不是简单地说东方文明就好，西方文明就不好；而是应该认识到这样一个问题，欧洲文明不是纯粹的欧洲文明，它从一开始就把东方文明作为一个异端纳入它的体系，在对立统一当中形成了一个非常独特的混合体，而这个混合恰恰是它的生命力所在。

这是我今天讲座的整体思路。

我将从四个方面来展开，一个是讲双面社会。就希腊化这个社会，我们如果想探讨它的文化交融、冲突，首先要了解表面上看它似乎是一个双面社会。然后再从宗教领域探讨选择问题，彼此都怎么选择，你选我的什么，我选你的什么。这个选择背后，反映了当时人的诉求。第三，举一个有意思的例子，占星术。这是典型的东方特色，而后来希腊人就染上了占星病，就是吸取了这个占星术之后，它在希腊世界一度非常盛行。在最后我们要探讨的早期基督教文明当中的东方元素，也就是我说到那个分层之后，沉默潜伏下去的是什么，怎么再度爆发的，分析末世论、末日审判，这些基督教特别核心的理念，是东方宗教的贡献。这就是今天讲座的内容安排。

在青铜时代，公元前两千纪的时候，就有大批的东方移民到希腊罗马。在公元前 8 到 7 世纪，东方各大文明衰落下去之后，当时的社会精英陆续地向欧洲移民，这就形成了一个东方化时代。与之前的移民不同之处，这个时期过去的都是社会精英如学者、工匠等，传去了巫术，传去了医学。

我们今天的重点是希腊化时代，但是要对之前的两次东方移民有所了解。这里是一个文明演变图（图1），给大家一个素描，虽然我们通称古代文明，但是它们之间的时间差距是很大的。古代埃及文明、古代两河流域文明是最早的文明，希腊文明、中国文明和印度文明，比刚才提到的那两个晚了最少一千年，可能还要多。所以我们说文明也是分代的，第一代文明和第二代文明，现在我们统称古代文明。有了这个认识，我们就知道，第一代文明必然把它的传统、把它的精华传承给了第二代文明，它们之间是这样一个传承关系，不可能割裂这个纽带。从时间上，大家粗略一看就知道，下边的这个是古埃及的年代表，上边的是希腊文明的（表1、表2），相差至少一千年。当希腊文明进入鼎盛期的时候，古代东方的文明已经进入衰落期了。我们首先要有这样一个时间概念，然后展开我们的讨论。

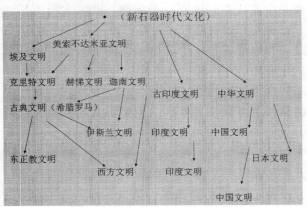

图1　文明演变图

表1　希腊文明年代表

爱琴文明时代	前20世纪——前12世纪
荷马时代	前11世纪——前9世纪
古风时代	前8世纪——前6世纪
古典时代	前5世纪——前4世纪前期
希腊化时代	前4世纪晚期——前1世纪晚期

154

表 2　古埃及年表

前王朝时期	公元前 4500 年——公元前 3100 年
早王朝时期	公元前 3100 年——公元前 2700 年
古王国时期	公元前 2700 年——公元前 2160 年
第一中间期	公元前 2160 年——公元前 2010 年
中王国时期	公元前 2106 年——公元前 1786 年
第二中间期	公元前 1786 年——公元前 1550 年
新王国时期	公元前 1550 年——公元前 1069 年
第三中间期	公元前 1069 年——公元前 656 年
后期埃及	公元前 664 年——公元前 332 年
托勒密埃及	公元前 332 年——公元前 30 年
罗马埃及	公元前 30 年——公元 395 年

　　希腊、罗马并称古典文明，但是希腊比罗马起步早，有一个非常重要的原因，大家从地理位置就能看得出来。希腊文明的地理位置有四个字能概括：面东背西。当年的希腊人如果想航海，向东是非常方便的，东边众多的岛屿就像踏脚石，东部也有曲折的海岸线，所以他们向东航行到西亚、北非非常方便。而西边海岸线相对平直，也没什么岛，从航海条件讲，他们往西走很困难，往东走很便利。这就使得他们能早于罗马，更早地吸取东方文明的成果，更早地发展起来。罗马是正好相反的，向西走容易，向东走难。而且希腊人有一种移民传统，从很早的时候，因为地少人多，土地少，粮食不够用，人口爆炸，大家就向外走。这种移民基本上是和平移民，就像亚里士多德说的，"他们像青蛙围绕着池塘一样，围绕着地中海生活着"，希腊人的活动范围很早就超出了本土，在海外到处都有他们的移民城邦。这就是为什么我们要理解东方化时代，这些早期的移民城邦就是母邦和埃及、西亚之间联系的桥梁和纽带。

　　东方化时代的艺术方面，比如说斯芬克斯这种主题，典型的东方主题，影响到了希腊艺术。还有雕像方面，我们想到希腊雕像的时候都是《掷铁饼者》《执矛者》那些形象。但是最早的时候，他们的雕像和东方的老师埃及的雕像非常相似，没有在动作当中强调力度、强调内心的挣扎，没有那些，最早的

155

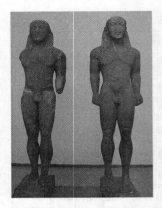

图 2　早期希腊雕像

时候就是模仿东方。我们看，这是早期的希腊雕像，大概是公元前 6 世纪的。（图 2）

东方化时代还有一个问题，就是它的巫术和医学知识向东传播。这个是羊肝，占卜用的，是师父教徒弟时用的教学模具，左边这个是陶做的，是两河流域的，右边这个是意大利南部的希腊移民城邦发现的，虽然材料不同，上边的术语、图示是一样的。东方化时代，东方的巫师们把他们的占卜知识传到了西方。（图 3、图 4）

图 3　占卜教学模具

图 4　占卜教学模具

当然了，还有希腊的学者、旅行家，都把东方当成深造的地方。哲学家泰勒斯、政治家梭伦、数学家毕达哥拉斯，包括柏拉图等等，都以到埃及留学为荣。

现在我们谈双面社会。首先，亚历山大是这个时代的开创者。有人说他是行动的哲学家，他的老师是亚里士多德。亚历山大实现了他的老师的梦想，就是建立一个大帝国，而且这个大帝国中各个民族、各个文化是和谐融洽共处的，是一个理想的国度。

亚历山大的东征是古代历史上的万里远征。他是一个军事奇才，打败了强大的波斯，创建了一个地跨欧亚非的大帝国。在文化上亚历山大也有自己的一套主张。比如说他认为各个民族应该通婚，应该和平融洽地共处，他举办过上万人的集体婚礼，自己带头娶波斯姑娘，让部下也都与波斯女子通婚，说各个民族之间要和平共处、文化融合。他每征服一个地方，就造一个希腊式的城市，所以一路远征过来留下了十几个叫亚历山大的城市。这些城市中最著名的是这个，在埃及的这个亚历山大城，被称为地中海之珠，它是当时地中海地区最大的港口。亚历山大精心选址，亚历山大城很快就发展成了最大的港口、最富的城市。但是大家今天去亚历山大，看不到这么大规模的一个城市，因为古代的亚历山大城经过了历次的地震和海啸，已经沉到了海底，咱们今天看到的只是一小部分而已。近年来在亚历山大附近海域正进行海底考古，传说中的埃及艳后克利奥帕特拉的王宫在哪里，恺撒的墓在哪里，海底考古终将给我们一个答案。

这里有古代世界的七大奇迹之一，亚历山大灯塔。现在大家去那个原址，只能看到一个中世纪的城堡，灯塔也是沉入了海底。我们这里看到的是一个想象复原图，在公元前 280 年，灯塔有 120 米高，有三层，有旋转的铜镜，点着火把，铜镜会把火光映射到很远的海面上，给来往的船只提供照明。亚历山大也是当时最大的图书馆所在地，今天这个图书馆已经不在了，在原址上造了一个特别宏伟的现代的亚历山大图书馆。在古代，它是地中海地区藏书最多的，有 70 万卷。现在如果再去这个城市参观，灯塔不见了，图书馆不见了，但是曾经的双面社会，曾经两种文明共存的那个情景可以在那里看到。有一个地下公墓，在里边你会看到埃及的主题、希腊的画风，二者非常好地融合到一起。（图5）比如说这是古埃及传统的习俗，奥塞里斯复活，伊西斯女神。但是就在这样的画面旁边，我们看到穿着罗马士兵服饰的埃及死神阿努比斯。它表现的是埃及的宗教主题、埃及的神，但却是希腊或者罗马的形象。在这个城市，你处处能感受到两种文明的交融、两种文明的并存。亚历山大三十多岁就去世了，英年早逝，他的大帝国在他去世之后一分为三。亚历山大没有留下继承人，他去世前发高烧，他的部下就问他谁来继承你的王位？他就说了一句话，像谜一样的："那个最强壮的人。"最强壮的人是谁呢？于是三个部将就打了起来，把他的帝国三分，在埃及的是托勒密王朝，希腊本土是马其顿，在亚洲这边是塞琉古。传说托勒密这个大将把亚历山大的遗体抢到了埃及，就葬在了亚历山大城。当时他心里有一个愿望，希望亚历山大在，他的王国就会存在的时间长。结果还真的证明了这一点，这三个王国中托勒密是存在时间最长的。

图 5　亚历山大地下墓

我们就以托勒密这个王朝来展开接下来那几个话题。

首先，托勒密埃及有很多希腊人在那里生活，当时统治埃及的是希腊人，很多希腊本土的人移民到那里去发财致富，到埃及意味着去发财，因为亚历山大使埃及成为新世界的一个部分。有一个经济上的变化，就是在亚历山大之前的埃及没有货币，使用等价交换物，以物易物，而亚历山大推行一种新的币制。当时的希腊人到埃及为什么意味着致富？凡是需要钱的行业，比如说高利贷，比如说海运，希腊人都可以参与，亚历山大成为最大的港口，从事海运、贸易，只要有现金，马上就能暴富。

可是埃及人，再富有的人也是只有地产没有货币，最初亚历山大刚刚推行币制的时候一片混乱，据说要挨家挨户先发一些钱，教大家这是钱，怎么用。之前的埃及人不用货币，他们是市场上直接交换。希腊人就不一样，可以带着现金去埃及，一入关，专门就有兑换处，马上就折换成亚历山大帝国的货币，那马上他就可以从事各种行业。所以，一大批希腊商人到埃及去发财，而且第一批去了发财之后，就转告他的同乡都来，这里钱好挣，大家辗转搭着当时的货船，要历时一个月到埃及，但是仍有很多人去。第二批是士兵。马其顿王国雇用了大批希腊人当兵，因为埃及本土的兵源本来就不足。这些雇佣兵在埃及有特殊待遇。比如说把他们安置在一个村子里，村子里最好的房子要拨出来给这些希腊士兵用。在托勒密埃及，有商人和军人两大阶层的，一大批希腊人在那生活着。希腊文化和埃及文化这个时候发生了什么变化？

我们刚才讲到埃及人不用钱，但有等价交换物的概念。比如说一个棺是 25.5 德本，德本是一个重量的概念。交换的时候，他就会拿着青铜，青铜也可以折成德本，这个德本就是青铜的那个重量的概念。有这些羊、有木材、有猪，然后到市场上，两边讨价还价，然后就交易了。这是之前。希腊人来了之后，他们开始用金币、银币。

这个双面社会体现在有一大批希腊人生活在埃及，而且他们都是在社会的上层。这个时候希腊语就是官方语言，当时的国王要颁布一个法令，必须以三文对照的形式公示天下。大家看这个罗塞达石碑（图6），一种是官方语言希腊文，一种是正规体的埃及文，一种是世俗体埃及文，也就是草体的。埃及本土的官员要在希腊政府当官，必须学希腊文。语言是这样的情况，从当时制度对语言的要求就能看得出来社会的双面性。

图6　罗塞达石碑

托勒密埃及社会有这样两类人，一类是在埃及生活的希腊商人和军人，一类是给希腊人当官的埃及人，他必须学希腊文，而且要附庸风雅，这时候不说希腊文就成为不了社会上层。这两类人使得这个社会就呈现一个双面社会的面貌。

我们接下来再看下一个问题：宗教层面。这个时候希腊人对埃及的哪些神是接受的，埃及人对希腊的神又是什么态度呢？这个问题就很有意思。首先我们发现一开始是一片混乱，希腊人进行了大量的对号入座的工作。由于古代是多神崇拜，大家都有差不多的神，你有太阳神，我有太阳神，你有死神，我也有死神。你有月亮神，我也有。我的太阳神阿蒙相当于你的阿波罗，等等。经过一个混乱的对号入座过程之后，一部分神脱颖而出，受到西方人的追捧、信奉，而一部分神他们不太感兴趣。我们就要举几个例子，然后分析他为什么选这个，为什么不选那个。

埃及人崇拜的神有上千个，但是一直以来众神之王是阿蒙神——太阳神。而且从亚历山大开始，到托勒密的前五位国王，名字里面都有阿蒙。国王的名字写在王名圈里边，他们也是按照埃及的习俗来的，用埃及语、埃及的习惯起名字，也按照埃及原来的习惯，把最重要的阿蒙神放到名字里。比如说阿蒙喜爱的，阿蒙赞美的。但是我们发现后来慢慢就有了一个微妙的变化，到托勒密三世、四世，名字里还有阿蒙神。但是到了托勒密五世，从此往后托勒密国王开始不用阿蒙这个名字了，他们用另外一个神，叫普塔。这背后是什么原因呢？阿蒙神的崇拜中心——南方的底比斯，爆发了两次大规模的反抗希腊人统治的起义，起义慢慢地被镇压下去了，但之后阿蒙神的地位不再崇高。而普塔神是北方的孟菲斯的主神，孟菲斯的祭司和托勒密的国王合作得特别好，于是普塔神就开始受到了尊崇。被选或者不被选的原因是政治的。造反的那个地方的主神，肯定就会被冷落、被抛弃，而拥护托勒密国王的孟菲斯的主神普塔，地位就越来越提升。

我们这里有几个肖像画，是宗教层面的文化交流的另外一个很好的例子。到埃及生活的希腊人，对埃及的墓葬习俗是非常感兴趣的，而且没有什么问题就接受了。此时希腊人在本土的习俗是人死了之后火葬，而埃及人是做木乃伊。在埃及生活的希腊人、罗马人，

他们很快就接受了埃及的习俗：做木乃
伊。这是木乃伊上面的肖像画。不同的
是，他们的画风完全还是自己的，和埃及
的风格不同，一看这人就是他们的形象。
这是木乃伊肖像画的几个例子。（图7）

图7　木乃伊肖像画

　　我们想重点给大家展示的是这个画
面。这上面我们看到了埃及的死神阿努
比斯，和另外两个形象的人，这两个应
该都是死者的形象。为什么会是两个呢？
而且一个是罗马的服饰，一个是埃及的
正面的形象，这就是双面社会的最好的
象征。这是一个人的两种形象，他是罗马时期生活在埃及的希腊
人，希腊的面孔，罗马的服饰，又接受了埃及的墓葬习俗。他订
制木乃伊肖像画的时候，心里是有迟疑的：我究竟该以什么样的
形象出现在另外一个世界的死神面前呢？是我本来的样子，还是
按照埃及的规矩来呢？于是在不放心的情况下，他把两个形象都
画上了。内心独白是这样的：不管到了那边是埃及的神接待我，
还是我们希腊罗马的神，都能认得出我来。这就是很有意思的一
个现象，一体两面，即使接受了埃及本土的习俗，他也有一些犹
豫，有一些这样的双保险措施。（图8）

图8-1　木乃伊肖像画

图8-2　木乃伊肖像画

经历了选择之后，我们发现有一批组合神隆重登场了，这是很有趣的现象，就是他们把埃及的神和对应的希腊的神揉到一起。比如说这个叫萨拉皮斯的，他就是阿皮斯和宙斯的合体。而形象上，阿皮斯本来是埃及的牛神，与宙斯合体后，就是希腊的形象了。希腊人接受埃及的宗教，但是不接受动物崇拜，他们要把神改造成他们所认得的样子。

第二个例子，这个叫伊西斯的女神也是埃及众神殿里特别重要的一个，但是她的改造不仅仅是形象的改造，她的神职也被改变了。在埃及人心目当中，伊西斯是第一魔法女王，法力最强的。但是经希腊人、罗马人接受了之后，对她的赞美诗里不说她是魔法女王，而是说她是救世主，特别喜欢称呼她为救世主，把她的神职也改变了。

我们就以伊西斯的例子来探讨选择和改造背后的原因。我们刚才看到了希腊文明早期的情况，它有一个特点，就是比西亚、北非文明要晚。第二个特点是，雅利安人是浪潮式地迁徙过来的，很长时间没有定居下来。如果和东方这些古老的传统相比，希腊的神话特别发达，每一个石头都有故事。它的宗教是用神话说的，是用戏剧来演的，没有一个很系统的祭司组织，神庙不是一个社会的中心，这就是因为早期的生活不像农业社会一样稳定，很长一段时间希腊人处于战争和游荡当中，没有根。他的宗教缺少的就是创世神，创造世界的神。所以他们从公元前 5 世纪开始探源，也要创造一个创世神出来。有的哲学家把大自然当成一个创世神。有的则说要创造一个叫作 Hecate（赫卡忒）的女神当成创世神。这个赫卡忒是哪里来的呢？就是一个外来的，是埃及的神。希腊人把埃及的魔法女神引进，当成他们的创世神。在埃及语里，Hecate 有魔法、创造的意思。Hecate 就是魔法师，魔法师是一种官，地位很重要的。

希腊人要创造一个创世神，依据的是东方的概念。我们先看看在埃及的传统中，伊西斯是什么故事，伊西斯是什么来历，才能知道她改变得有多大。埃及宗教发达，有庞大的祭司队伍，有组织的宗教生活，关于创造世界就有各种神学理论。有的认为最初九个神创造世界，有的认为最初八个神创造世界，也有认为是普塔神用语言创造世界，他说什么就有什么，先有一个概念在他脑子里，然后通过他的舌头说出来，马上这个东西就存在了。光是创造世界，它就有几大体系，几大体系之间还互不认同。

埃及的九神创造世界的体系里，创造了空气，创造了天地，天地之后有两个神，一个叫奥塞里斯，一个叫塞特，是兄弟俩。奥塞里斯在传说中是一个非常贤明的国王。但是他的弟弟塞特嫉妒他，两次谋害他。第二次谋害把他的尸体碎尸14片，扔到全国各地。奥塞里斯的妻子伊西斯到全国各地把他的尸体碎片找到，把他们拼起来，感动了神，神就让奥塞里斯复活了。这就是一个谋杀与复活的故事。我们看这就是奥塞里斯（图9），这是他弟弟塞特，这是奥塞里斯的儿子荷鲁斯。当伊西斯把尸体碎块拼起来，感动了神的时候，他们的儿子降生了，就是感而受孕。荷鲁斯就为父报仇，和他的叔叔塞特进行了70年战争。最后经过神的裁判，荷鲁斯继承了王位。奥塞里斯虽然复活了，但是他是做了另外一个世界的国王，冥王。这是奥塞里斯的形象，非常好辨认，大家看出来了吗，就是木乃伊的样子。他的两腿之间没有缝隙，是亚麻布裹着尸体的样子。塞特是豺狼头的形象，荷鲁斯是鹰的形象。这个神话传说中伊西斯的角色非常重要，先是帮助奥塞里斯复活，接着是生了他们的儿子荷鲁斯，帮助荷鲁斯夺回了王位。按照埃及的正统，伊西斯是这样一个角色，她的法力非常强。她的标志就是头顶顶一个王座，这表明她最大的功劳就是帮助荷鲁斯夺回了属于他的王位。她另外一个经典的形象，就是怀抱着荷鲁斯，头顶王座。这个画面展现的是把奥塞里斯的尸体碎片拼起来之后，伏尸痛哭，荷鲁斯诞生。围绕着这个神话故事，埃及人有很多的仪式，很多的重要习俗。比如说他们在墓室里放一个盒子，盒子做成奥塞里斯的形状，里边放上土，放上种子，浇上水。在墓里边过一段时间，种子就会发芽，这就象征着奥塞里斯的复活。伊西斯除了帮助荷鲁斯夺回王位，她还有一个头衔叫作西方女神，就是帮助死者在另外一个世界复活。我们看这个树是一个女神的形象，这是到了另外一个世界的人，他要吃要喝，要从这个女神这里获取，这是一个国王，女神在给国王哺乳。这边这个女神手里托着食物，吃的喝的，死者在那接受这些吃喝。埃及人相信到了另外一个世界，不能随便吃东西，要吃这个女神给的洁净的食物和水。这就是伊西斯的另外一个头衔——西方女神。这个树我们也称之为生命树，是无花果树。我们可以看到这上边的无花果。埃及在古代盛产无花果，无花果除了食用之外，可以入药。无花果的木材也是做棺椁最理想的材料。（图10）

图 9　奥塞里斯.塞特.荷鲁斯　　　图 10　伊西斯与生命树

刚才讲到东方的宗教常常用图像、象征和仪式来表达其内涵，不像希腊人那么擅长用概念和发达的修辞去表述自己，这个为我们以后的结论要做一个伏笔。

如果这些神是人的形象，怎么能判断他是神呢？上面有很多星星，他们认为神和星都是有关联的。比如说这个最重要的天狼星女神，她也是伊西斯的另外一个身份。上千个神，各有各的职能。有一个不起眼的小神，叫眼睛之神，这个神除了眼，你看不到他有其他特征。他是怎么保护死者的呢？他的目光所及之处，所有的妖魔鬼怪全都被灭了，这就叫眼神。神的形象多种多样。

我们刚才讲到了伊西斯为希腊人所接受，一直到罗马时期，她一直是地中海世界影响最大的女神。大家知道庞贝，火山爆发淹没的那个城市，那里都有伊西斯的神庙。她在地中海世界如此受人尊崇，却是被改造了之后的形象。希腊罗马人把她当创世神，而埃及人本来是把伊西斯当魔法女王的。

下面这个例子略微有点难度，我们讲占星术的传播。这个例子比前面的那些更有说服力，当多元文化碰到一起的时候，传统被吸收之后必须经过一个改造，然后再继续传播。这些是基本资料的情况，在埃及发现的这批黄道十二宫的材料，年代非常晚，希腊化时期才开始有，发现于埃及南边的几个神庙。这就有个疑问，埃及文明留下了这么丰富的文明成就，为什么没有更早的黄道十二宫的资料呢？埃及人不占星吗？

我们先看一看，埃及发现的黄道十二宫是这个样子。它有两类，一类是这种长形的。但是十二星座的形象都能辨认得出来，大家一看就能认得出来双子、狮子、人马、蝎子等等，都有了。（图11）有趣的在于，这些形象里一部分是埃及的，一部分是西亚的，两河流域的占星传统最早，学者们认为埃及的这些是从两河那边传过来的。我接下来就想证明，其实埃及对它进行了大量的改进，改进了之后又传给了希腊人，从希腊人又传到了现在。

图 11　埃及发现的黄道十二宫

这里有多少西亚成分、多少埃及成分呢？我们说差不多吧。羊、牛、蝎子等，就是埃及的神；人马等是西亚的神。关键不在样子，关键在算命的机制。这是 Esna（埃斯纳），黄道图在神庙的天花板上，大家进入神庙抬头往上看，天花板柱子下边这些就是这种长形的十二星座的图。（图12）双子、巨蟹、狮子等等。第一个圆形黄道十二宫的图是在丹德拉神庙发现的。这个神庙不大，但是里边的浮雕保存得特别好，我们看到的这个黄道十二宫最初就在这个小神庙的顶层祠堂天花板上。这个神庙是埃及艳后克利奥帕特拉时代建造并完成装饰的。

图12　十二星座图

图13　克利奥帕特拉头像

这是克利奥帕特拉的形象。（图13）大家都知道有一个关于她鼻子的传说，罗马作家说，如果克利奥帕特拉的鼻子短一点儿，历史就要重写了，就是说她好看就是因为她独特的鼻子。如果我们看当时硬币上克利奥帕特拉的形象就明白了，她的鼻子长是什么意思呢？就是鹰钩鼻子。而她究竟长什么样，只能是大家想象了。因为她有两种形象，一种是埃及形象，就是她以埃及女神的形象出现，把自己表现为伊西斯。在埃及形象中是看不到她本人真实的长相的，因为都是理想化的、程式化的。

这是丹德拉神庙浮雕上出现的埃及艳后和她的儿子小恺撒，她和恺撒的儿子。这个浮雕表现的是埃及艳后把儿子小恺撒介绍给众神，让众神接受他做国王，这个画面就在神庙的外墙上。（图14）黄道十二宫浮雕被法国人发现了之后，法国人把它整个地撬下来，1822年运到了罗浮宫。我们今天去看到的是一个仿制品。这是当时拿破仑科学艺术考察团中的画家临摹下来的。当时在欧洲引起轰动，很多天文学家、数学家都来研究这个黄道十二宫。为什么如此轰动？我们都知道两河流域很早就有占星，但占星的资料都是文字的，没有星座的具体图像，丹德拉发现的是历史上第一个图像的十二星座。（图15）其次，19世纪的法国，大革命之后的法国，一些对抗教会

图14　丹德拉神庙浮雕

的科学家特别想证明《圣经》中的年代是错的，他们想象丹德拉十二宫浮雕就是远古某一个夜晚的星空，推算出这个日期，如果年代特别久远，就证明《圣经》里面提到的什么大洪水等年代都不对。

图15-1　丹德拉十二星座图

图 15 – 2　丹德拉十二星座图

　　我想以这个为例子来说明文化的融合，这种形式，圆形的十二宫的形式是两河流域的发明，十二星座的形象是两边共同的贡献，一部分是两河的，一部分是埃及的。但是大家看外围这 36 个神，每一个神都有一个名字写在他的上方，这是 36 个旬星，是埃及的传统。埃及人把他的旬星和两河的十二星座占星，非常完美地结合到了一起。五大行星都已经确认，因为五大行星的上面有古埃及文字。

　　如果有的朋友对天文比较感兴趣，可以用这些位置去推算。太阳在白羊，水星在巨蟹，金星在白羊，木星在双子。其实看一眼，就知道这肯定不是某一天夜晚的星空，它不是一个真实天象的写实。当太阳在白羊座的时候，水星不可能在这个位置。所以刚才提到的那些科学家进行演算的时候，都不承认水星的形象是水星，说那个字写得不对，你们都认错了，不是水星，因为它如果是水星，就是一个不可能出现的天图。

　　但实际上这个是没有问题的，它不是写实的，它不是某一个夜晚的天空。那它是什么？这个答案就在长形的黄道图中，同样这个神庙，在一楼天花板上还有一个长形的黄道十二宫的图。（图 16）这个长形就等于是把圆形的那些形象拉开来，最重要的是最外圈的 36 个旬星都被穿插在了十二星座的形象之间，而且不是胡乱摆放的，它是严格地按照每一个星座中间有三个神，三个旬星神。有些重要的标识，比如说表达特殊含义如春分冬至等的一些形象，也都按照正常的顺序穿插到里边。所以这个长形的应该是把那个圆形的解读出来的关键，它是按照一定的逻辑布局的。那个圆形黄道图的内圈和外圈并不规则，有点乱，但是这个长形的布局非常规整，它是来自于埃及的一个传统，这个传统叫作旬星制。

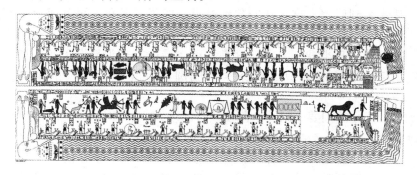

图16　黄道十二宫图

当时法国人进到神庙里边，看到这些图像的时候，画家德农说了这么一句话，我觉得我不是在神庙里，我觉得我进入了一个艺术与科学的殿堂。他用了这个词。我们看浮雕的工艺水平，还有整个画面的布置，非常令人赞叹。我们看到每一个星座，中间穿插的旬星，每组三个旬星中有两个都是女子的形象，第三个就是用星座那个形象来表示。最重要的是，从长形的黄道图，我们能看得出来它是希腊化时期的一个作品。那个时期就把黄道十二宫分成夜半球和日半球。从左边图上大家看到这里是仿制品，原件被法国人撬到了罗浮宫，这里就是仿制品，这个痕迹能看得出来。它旁边还有王名圈，王名圈里边没有写名字。克利奥帕特拉完成了整个神庙的建造和装饰之后，迟迟地没有把名字写进去，既没写她自己的名字，也没有恺撒或者任何人的名字。这里就是一个很有意思的问题，她想写谁的名字？如果联想到神庙外墙上浮雕的形象，我们可以推测，她准备在合适的时候把当时还小的儿子小恺撒的名字写到这里，把他扶持成埃及的国王，她在小恺撒身上寄予了一个梦想：重建亚历山大的帝国。

丹德拉发现黄道十二星座的顺序与我们现在的顺序是反的，一个是顺时针，一个是逆时针。你要到神庙的上方从高空往下看，还有透视的功能把它看透，那个顺序就是我们现在看到的顺序。这种看法有人称之为上帝之眼。当时的星图为什么要这样设计呢？这很有意思。以下几点说明丹德拉黄道图是埃及传统的延续，只是结合了两河传过来的一些形式。一个传统就是托勒密时期黄道十二宫分为夜半球和日半球，划分的点是从水瓶到巨蟹，这边从摩羯到狮子。按照夏至和冬至分成夜半球和日半球，而丹德拉长形黄道图就严格地按照托勒密时代的夜半球、日半球来分的。这是一点。看这里开头是狮子座。如果把这个长形的剪成长条，环成圆圈，就和那个圆的是对应的。

现在我们要介绍一个比较独特的埃及占星体系，旬星制度，旬星，Decans。首先，古埃及人认为天狼星是第一重要的星，天狼星偕日升是新年的标志，每年七月中旬，天狼星在消失了70天之后重新升起的时候，是埃及的新年。他们的一年分成三个季节，是按照尼罗河的规律来划分的。七月中旬尼罗河开始泛滥，四个月之后泛滥季结束，开始播种，播种四个月，然后再开始了收获季。一年按照尼罗河的规律分成三个季节，一个季节四个月。如果天狼星偕日升和尼罗河泛滥恰恰发生在同一天，这是埃及人认为最重要的日子，叫三合一新年。我们要知道这个传统。在中国的传统中，天狼星大概不是什么好星，但埃及人认为那是第一重要的星。他们的赞美诗中说，神通过天狼星的升起和落下创造夏天和冬天。

36个旬星都有名字，古埃及人寻找36个具备天狼星特征的星星来观测它们，观测的周期是一年。把一年划分为10天一个星期，就是36个星期，还有5天是过节。每天晚上划分成12个时间单位，这36颗星每天晚上能看到的是29个，有7个是看不见的。这29个每天晚上看到的旬星，它们是怎么分布的呢？按照古埃及人的解释：东边有8个，西边有9个，中间有12个。每天晚上的12个小时里，要观测这12个旬星的位置做记录。这36个旬星有个共同特点，每年有70天看不见它们。每10天有一个旬星消失，每10天有一个旬星出现，这就是它们的星图。

从距今四千多年前起，埃及人的墓里就有大量这样的星图。最早学者们称之为星钟是不准确的，应该是星表，这一张表就是一年的记录。（图17）最上边一行是日期，这是每晚的 12 个时间单位，然后每一个框里边会写 12 个星的名字，就是第一个所谓的小时，它不是咱们那个概念的小时。第一个小时他观测那 12 个星的位置，写下来，这是十天的记录，十天都是这样。然后到第二个小时又一个。十天一变，因为十天一颗旬星消失，十天一颗旬星出现。这一张图是一年的记录。这里斜线的部分，其实都密密麻麻地写满了这 12 个旬星的名字。刚才我提到了旬星的名字寓意深长，因为每一个星的名字都能翻译得出来。很多学者以前没有去翻译，他们说就是名字而已。但我们发现，这 12 个所谓的旬星名字，大部分都是表方位的，前后上下等等。满天繁星，你哪能确知哪一颗就是哪一颗？要根据位置，定位它在什么什么的上下左右来描述这颗星，不能独立地辨识一颗星，只能根据它周围的星的位置确定这颗星。

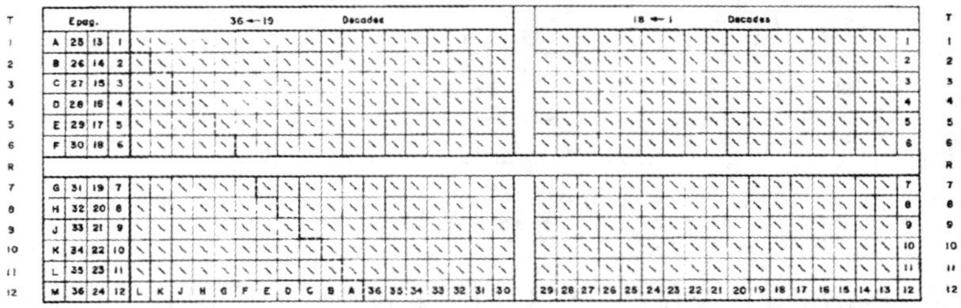

图 17　星表

现在问题就来了，他们每天观测这些星，而且这些星表都在墓里出现，是什么目的？是像两河流域人看星星预测一样，是占福祸的吗？这个星表后来简化了，表格样式不见了。用天空女神努特来表示星空，就在她身体上来标示这些星的位置。我们现在知道它的读法，因为埃及人留下了说明文献，哪是起点，哪是终点。我们根据这样的文献倒推，知道这个表的用法。

天狼星每天晚上的轨迹是这样的。如果这 36 个旬星都是天狼星性质的，它们每天都是这样一个路线，但是高度会变，最高点应该逐渐右偏，然后每十天一颗消失，每十天一颗从东边又出现。大家想象这个表应该是这样向右逐渐推动的。如果看

171

一个月天狼星最高点的变化，能看得出来。

到三千多年前，他们的星表简化成这样。这边就是十二行，然后这边中间有七栏，最中间画一个人。星星画在这个竖线上，表达七个位置。有的学者认为这不是一个人，不可能每天晚上祭司爬屋顶，一个坐对面，两个面对面，就以他来定准，可能是一个雕像立在那定位，因为那样更准确一点。雕像在正中间，这七个星标的是七个位置，这七个在左肩，在右耳，在右眼，在心脏。我们看，它整个是以这个人或者是以这个雕像为基准，来讲这七个位置的变化。（图18）

图18　星表

星表究竟在定位什么？我们刚才讲到，每十天有一颗旬星消失，每十天有一颗旬星出现，而天狼星是最重要的一颗星。埃及人有一个独特的墓葬习俗，有人去世之后要等足70天才下葬，这70天就是天狼星以及这36颗旬星消失的那个时期。我们就明白了这个习俗和这个星表制度的关联。这是王陵里边类似的天之书、地之书这样的画面。这么复杂的星表就是要锁定某个特定的旬星，这颗旬星就是在有人去世的那天晚上消失的，在70天之后这颗星重新出现的时候，正好是下葬的日子，相关的咒语都是围绕这颗星的。

所以埃及人的占星制度不是测福祸的，他们相信复活，他们的占星体系反映了一种最早的轮回思想。下葬的时候那一颗星升起了，相关的咒语为那颗星而念诵，这个人复活的一刻就决定他一生一切都是顺利的。所以它是一个掌控命运的一种仪式。通过这个独特的葬礼、复活仪式、旬星体系，锁定一颗消失的星，70 天之后当它重新出现的时候，这个复活的人受到了保佑，是这样一种理念。这就解释了我们刚才说的为什么没有早期的占星资料。古埃及人并不是负面地去预测福祸，而是正面地去激活能量。他们相信通过这一系列仪式，每个人都能升天，每个人一生的命运都在掌控当中。

这是一个很有趣的现象，两河的传统和埃及的传统，在丹德拉黄道十二宫那里完美结合了。埃及是一个复杂的传统，正面的、激活能量的传统，两河是一个预测的、防范的传统。

这里还有些更复杂的主题，在这个黄道十二宫的中间有一些非常特别的图像。常常会看到的是河马、鳄鱼，一个人在击杀鳄鱼，还有一个牛，等等。这些图像都和埃及人的宗教信仰有关系。在星图中间总是出现的牛，其实是一个牛腿的形象，有时它即使有一个角，也是把那个腿画上两个角来表示，这是一个拟人化的表达。那么它有什么象征含义呢？如果结合埃及人的墓葬习俗，这一切一下就明了了。这是埃及人非常独特的仪式，叫开口大典。是木乃伊入葬之前要举行一个仪式，用法器碰木乃伊的五官，同时念诵咒语，碰完了之后它们就恢复功能了，类似我们的开光。这个开口典礼有一个很重要的环节，大家看下图有两个牛，一个母牛，前边一个小牛。这个重要的环节就是把这个小牛的左腿砍下来，把它的心掏出来，然后趁着它们还热的时候，还在颤抖的时候，这两个祭司捧着它们送到木乃伊前边，用它碰木乃伊的五官。这是一个古代的复活仪式。这样的开口大典之后，木乃伊就能复活了，就能恢复正常的功能了。（图 19）注意仪式中这个牛的前腿，和黄道十二宫中间出现的那个是一样的，虽然我们还不能完全地说清楚牛前腿究竟是代表什么，但是我们知道它是一个和复活相关的核心概念。它出现在墓葬仪式里，也出现在黄道十二宫的正中央。这是确定的。埃及人的壁画、浮雕中大量地描绘如何宰牛、砍牛腿，然后把这个牛的前腿当成最重要的贡品奉献给死者。举行开口大典的时候用来碰木乃伊五官的那个法器，也是牛腿的另外一种表现。在埃及人的供桌上永远有一个赫然醒目的牛腿摆在最上方，是最高贵的贡品，不是说它营养价值高而已，它有着很深刻的宗教内涵。

图 19　埃及开口大典

　　理解了这一切之后，就明白了黄道十二宫在埃及的作用和其他地区是大不一样的。在两河流域，它用来预测你一生福祸，或者是国王该不该打仗。但是对埃及人来说，它是复活仪式的一个重要环节，它和旬星制度是相关联的，和复活仪式是相关联的。这个传统，希腊人没有学到，后来传到了希腊，从希腊又传到后来欧洲的算命星盘那一套，和埃及的旬星制度没有什么关联。西亚和埃及两个古老的占星传统结合了，但是它最深奥的那部分内容，旬星和复活的关系，后世的欧洲人没有领会，也没有接受。黄道十二宫后来在希腊罗马世界还是像西亚原来的那样，就是测福祸、算命运，还是那样一个机制。

　　这个例子就涉及我们开始提到的那个分层概念。古老的东方传统跟西方文明的传统相遇了，一番碰撞之后，一部分沉淀下去了，比如说复活这个概念，就没有被理解和接受。希腊人在做算命星盘的时候，中间就没有这些牛腿之类的，中间是阿波罗神或者命运女神等等。

　　我们回到丹德拉神庙，看黄道图在仪式中是如何使用的。神庙顶层的奥塞里斯祠堂，保存了最为完整的纪念奥塞里斯复活的"荷阿克节"的图像和铭文。在古埃及语中，"荷阿克节"的意思是"卡在卡之上"，从泛滥季第 4 个月的第 12 天开始，延续 18 天。主要内容是重现奥塞里斯复活的过程。这个复活节的主要内容，就是之前咱们提到的，用泥做一个奥塞里斯形状的模具，里边有种子，然后每天浇水。浇水之后种子发芽了，就把这个泥做的奥塞里斯埋了。这个仪式的场地是神庙顶层的6个小祠堂，黄道十二宫的浮雕就在东边中间的祠堂天花板上。它是整个奥塞里斯复活节一个重要的环节。

其他的小祠堂里边还发现了埃及《亡灵书》的内容，《亡灵书》描绘冥世的12个小时，有12道门，每一道门口都有守门的，要报通关密语才能过关。这些门的名字和12个旬星的名称有一定的关系。（图20）这里我们要澄清一点，埃及人所想象的另外一个世界不是在阴曹地府，是在星空，在天上，他们相信人死后都加入众星，在众星的怀抱里完成复活。刚才讲到他们要锁定某一颗旬星，想象这颗旬星在星空12个小时的行程，它跟着太阳神走过夜晚的星空，完成复活。

图20　冥世十二门

丹德拉的黄道十二宫浮雕是复活仪式的重要环节。这个复活仪式在这里上演得似乎非常隆重，克利奥帕特拉究竟想通过这个仪式实现什么？有一个细节告诉我们这个仪式寄托的愿望。传统的仪式中，奥塞里斯的尸体是14块，把他拼起来。在丹德拉神庙的仪式中变成了42块，而且42块不是原来的名称了，原来就说胳膊、腿、眼睛等等，针对各个部位逐一念咒，在这里则变成了埃及的42个诺姆，诺姆是埃及的基本行政单位。这寄托了一个复国梦，通过奥塞里斯的复活，寄托了复兴埃及的愿望。我们都知道克利奥帕特拉和恺撒、安东尼周旋的那一段历史。所以在这里上演的这个仪式，含义就特别丰富。

今天是春分，如果埃及比咱们晚六个小时的话，就在此时此刻，就在丹德拉神庙上面的小祠堂有一个天窗。天窗内侧四面墙上都有奥塞里斯的浮雕的形象，此时阳光正好照在他的身上。设计这个神庙的时候，有一种建筑语言是确定时间的，就是正好在春分这一天阳光照到奥塞里斯身上，正巧就是现在。阿布辛贝神庙也是春分那天，太阳一下子照到神庙最深处，依次照到四个雕像的面孔上。

丹德拉黄道十二宫最外圈是 36 个旬星，在里边有一行铭文，这行字基本上就给了我们答案，告诉我们黄道图的作用。诵读的话，"奥塞里斯的高贵灵魂，在月初出现在天空"，"闪亮的天狼星掌控你的步伐，驱赶你的敌人。请你把天狼星之年赐予你的儿子，上下埃及之王，永恒的荷鲁斯"。在奥塞里斯复活仪式上，王位顺利地传给了他的接班人荷鲁斯。那么上演这个仪式的克利奥帕特拉，期望把王位顺利地传承给她的儿子小恺撒。她和恺撒都是伟大的统治者，她梦想着再造亚历山大帝国时期的辉煌。小恺撒是她梦想的寄托。这就解释了为什么外墙浮雕上就是克利奥帕特拉和小恺撒的形象。我们以这个例子来说明占星术传播到埃及，发生了一个很重要的变化，把埃及历史悠久的一个旬星系统和它结合起来了。但是后来的希腊罗马世界没有传承这个传统。

最后一个比较重要的话题，救世主与末日审判，这也是东方宗教中沉没的成分，经历了一个漫长的潜伏期，最后又再次爆发，这个爆发需要特定的时间和环境。

先看看末日审判是怎样一个内容。埃及人的来世想象里有这样一个重要的环节，每一个人到了另外一个世界，都要经过神的审判，惩恶扬善。大家看到了我们熟悉的形象奥塞里斯，伊西斯站在他身后，莲花上面站着的是奥塞里斯的四个孙子。审判大厅，有一个天平，朱鹭鸟头的智慧之神在做记录。天平的一端放着一个羽毛，它的音是 maat，和正义、真理那个词是一个音。天平的另外一边放着像一个小陶罐，那是象形文字"心"，死者的心放在那，称心。阿努比斯神领着死者到了审判大厅，他要先陈述，陈述完了就看这个天平动还是不动。如果这个人做的坏事多，或者是他撒谎，这个天平应该是无一例外地向心的那边沉下去。这里蹲着一个四不像的怪兽，它就会扑上去把心吞了，这个人就真正死了。最上边还有 42 个神组成的陪审团，他们不仅仅是 42 个神而已，代表着埃及的 42 个诺姆，

176

表示这个审判是公开的（图21）。这是世界上最早的末日审判思想的萌芽。我们这里展示的是三千多年前的图像表达，相关的文字表述应该是四千多年前就已经有了。埃及人已经有了深刻的自省精神了吗？大家看到的是纸草上的末日审判的画面，这上边全都是标准答案。当时的人去市场上买一份写在纸草上的《亡灵书》，把标准答案带着，这就是审判时的不朽指南。古埃及人有了很深刻的反省精神，但又用巫术把它庸俗化了。（图22）

图21　末日审判图

图22　纸草上的末日审判

但是这种末日审判的思想随着时间的推移在发生变化。《亡灵书》很多的咒语就是针对审判的。这里有个蜣螂形状的护身符，护身符放在木乃伊的心脏部位，上面刻的字是针对他的心说的，说审判的时候我的心你千万不要背叛我，就是审判的时候要说好话，千万不要说错话。这个《反面忏悔》，就是审判大厅那个纸草画上边那些文字，就是标准答案。它好像是针对另外一个世界的。但随着时间的推移，人们慢慢地拿它来作为现实世界行为的约束。这一点是可以理解的，首先这些标准就是取自生活，现实中做人的基本准则就是末日审判的标准，反过来，对现世的行为也是一种约束。

在希腊化时期，有一个故事，讲一个聪明的王子，叫西奥赛尔。有一天他父亲看到一个富人的葬礼，规模非常大，非常讲究。过了不久他又看到一个穷人的葬礼，那个穷人就是一个席子裹着，拖到沙漠里就埋了。父亲就感慨，你看这有钱人和没钱人差别多大，一个富人那么风光地走，一个穷人一个席子就拖到沙漠里埋了。这个小儿子说，父亲你想不想知道他们到了另外一个世界，在接受末日审判的时候会是什么样的命运。他说好啊，去看看。于是他就带着他的父亲进了另外一个世界。到了末日审判大厅，父子俩就在那看。原来那个有钱人被判有罪，他虽然有钱，但是因为他做坏事多，居然被判有罪，而且就被那个怪兽吞了。那个穷人正在那里沐浴更衣，因为他通过了审判，加入了众神的行列，得到了永生。这个故事情节和传统的那个表达完全不一样了，即使你是穷人，只要行善积德，一样有机会；富人如果做坏事，也不能升天。末日审判的思想到了后期有了一个逆转，有了一个道德上的升华，伦理道德的因素大大增加了，是对埃及传统主题的超越。

末日审判思想发生了转变之后，慢慢就被早期基督教吸收进去，成为基督教的一个重要内容。在基督教的早期发展过程中，古代宗教贡献了很多重要的内容，包括末日审判思想，还有复活的故事。

犹太教从一开始出现，就是以多神崇拜的宗教传统为对立面，我们称之为对抗宗教。但是到了古代晚期，古代宗教的一些内容又融入到了一神教里边去，成为它的一个强有力的部分。

犹太教是没有来世的，基督教对犹太教进行了改造，其中一个重要的改造就是把复活、把来世的希望又还给了大众，还给了信徒。这与宗教迫害有关系，那些为了信仰被迫害死的教徒，需要一个解释，这些人都会升天堂。在特定的时代背景当中，古代宗教的复活概念又有了它的合理性，又被吸收到早期基督教当中去。从最早的犹太教关闭了来世的大门，到后来早期基督教改革过程当中，把古代宗教的复活、来世又吸取进来，这个过程中，我们看到了东方宗教沉默潜伏之后的大爆发，重新又汇流到后世的传统中去。

还有就是救世主这样的概念，最早也是埃及人提出的。在希腊人统治埃及的时候，阿蒙的崇拜中心卡纳克造反起义，起义后来被镇压下去。起义的领导者是埃及本土的祭司，他们起来造反，反抗希腊人的统治，拥立自己的国王，这是真正的埃及本土最后的国王。克利奥帕特拉是希腊人，严格意义上她不是埃及最后的王，她是埃及最后的统治者。埃及本土最后的法老指的应该是这两个起来造反，反抗希腊人统治，最后被镇压下去的人，他们的名字意味深长。埃及法老喜欢用神的名字来起名，阿蒙也好、普塔也好，各个神都可以用来起名字，但是从来没有哪个国王用死神的名字来起名。但这两个起义的人用奥塞里斯来作为自己的名字，这是一个非常悲壮的表达。第一个叫"荷鲁斯—奥塞里斯"，被镇压下去之后，下边一个揭竿而起的人叫作"活着的奥塞里斯"。奥塞里斯这个神的名字后来其实也成了死者的代名词，活着的奥塞里斯，这是最早的弥赛亚、最早的救世主，是埃及人最早提出和使用这样的概念的。

我们这四个例子讲下来，有一个总结。在东方传统里最顽固的那部分沉没、潜伏、爆发的过程中，有一个重要的现象，叫正典化和密码化。埃及传统宗教有些东西是不去说的，只是用仪式来表达，不像文本文化以典籍言说核心内容。古埃及人有没有《圣经》那样的经典？没有。所谓的经典化，都是当你有了被遗忘的恐惧的时候才进行的。古代的很多图书馆为什么开始系统地去存书，把各种版本的抄下来保存起来？就是意识到这种传统文化即将不在，即将要淡出历史舞台，文化精英有了一种保存自己文化记忆的冲动，出于被遗忘的恐惧。埃及人本来的传统是通过仪式去实现他的宗教理念，但是到了最后的阶段，希腊人统治他们，在不远的未来他们又被罗马人统治。

最终古埃及文化被当成异端，古代的书籍都被烧毁。

这个正典化过程，使得一些过去神秘的东西从隐蔽走到了显现。还有一些则被加密。所谓的从隐蔽走到显现，就是刚才说的旬星、复活仪式等，这些过去都不向大众开放的，是少数社会精英、少数祭司掌控的。在这样的传统里，知识是有等级的，宗教也是分层的，大众宗教以巫术迷信为主，真正高深的内容只有少数的社会精英掌握着，只有国王垄断着。但是因为外族的入侵，这些神秘的知识从隐蔽到了显现。想把它保存下来吗？必须把它写下来。有两种办法，一个就是图书馆系统收藏，一个就是刻写在神庙墙上。后者最典型的就是丹德拉，整个丹德拉神庙就是一本书。他们把最秘密的东西写在最公开的地方，在这个神庙的墙上到处都留下了他们需要记录的仪式的过程，所有的天文知识，所有的神话地理，全部都在神庙的墙上刻着。

就在这个书写的过程当中，一部分被加密了，不想让外国人看懂，也不想传给他们，但还想把它留下来，所以正典化也伴随着密码化。我们看一看，这就是密写铭文。埃及人有一个密写传统，这个字只有小圈子里边的人知道。这是一首赞美诗，赞美羊神的。你能看出来每一个羊的不同吗？每一个羊都是一个词，有动词、有形容词、有名词，这就是密写。这样的密写系统就是正典化过程的产物，又想保存，又不想让外族人知道。这就使得密码化的这个系统，短时间里没有人懂。可是它们存在着，它们变成了潜流，它们永远在暗潮涌动，它们成了西方思想史上的游魂，时不时地归来。在适当的节点，就有人打着复兴古代文化的旗帜，把这些边缘化了的密码化的东西又再次拉回来。而正是这种刺激，使得欧洲文明充满了活力，它本身就是一个混合体，被它当成异端的东西永远没走，永远在它体制内部成为一个对立面，这种对立统一是欧洲文明的一个特色。

如何看东西方文明的差异呢？这个差异不是不可抹除的，而是可以求同存异的，因为这个差异里边本身就有我们的贡献，欧洲的文明基因里边就有东方文明的因素。所以有可以理解的部分，有对话的基础，东方文明是对欧洲文明做出了重大贡献的。

萨尔吉

沙海古卷——文献学视角下的佛教研究

　　萨尔吉　藏族，1975 年生。1998 年本科毕业于中央民族大学哲学系，专业方向为宗教学。同年进入北京大学宗教学系学习，专业方向为佛教研究，先后获得硕士学位（2001 年）、博士学位（2005 年）。期间于 2001—2002 年作为访问学生，在挪威奥斯陆高等研究中心参加阿富汗出土早期佛教写本的研究工作，2003—2004 年在四川省藏文学校、四川德格宗萨五明佛学院调查、学习藏传佛教。目前为北京大学外国语学院南亚学系及梵文贝叶经与佛教文献研究所副教授。主要研究领域为基于梵、藏、汉对勘的佛教文献学，佛教哲学，印藏文化交流等。在国内外学术刊物上发表论文 30 余篇。参与意大利著名东方学家图齐七卷本 Indo-tibetica 的译注工作（中译本更名为《梵天佛地》，上海古籍出版社 2009 年出版），以及《探寻西藏的心灵——图齐及其西藏行迹》的编译工作。独立承担 2010 年度国家社会科学基金项目"《大方等大集经》研究"。为意大利国际地中海和东方研究协会通讯会员、中国敦煌吐鲁番学会理事、中国敦煌吐鲁番学会少数民族语言文字专业委员会委员。

引言

提起佛教，人们往往想起西天的佛、香烟缭绕的寺庙、出家求道的僧尼，还有那浩瀚的三藏经典。提起佛经三藏，人们往往想到的是汉语佛典。其实，作为佛、法、僧三宝之一的法宝，其载体还有巴利语、梵语、藏语佛典，以及于阗语、回鹘语、西夏语、蒙古语、满语佛典等等。从佛教的原典语言来看，我们可以大致将其分为巴利语佛典与梵语佛典；从翻译佛典的用语来看，我们可以将其大致分为汉译佛典与藏译佛典。

我今天的讲座，中心是佛教研究，但是不涉及义理，而是从另外一个视角，即佛教文献学的视角来讲一讲佛教研究的一些基本情况，以及当前的一些热点问题。无论从义理的角度，还是从佛教文献学的角度进行佛教研究，三藏经典无疑是研究的基本材料和主体。因此，我的讲座以佛教原典的考察为中心，分成三个方面来给大家做一个简单的介绍。一是佛教经典的集成，是从口传到书写这样一个方式的转变。二是以文本为中心来探讨现代意义上的佛教研究，不涉及思想史。其中包括早期佛教写本的发现，以及近二十年以来佛教写本研究的一些新发现和新进展，这可能是今天讲座中一个比较重要的话题。最后一点想说的是早期佛教写本的发现对我们现代意义上的佛教学术研究究竟有什么样的一种意义。主要从这三个方面来给大家做一个简单的介绍。

一、佛教经典的集成——从口传到书写

佛教产生于古代印度，佛教的创始人是释迦牟尼。释迦牟尼悟道后，经过梵天劝请，他打算把他认识到的道理告诉给世人，这就是佛教史上的初转法轮。那么释迦牟尼以什么样的方式告知

世人呢？——这也是佛教研究者比较感兴趣的问题之一——可能一般我们想那就用他自己知道的语言——梵语不行吗？确实，乍一想是这么回事。但是，印度的情况要复杂得多。因为印度的语言很多，可以毫不夸张地说，印度是人类语言的宝库。即使以现在的情况为例，我们知道现在印度的官方语言除了英语、印地语，还有好几种官方语言，普通老百姓说的语言更多。古代的情况更为复杂。很多人想知道释迦牟尼究竟以什么样的一种语言传教，这也是做佛教研究很困扰的一个问题。因为佛陀主要活动在中印度摩揭陀，就是现在印度比哈尔邦巴特那这一带。我们一般认为那一带的方言可能是他传教的一种语言，学者们将其命名为半摩揭陀语。所以我们说释迦牟尼面对普通大众传法，所说的应该也是方言，这种说法大体上没错，但是，绝对不可能是梵语，就是所谓的标准语言，有点像我们汉语普通话的语言，肯定不是。

我们认为，佛教在产生之后很长的一个时间段中是采用口耳相传的方式进行宣教的，而传播所用的语言可能也是印度各地的方言俗语，这个在佛教的经论里面也有一些记载。例如，根据佛教的一本律藏文献——律藏讲的是僧团的戒律，也就是说僧团要求僧人的规定性事务——《四分律》卷五十二所载：

> 时有比丘字勇猛，婆罗门出家，往世尊所，头面礼足，却坐一面，白世尊言："大德！此诸比丘众姓出家，名字亦异，破佛经义，愿世尊听我等以世间好言论修理佛经。"佛言："汝等痴人！此乃是毁损，以外道言论而欲杂糅佛经。"佛言："听随国俗言音所解诵习佛经。"

这讲的是一个叫作勇猛的比丘的事情。他属于婆罗门种姓。在印度婆罗门过去属于贵族阶层、上层人士，正因如此，他出家前可能说的是比较文雅的语言，用我们现在的话说就是梵语。有一次他就问释迦牟尼，现在你的出家弟子有那么多，各行各业的都有，也有下层的人，对于大家对佛的说法用各自的语言表述，他觉得不太好。他希望释迦牟尼同意他做一件事，什么呢？用"世间好言论"修理佛经，换句通俗的话说，他想把佛经弄得漂亮一点、文雅一点。经过我们的研究，所谓的"世间好言论"一个可能指的是当时的雅语，即梵语，第二个可能指的是对经文的读诵方法，即按传统的梵语的轻重音和韵律规则、说起来比较抑扬顿挫的方式读诵佛经。所以说这里包含了从语音和语法两个方面来对佛陀言教进行修饰。但是释迦牟尼没有同意，这里释迦牟尼说听随国俗言音诵习佛经，也就是根据各地方言来咏诵佛经。我刚才也说了，印度有很多的方言，你去哪就用当地的话来宣教，就像俗话说的"到什么山唱什么歌"，这样就能跟下层人很快地打成一片，有利于佛教的传播。

总体而言，关于早期佛教的传教语言，我们认为是一种方言俗语，或者更准确地说，不是一种，是各个地方的方言俗语。有些人对上述文句的解读更进一步，认为当时的释迦牟尼可能是反对用梵语或者是上层人的语言来宣教，因为他主要面对的是民间的普罗大众。

以上讲的是释迦牟尼及其弟子宣教所用的方式是各种各样的方言，同时也暗含当时的传教并没有诉诸文字。我们现在找不到这方面相关的记载，而且根据现在考古发现，可以确定印度最早的文字是阿育王铭文。按照印度的传统，早期佛教的传播肯定是口耳相传。在很长的一个阶段里面，大家口耳相传来进行佛教的传播。这样用方言俗语口耳相传，应该是有一个很长的阶段，相关的记载，我们从其他一些经论也可以看到。可以想见，口耳相传对两方面的要求比较高，一方面对僧人的记忆力要求非常高，你必须得博闻强记，从小开始就要有很强的记忆力，另一方面，对传诵经典的僧人数量也有一定的要求，即需要有一定人数的僧人保证此项工作的持续进行，这是非常重要的两点。随着佛教的发展，这两方面的条件都遭到了一定程度的冲击。有一个例子，可以从这个角度来看口耳相传和方言俗语对佛教传播产生的冲击，我这里选的例子来自中文的一本书，叫《佛祖统纪》，但是这个故事的原本是印度来的，而且在印度的律藏文献和其他一些文献书籍都有记载。例如，《佛祖统纪》卷五所载：

> 阿难游行宣化几二十年。尝至竹林中闻比丘诵偈：
> "若人生百岁，不见水老鹤，不如生一日，时得睹见之。"

185

阿难惨然曰：此非佛偈，当云：

"若人生百岁，不解生灭法，不如生一日，而得解了之。"

比丘向其师说。师曰："阿难老朽，言不可信。"

这里讲的是阿难的故事。阿难我们知道，按照佛教的说法，他是跟随佛陀左右最久的人，佛所说的话都是由他来记下来的。所以说现在我们读佛教的典籍，开篇第一句话就是"如是我闻"，这个"我"指的是阿难。那么佛经开篇为什么加这样一句话呢？这表明佛经不是阿难瞎说的，他是有根据的，因为他一直跟随佛游行教化。"如是我闻"也就是说我是这样听到的，我把我听到的原原本本地告诉你们。这一方面说明阿难谨遵师教，未有违越，另一方面也说明阿难博闻强记，记忆力超好，所以释迦牟尼给他最好的称号是"多闻第一"。可就是这样一个大阿罗汉，也遭到了质疑，这就是我们这里的故事发生的背景。当时释迦牟尼已经圆寂了，阿难听到其他的比丘在念诵一首偈颂，阿难一听就知道释迦牟尼不是这样说的，他就去纠正这个比丘的念诵。阿难说释迦牟尼不是这样说的，释迦牟尼是怎么说的呢？是这样这样说的。比丘听到阿难的说法以后，有点疑惑，因为阿难毕竟年高德劭，且随侍佛陀很久，这样的人难道不值得相信吗？可是自己的念诵是口耳相传，得自师父啊，孰是孰非？仅凭自己很难决断，于是该比丘就去问他的师父，这个究竟是阿难说的对还是你说的对？师父说阿难年纪大了，糊里糊涂的，你不要相信他。刚才讲的是中文，大家可能看出来差异主要是第二句话，究竟是"不见水老鹤"，还是"不见生灭法"？在印度的语境下来说，水老鹤可以转写成梵语 udaka-vihaga，生灭法则是 udaya-vyaya，虽然从梵语来读二者还不是特别接近，但可以想象，在印度的方言里面二者的发音更为接近，听起来很容易听岔，听岔后就以讹传讹，按岔的走了。

这是个很典型的事例，反映出两个问题，一个就是我刚才说的，口耳相传会造成一定的讹误。如果大家按照自己的理解自由发挥，会进一步增大这种讹误，而且口耳相传不能完全保证经典的有效性，这对佛教的传播、经典的传习是一个冲击。按照我们现在的理解，比如刚才阿难如果要证明对方错了，他怎么去证明？他拿不出证据来，只能说我听到是这样。没有相对固定化的文本，这个是一个冲击。第二个说明当时的印度僧人肯定是按方言俗语来传诵佛经，如果大家用同一种语言，不太可能造成这样的差异。

因此，我们可以说，早期佛教是用方言俗语传教，传教通过口诵的方式进行。这种情况实际上在佛教有了写本之后，有了文字的记载以后还延续了相当长的一段时期。这是通过汉译佛典的翻译史得见的。一般认为中国佛教最早传进来的时候是东汉，东汉的时候印度僧人们来到敦煌、长安、洛阳、建康等地讲经说法、翻译佛典。我们知道，现存中国最早的经录是僧祐编的《出三藏记集》，里面除了记载佛经的目录以外，还搜集了很多古代人写的对经文翻译过程的一些记载，我们叫作序，其中有一条记载是东晋很有名的僧人，叫道安，他给十四卷《鞞婆沙》——这是佛教的一部论典，一会儿我们也会提到"论"这个词儿——他给这个论典写了个序，交代了经典的来源，里面提供了很重要的一个信息，说是"罽宾沙门僧伽跋澄，讽诵此经四十二处。……经本甚多其人忘失"。这条记载很重要，一是它交代了这部论典的传译者，是罽宾来的沙门僧伽跋澄，所谓的罽宾就是现在的阿富汗这一带，二是交代了经典的传译方式，僧伽跋澄是通过讽诵，背出来，他背出来然后再进行翻译。这部经典本身部头很大，僧伽跋澄没有完全背下来，中途就打住了，所以说"经本甚多其人忘失"，这说明至少在那个时候还有一部分僧人在采取口耳相传的方式进行佛教的宣扬。其实不光是在佛教内部，在印度这种口耳相传的传统延续了很久很久，直到近现代。我们知道中国书写的传统非常早，东汉时候造纸术的发明极大地促进了书写的兴盛流布。唐代已经有了印刷佛经的例子，而书籍的印刷也在宋代的时候越来越发达。但是，在印度近代印刷术是很晚的，大概在 19 世纪才开始。大家可以考虑，在此之前，大量的经典基本上靠的是口耳相传，这是印度文化非常重要的一个特色。既然是这样一个情况，僧人就要面对如何保证经典的有效性和权威性的问题，尤其是在遇到一些重大问题，要决断的时候。要决断的话，无非采取两种方式，一种方式是由年高德劭的人、有权威的人拍板，我说了算，我来决定。还有一种方式就是引经据典，这是我们现代人采取的，我要去找出处，要有说明，要拿证据来说话，你不能光口说无凭，立字为据。前述阿难的例子说明了经本在传诵过程中改动的情况，因为没有书面文本可供对照，所以比丘以己为是，以他为非。这是佛教要面对的一个现实问题。

从南传巴利语系的佛教文献来看，也有一个例子说明了僧人数量减少对口耳相传造成的冲击。有一部记载斯里兰卡佛教史的文献，叫作《岛史》，其中提到在公元前1世纪左右，发生了一次大的饥荒，饥荒以后，人口大量减少，这必然伴随出家人也会越来越少。经典的传诵必须要有一定数量人数的保证，因为人少了，比如说一个人传给另一个人，你怎么保证下面一个人就能完全接受你所传的呢？必须得有一定数量的人众，大家才能互为补充。所以在人口大量减少之后，斯里兰卡的僧团发现了一个危机，就是饥荒导致对经典的延续性造成了很大的冲击。那么，就要采取一定的方法来解决。解决的办法就是要把传承的经典记下来、要写下来，这是当时最好的一个方法，因为写下来之后至少在一段时间内会有文本的东西在那。所以按照南传佛教的说法，僧人们第一次把口耳相传的佛典以书写的方式固定了下来，从而产生了书写的佛教文本。斯里兰卡的僧人对这件事情非常重视，他们甚至还找到了一个山洞，认为僧人们最初就是在这个山洞里面用贝叶，也就是用棕榈树的叶子把佛经三藏记录下来，用书写的方式固定下来。这张照片表现的就是这样一个场景（图1），准确的时间按照南传佛教的说法是在公元前35年到前32年，距离佛教真正的产生——我们一般认为佛教在公元前6世纪产生，——也过了好几百年了，就是这么个情况。

这个当然是斯里兰卡的记载，而且是佛教徒的记载。那么我们能不能发现这么早的文献呢？显然不可能。因为按照斯里兰卡的气候条件，不可能保存这个东西。所以现在我们无法确认这种说法的准确性，但我们认为它有一定的合理性。一会儿我会讲到，在北传佛教中，在印度本土我们发现了类似的证据，大家可以先把这个记住，在公元初期的时候，在斯里兰卡有这样的一件大事情发生了。

188

图 1 　斯里兰卡僧人编写三藏（作者摄于斯里兰卡）

　　回到印度本土，就是所谓的南亚次大陆的情况，僧人们是怎么样书写佛教典籍的呢？对此我们也不是特别清楚，虽然在佛灭后第二年就有了结集佛典的事情，但当时的结集恐怕只是以会诵的方式确定佛陀言教，并未诉诸文字，因为长期以来我们找不着那么早的文献。印度的气候非常炎热，不利于贝叶的保存，但是我们可以从其他的一些角度来推测。首先讲一个非常重要的记载，就是阿育王的法敕。我们知道阿育王是印度历史上很重要的国王，在佛教历史上他被称为法王，护持佛教非常有力。不仅佛教徒对他记忆深刻，到现在印度人也把他看作是印度非常重要的民族象征。据说他信仰佛教后，在印度各个地方颁布了众多法敕，也就是发布他的命令，表明他对佛教、对其他宗教的一些态度，以及怎么样去治理国家的一些策略，这些命令我们叫作法敕。这些法敕有的是刻在岩石上，刻在岩石上的我们叫作摩崖法敕，有的刻在石头柱子上，我们叫作石柱铭文，大大小小现在发现 30 多处。我这里选了其中一个法敕，叫 Bhābrā 小摩崖法敕。从佛教的角度来说，这个法敕非常重要。阿育王在法敕中说他为了让佛法得到长久的驻世，也就是说让佛法一直流行于世间，提出来了一个建议，从他的角度，国王的角度建议比丘应该经常念诵的一些——怎么讲呢？也不叫经典，因为我们也不确定是不是指的确定的佛经——应该说是一些主题，佛教徒把它叫作法门，也是我们所说的一些类别、种类，更准确的是叫种类，其中包括《毗奈耶最胜〔法说〕》(*Vinaya-samukase/ Vinayasamutkarṣa*)、《圣种〔经〕》(*Aliya-vasāṇi/āryavāsā*)、《当来怖畏〔经〕》(*Anāgata-bhayāni/Anāgatabhaya*)、《牟尼偈》(*Muni-gāthā*)、《寂默行经》(*Moneya-sūtte/Mauneyasūtra*)、《优婆帝沙问〔经〕》(*Upatisa-pasine/Upatiṣyapraśna*)、《关于妄语而薄伽梵佛陀所说罗睺罗〔经〕》(*Lāghulovāde musāvādaṃ adhigicya bhagavatā buddhena bhāsite/Rāhulāvavāda*) 等七类主题。学者们一直以来想去找这些专门名词究竟指的是什么，其实我们不知道它们的内容，现在留下的只是标题。我们所有的猜测都是建立在标题上，觉得这个标题大概指向什么主题，我们再去寻找。因此，佛教研究者做了这样一个工作，即根据标题去找相关的经典。过去一直认为巴利语是最早的佛教文献集成，因此他们在巴利三藏里面去找，看能不能找到一些对应的标题。但很可惜，基本上找不着跟法敕标题对应的经典，所以有的人再往前走一步，认为法敕指的根本不是经典，而只是一些主题，无非是告诉我们当

时佛教徒认可的一些基本道理而已，并不能说明其他的东西。据此找对应的文本是徒劳的，甚至说在佛教文献的语境下，阿育王的法敕根本不能说明什么，这是极端派的观点。还有一些人则认为这些标题指的就是确切的经典，那就是一个固定的东西了，这也是比较极端的，原因很简单，我们现在根本找不着这样的经典。介于两者之间，比较中庸的一个态度，我们可以这样说，当时可能有了一些大家认可的比较重要的主题，甚至我们也可以叫作经典，但是它们当时流传的传本很可能和我们现在看到的巴利三藏不一样，所以找不到二者的对应，是这样一种情况。而且我们从中也无法判断当时是否有了书写的经典。为什么呢？前面说过，印度历史上能找着最早的书写的东西，无论是在石头上还是其他材质上，就是阿育王的法敕，没有比它更早的了。这之前的情况对我们而言基本上是一片空白，所以说只能是这样的一个论证：我们可以说当时佛教徒可能已经有了一些初步的整理佛经的思想。

从整理佛经的角度观察阿育王的上述法敕，其意义立即得到凸显，为什么这么说呢？因为按照早期佛教的说法，释迦牟尼是四处游行，随方传教，也就是走到哪说到哪，弟子们跟随

他，可能今天发生了什么事情，释迦牟尼就教导指示，就事论事，然后弟子们就听从随行。但是在佛陀圆寂之后，哪些是他说的话，你总得有个记录吧，而且他说的话记下来以后，还需要一定的组织编排，否则如何教导后人学习呢？这种组织工作可能显示了僧人对释迦牟尼所说的话有了一个初步的分类的想法，这也非常重要。对释迦牟尼的话进行集成，然后进行分类的做法，最早是什么时候产生的呢？按照佛教的说法，佛圆寂后一年，僧团就开会了，说我们的教主已经去世了，那我们怎么办呢？他这一辈子游方传教，说了那么多话，我们要把他的话记下来。这个记下来不一定是书写，可能说的是我们要把他的话整理下，看看他的话有哪些内容，否则的话再过一段时间，这些跟随他的弟子都去世之后就没人再说得清楚了。所以他们就开了个会，这是我们通俗的说法，佛教历史上把它称之为第一次结集。所谓的结集就是大众在一起开会，开会的时候把佛所说的话进行分类，由不同的弟子回忆讽诵出这些话。这里面最重要的人物是阿难，他跟随佛陀那么多年，他把佛所说的经典记录了下来，这就是佛经，这就是第一次结集的记载。到了阿育王的时候，按照南传佛教的说法，在阿育王的主持下，僧团也做了类似的工作，就是开会，开会的目的呢，跟第一次有点出入了。第一次结集是大家为了保存、记录、整理佛陀的言教，以防散佚。在阿育王的时候，因为他是佛教徒，在他的帮助下，佛教发展非常迅猛，僧团急剧扩张，寺院也特别有钱。寺院有钱以后，很多人都想当佛教徒，很多人都想出家，这其中的一部分人不一定是为了追求佛教的道理，而想的是有吃的、喝的，有人管着自己多好啊！因此有很多人混进僧团，混进去之后又不好好学习，而是以自己的理解曲解佛陀言教，认为我觉得我理解的就是释迦牟尼所说的，我认为我说的就是对的，你们说的都不对，这样大家就产生了诤论。为了解决这个诤论，阿育王主持召开了一次会议，这就是佛教史上的第三次结集。开会以后，以帝须长老为首的僧团确定了一些重要的诤论的主题，也就是长老们以权威的方式，对哪些对、哪些不对做了一个决定，决定以后做了一个很重要的事情，就是派出僧人四方传教，前往各地的僧人都宣说了特定的佛教经典，这跟我们讨论的法敕就不一样了。刚才我们说法敕中指示的法门我们只有标题，而且根据这些标题我们找不着对应的经典，但是现在我说的四方传教的这些经典名录都能在巴利语经藏中找到，这至少暗示我们当时已经有了比较成熟的对佛教经典的分类，这是非常重要的一步。因为佛经三藏浩如烟海，你要去找一部佛典，必须得有一定的目录学知识，你要对它进行分类，有一个类别，才能按图索骥。

那么怎么样对佛教经典进行归类呢？从历史上来看，有很多不同角度来对佛教经典进行归类。我们按照从少到多的归类来做一个简单的介绍。佛教内部对经典的分类有如下几种：一味、法律、三藏、五部（长部、中部、相应部、增支部、小部）、九分教、十二分教、八万四千法蕴。九分教指的是修多罗（sutta）、祇夜（geyya）、授记（veyyākaraṇa）、伽陀（gāthā）、优陀那（缘起，udāna）、伊帝目多迦（本事，itivuttaka）、阇陀伽（本生，jātaka）、毗佛略（方广，vedalla）、阿浮陀达磨（未曾有法，abbhutadhamma），十二分教是在此基础上加上因缘、譬喻、论议（优波提舍）。

如果按照最简单的说法，佛法是一味的，什么意思呢？就是说佛法是一个味道，就像海水一样，纯是咸味。佛教里面经常这样比喻，因此佛经不用做专门的分类，从高屋建瓴的角度来讲，它就是一味的。所谓的一味，讲的就是解脱的道理，讲的就是苦集灭道四谛就行了，这是一种说法。

从僧团实践的角度来讲，佛教徒又对佛典进行分类，分为法、律，这个不是我们现在意义上的法律，大家一定注意，我们现在意义上的法律是一个复合词，大家所说的法律指的是社会的规范，或者国家的法治。佛教语境下的法律应该分开念，叫作法和律。法指的是释迦牟尼所说的这一套解脱的教法。律是对僧团的一些规定，用我们通俗的话说是规章制度，这叫作律。一个是释迦牟尼所讲的求取解脱的一些基本道理，另一个是你要解脱的话，你还在这世界上活着的时候，你要追随佛陀，要进入求取解脱的团体，这就要遵守团体生活，大家要有一个共同的规范，这些规范涉及吃喝拉撒睡等日常生活的方方面面，这些具体的规定性的东西叫作律。佛教里经常读到的词"法律"往往指的就是释迦牟尼所说的整套教法，这是二分法。

192

还有一种可能是我们大家最熟悉不过的，即三藏的分类方法。最近在放一部电影，叫《大唐玄奘》，讲的是唐玄奘法师西行印度求法的故事，玄奘法师还有一个名字叫三藏法师。为什么叫三藏法师呢？说的是玄奘精通三藏，这就跟佛教典籍的分类有关。三藏是在我们前面讲的法——经、律的上面又划了一类出来，叫作"论"，成为经、律、论三藏。为什么划出一个论呢？当然从佛教发展的角度来讲非常复杂。简单地说，论就是论议，是对经进行的阐释、发挥。这个阐释、发挥，从最窄的角度来讲，就是释迦牟尼说了一些经典后，众弟子觉得讲说得太简略了，意犹未尽，希望释迦牟尼能把话多说一点，再讲清楚一点，于是释迦牟尼通过与弟子对话问答的方式，把这个主题讲得再清楚一点。这种对话、讨论的方式，通俗地讲就是用讨论班的形式讨论佛法，因此对其单独归类，称为论议，简称论。既然是问答，这个论议可以敷演很多，可以讲很多，无论怎么讲，都属于释迦牟尼所说的话，所以说，经、律、论都属于释迦牟尼所说的话。当然，这是对论最窄范围的界定。如果按照我们现在通常的说法，论的范围其实就更大了，不光包括释迦牟尼亲口所说的，还包括他的弟子们，以及后世的印度僧人们对他的话的再度诠释和敷演，比如像《中论》《百论》这样的论典。在中文语境下，论后来还加进去了中国的高僧大德自己撰述的论典，甚至包括日本的、韩国的——过去叫作新罗——僧人们的著作。这些僧人的著作合在一起，共同构成了佛教的典籍，称之为三藏。这是从三分法的角度来分类佛教。

单纯从三藏中的经藏而言，也有从五分法的角度来对它进行进一步分类的，尤其是早期佛典往往采用这种方法。这个在哪还能看到呢？在南传佛教中还能看到，就是巴利语佛典对经藏进行的长部、中部、相应部、增支部、小部的分类。怎么分的？它有它的一些根据，这里不讲。这是对经的分类，经分五部，佛教里面经常有这样的说法。这里所说的"部"在中文语境中就是"阿含"，汉译佛典中一般称之为《长阿含》《中阿含》《杂阿含》《增一阿含》，合起来称是《四阿含》，那么当然还有《杂藏》。这个讨论很多，不管它。这是五部的分类方法。

还有从九分的角度，以及十二分的角度来区分佛经。具体的名目前面已经提到，这主要是从释迦牟尼说法的机缘、体裁等角度的分类，一会儿我们再稍稍讲一下。

佛经分类最多的时候讲的是什么呢？叫作八万四千法蕴，法蕴指的是法的集合。八万四千比起我们所说的一味中的一不知道多到哪去了，为什么有这样的说法呢？简单地说，因为在印度人的观念中，八万四千是非常大的一个数字，有点像中国古代的九，和中国古代用九来代表最多的说法雷同。细究起来，释迦牟尼为什么讲了八万四千种法呢？佛教徒对此也有一套说法，他们说因为人有各种各样的烦恼，多达八万四千种——当然这个是个概数，说明很多，而释迦牟尼的说法是为了把我们的烦恼消除，人不管有多少烦恼，每一种烦恼释迦牟尼都可以提出解决方案，因此他也讲了八万四千种法，所以，佛教有八万四千法蕴的说法。从一味到八万四千，我们可以看出佛教对自己的经典的分类不仅成系统，而且也是从各个角度来加以说明。

我们来稍稍回顾一下九分教和十二分教。这里面主要要记住一个，巴利语写作 vedalla，梵语一般写作 vaipulya 或 vaida-lya，按照中文的音译，叫作毗佛略，更简单的翻译，叫作方广或者方等。方广单从中文来看，也差不多能看出来，指的是非常的广大、非常的多，简单地说就是这个意思，非常多。那么为什么要讲这个呢？我们一般认为从这一分类中后来逐渐发展出了大乘经典，因为大乘佛教徒后来把自己的经典称作《方广经》。《方广经》从字面意思讲，指的是这部经内容非常多，卷数特别多，这是一个方面；从思想来说，《方广经》的内涵非常广大、非常深邃，不是一般人能了解的。为什么这样说？按照大乘佛教的说法，这是相对于小乘佛教来说的，小乘佛教讲的只是声闻弟子们所理解的，《方广经》讲的远远超出了声闻弟子们的思维范围，所以叫方广，所以有这样的一个说法。那么讲这个有什么作用呢？可以说基于这种分类的思想，开出了大乘佛教，而大乘佛教特别强调经典的书写，这个非常关键。刚才说了，佛经从口传到书写的发展，一方面是自然而然的趋势，是为了保存三藏经典，比如刚刚讲过的南传佛教的说法，因为僧人数量的减少，社会条件的变化，为了保存经典，僧人必须得把这些经典以书写的方式记下来，以便于流传，这是一方面。另一方面，随着大乘佛教的兴起，它特别强调书写，特别强调以书写的方式散布经典，这对佛教文本化的形成起了非常重要的推进作用。那我们举一个在中文语境下非常熟知的例子——《金刚经》，我们知道《金刚经》是中国思想史上影响非常大的一部经典，《金刚经》中有这样的话，鸠摩罗什译本中说：

> 须菩提！若有善男子、善女人，初日分以恒河沙等身布施，中日分复以恒河沙等身布施，后日分亦以恒河沙等身布施，如是无量百千万亿劫以身布施；若复有人，闻此经典，信心不逆，其福胜彼，何况书写、受持、读诵、为人解说。
>
> 须菩提！以要言之，是经有不可思议、不可称量、无边功德。如来为发大乘者说，为发最上乘者说。若有人能受持读诵，广为人说，如来悉知是人，悉见是人，皆得成就不可量、不可称、无有边、不可思议功德，如是人等，则为荷担如来阿耨多罗三藐三菩提。何以故？须菩提！若乐小法者，着我见、人见、众生见、寿者见，则于此经，不能听受读诵、为人解说。
>
> 须菩提！在在处处，若有此经，一切世间天、人、阿修罗，所应供养；当知此处，则为是塔，皆应恭敬，作礼围绕，以诸华香而散其处。

经文中做了一个比较，假如你做了特别多的布施，有很大的福德，但如果跟你听闻经典相比，那差到不止十万八千里了，进一步，有个很关键的话是说"何况书写、受持、读诵、为人解说"，这已经明确说明经典一定要书写，写下来的功德非常大。然后还有最后一句话，如果你写了这个经，"在在处处，若有此经，一切世间天、人、阿修罗，所应供养；当知此处，则为是塔。"意思是你只要写了一部经，不管你把它搁在哪里，它就相当于一座佛塔，一切天人都会对其供养。这就把经典书写提到了一个非常高的高度。从这个角度而言，随着大乘的兴起和其对书写的特别强调，佛教典籍的书写达到了一个非常广泛的程度，恐怕也正是因为这个原因，现在我们才有幸发现大量新的佛教原典，我们一会儿讲近现代佛教新的发现就会得出这样一个结论。

以上是我想讲的第一点，即佛教经典从口传到文本的逐渐定型、分类、编排，以及从口传到书写这样的一个过渡。这让我们大概知道了佛教经典的形成过程。

二、现代意义上的佛教研究——以文本为中心

之所以谈到现代意义上的佛教研究，主要的考量是两个参照系，一是西方现代学术背景意义上的佛教学研究，二是标题破折号所昭示的，以文本为中心的考量，也就是从文献的角度来讨论。此处我不讲佛教思想的发展，而仅仅从文本来讨论。如果我们把文本的外延缩得再小一点，这里讲的是佛教的原典语言。所谓的原典语言，指的就是理论上讲最接近释迦牟尼所说的话，或者说是从佛教的发源地来的佛教经论。宽泛地说，可以是巴利语佛典和梵语佛典。

巴利语佛典我们可能相对来说比较陌生一点，梵语的话，按照我们一般的说法就是指来源于印度、记载佛教经论的语言。印度人来中国传教，讲经说法就是用的梵语，这大面上没有错。但如果我们再想想我们前面所说的那些话，把它往细了说，还是有一点点不是那么准确。因为随着早期佛教文献的发现，我们观察到它们不是以标准的梵文写就，换句话说，它们的书写并非规规整整，而有很多俗语杂在里面。俗语就是当地人的土话，就像我们说中国人写文章，如果他不是一个秀才，只是一般的人，他肯定写不出四六骈文，当中会有很多错别字，很多口语的成分。早期佛教文献也有类似的情况，有很多俗语的成分在里面。随着佛教研究的深入，有些人发现了这种情况，最后就对这些文献做了标记，安了一个定义。叫梵语文献显然是不合适的，因为它既不是标准的梵文也不是完全的俗语，它有梵语的成分，但是也有俗语的成分，介于两者之间。于是研究者为这种语言取了一个名字，叫作佛教混合梵语，这是现代人的命名，古代没有这样的语言，只是我们现在为了方便理解，权且如此称呼而已。还有，近现代以来，我们又发现了一些无法用佛教混合梵语称呼的佛教文献，怎么办呢？最后以它们发

现的地点犍陀罗（这是古代地名，大致相当于现在的阿富汗和巴基斯坦一带），给它们安一个名字，叫作犍陀罗语佛典。其中有一部分比较接近古典梵文的佛典被叫作梵语佛典。这听起来也比较混乱。最后大家想了个办法，再把这些佛典归拢到一起，安一个类名，叫梵语肯定不合适，叫混合梵语或犍陀罗语也不合适，因为不适合这个标准，所以以时间来做一个区分，这些佛典大概的时间相当于是印度的中古时期，所以说有一个不那么精确的，大致的一个说法叫作中期印度语佛典。大家可以看出来，上述分类，有的是以语言分类，有的是以地点分类，还有的是以时间分类。

综上所述，我们一般把佛教的原典语言归为两类，一类是巴利语佛典，一类是中期印度语佛典，这两类大致上概括了佛教的原典。所谓的佛教原典，通俗地讲，是从印度来的典籍。印度不是现在政治概念上的印度，我说的是文化地理概念上的印度，它包括巴基斯坦，更远包括现在阿富汗的一部分。都属于印度文化圈的一部分。

既然现代意义上的佛教研究以文本为中心，显然就跟文本的发现有很大的关系。诚如陈寅恪先生所言，一时代的新学术要有新材料的发现，新材料的发现对学术研究是非常重要的推进剂一样，佛教研究也不例外。西方人最早发现佛教时是根据巴利语开始的，因为西方，尤其是英国，对亚洲的殖民，从17、18世纪就逐步展开了。英国对印度殖民近两百年，他们最早发现的是巴利语佛典，从而他们一度认为佛教，他们心目中的佛教就是巴利语代表的佛教传统。但是，到19世纪时，情况发生了很大的改观。主要表现在早期佛教写本，即中期印度语或者梵语写本的发现。这些写本主要发现在哪些地方呢？印度发现的非常少。由于印度气候比较炎热比较湿润，不容易保存，而且在印度佛教大概在12、13世纪已经灭亡，现在的印度佛教是重新从斯里兰卡又传进去的，所以说佛教在印度很早就灭亡了，经典的书写传抄肯定也就没有了。除了印度，在尼泊尔有大量的佛教写本发现。此外，中国的新疆地区，说的更大一点就是西域，以及西北印度犍陀罗，乃至中国的西藏地区都有大量的佛教写本发现。下面我想以早期佛教写本的发现为脉络，简要介绍佛教文本的研究情况。我们可以分为尼泊尔、西域、西北印度、中国西藏地区来考察。

先来看尼泊尔。尼泊尔为什么会有佛教写本？因为尼泊尔人，不能说全体，但至少现在还有一部分人在信仰佛教，所以还有各种各样的仪式、各种各样的日常生活。这是个很关键的因素，因为信仰的需要，他们对经典有需求，所以有佛教典籍的存留。当时英国人统治印度，有一个英国人叫霍奇森（Hodgson），后来他到了尼泊尔，担任英国驻尼泊尔公使。他这个人比较好学，是属于学者型的官员，他后来逐渐对写本发生了兴趣，发现很多尼泊尔人念诵这些佛教经典，而且做各种仪式，他觉得很好奇。他打算把这些东西搜集起来，做一些相关的研究。从 1824 年开始，他就有计划地搜集尼泊尔保存的佛教典籍，前前后后搜集四百多部，量是很大的。这人心胸也比较宽阔，他搜集起来不是自己把着自己看，自己也看不过来，他给他知道的人，只要你有兴趣的他就给你看。所以他把一批批东西寄到了英国、寄到了法国、寄到了德国，各个地方，让他们去看看里面究竟讲了什么东西，以便更好地去了解当地人。其中寄到法国的一部分，催生了法国一个非常重要的印度学家，这是一个人。第二个人是本达（Bendall），也是英国人，他在1880 年的时候，也在尼泊尔搜集各种各样的佛教典籍，他搜集的这些东西现在很多保存在英国，他还专门编过目录。然后，还有一个日本人——当然前前后后有好几个日本人——只是他作为一个比较重要的人物出现，叫作河口慧海，他是个僧人，他也对这个特别有兴趣，也去过尼泊尔，搜集了一些东西，他搜集的东西现在大量保存在日本东京大学的图书馆里面。这就是早期佛教的写本在尼泊尔发现的基本情况。

霍奇森把一部分东西寄到了法国的亚洲研究协会，这个时候在法国刚好有一个研究东方学的大家，叫作布诺夫（Burnouf），这些东西到了布诺夫的手里面，他就开始想知道这些东西都写了什么，究竟传达了一些什么讯息，这就促进了他研究方向的转向。随着新资料到了他的手里面，他就借助于这批新资料着手研究，这批新资料中非常重要的一部典籍就是《法华经》，《法华经》对中国人、日本人来说非常重要。中国的天台宗以《法华经》为根本典籍，日本也有非常浓厚的法华信仰。布诺夫发现了《法华经》的写本，然后他还做了一个法文的翻译，这是他的工作之一。此外，他借助于这批佛典，做了一个非常突出的工作，是什么呢？他借助这些佛典，从文献学的角度写了一本书，叫作《印度佛教历史导言》，这可能是西方历史上第一次从文献学的角度对佛教及典籍的梳理，第一次从文献的角度向西方人介绍东方的这样一种宗教。这本书出现以后，布诺夫靠这本书成为当之无愧的重要的东方学家，更窄地叫佛教学家。他这本书的重要性体现在哪呢？举一个简单的事实就行，这本书最早是用法文写的，出版年代是1844年，离我们现在都有一百多年了，是很老的一本书了。到2010年的时候，美国芝加哥大学教授把它翻译成了英文，为什么把它翻译成英文呢？他觉得这是一部经典。那我们可以想象，过了一百多年，再把它翻译回来，这确实是真正意义上的经典。这是这个英文本的封面（图2），原文是法文，过了一百多年还是一个经典型的著作。那么这个著作是怎么产生的呢？是基于对佛教文献的理解和研究，得出的一个结论。

这是尼泊尔的这批写本。尼泊尔的这批写本，严格来说有很多，量非常大，尼泊尔独立以后，到1970年的时候，尼泊尔政府和德国政府达成了一个协议，叫作《尼泊尔——德国写本保护计划》，就是德国花了很多的钱和精力，组织了一批科研学者，把尼泊尔的写本都搜集起来，做成PDF，就是对这些经典进行高精度的扫描，因为这些东西经过了很多年，变得很脆，很容易就会损坏。从古籍保护的角度讲，对它们做了这样一个工程，这个工程持续了30多年。大家可以想象，一个人一生的精力耗在了这里，从1970年到2002年，工程算是告一段落，严格说还有很多写本没有收纳，但是扫尾了，主要的原因是没有了后续的资金，工程到此截止了。在这之后，他们又新起了一个计划，叫《尼泊尔——德国写本编目计划》，这个工作量也非

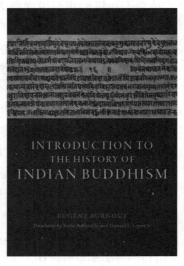

图2　布诺夫《印度佛教历史导言》英译本封面

常大，前面的项目只是你们拿东西过来，然后开始扫描，开始做一些工作，接下来的这一步，是要对这些东西进行编目，这是古籍保护中的第二个步骤，也是很重要的一个步骤。这个项目从 2002 年开始，到现在还在持续进行，这也需要很多人共同参与。你要发现这部经典的标题是什么，内容是什么，作者是谁，有些是孤本，也是非常困难的。这是尼泊尔这批写本的大致情况。

我们再把目光投到西域。西域从比较窄的范围来说，包括从甘肃的敦煌出关后，玉门关以西，帕米尔高原以东的地区，广义的当然就更远了。以这个作为大致的范围来讲，西域的主体地区主要在我们国家境内，在我国新疆地区和敦煌地区。1900 年敦煌藏经洞的开启导致了大量佛教写本包括汉文、藏文还有其他民族的文字的大发现。我们主要看新疆地区，新疆是丝绸之路的主要经过地区，丝绸之路现在提得也比较火，丝绸之路佛教写本的发现，或者说新疆佛教写本的发现在早期也跟西方人的活动密不可分。他们的活动说得好听点叫探险，说得不好听叫掠宝、挖宝。主要的地点是两个，一个是龟兹，一个是于阗，刚好是一北一南，是古代佛教的两个重镇。这两个地点在哪儿呢？如果我们看地图，我们知道新疆的中间部分是塔克拉玛干沙漠，我们说丝绸之路是南、北两道，那么北道的话，古代人从北边走，要路过一个非常重要的佛教王国，叫作龟兹，现在的库车，这是非常重要的一个点，国外的人从 20 世纪初期在那盗卖了很多重要的佛教典籍。南边我们叫丝绸之路的南道，南边有个重要的地方，古代叫作于阗，我们现在叫和田，和田是个县，也是一个地区的称呼。为什么要讲这两个地区？第一个是此处佛教文献发现比较集中，第二个是通过发现的文献，我们能推出来佛教在当地的兴盛。从发现的文献而言，我们可以观察出南北的佛教面貌是不一样的。从现在发现的文献来看，北方大部分是属于部派佛教，或者用通俗的话说就是小乘佛教兴盛，大乘反而比较少，说明这是当时小乘的活动范围，或者他们的据点。更准确地说，是说一切有部。这是佛教内部的划分。南边的情况刚好相反，是大乘佛教流行的区域，这个在历史上就有记载，于阗是一个大乘佛教的国家。而现在发现的佛教的写本也是大乘的。所以说写本的发现和历史相互印证，说明古代这就是大乘佛教非常发达的地区。所以，一南一北，一个是大乘，一个是小乘，交相辉映，共同构成佛教丰富多彩的画卷。

关于新疆发现的佛教文献在国外的搜集情况，按照最主要的三个国家来介绍，因为这三个国家是通俗意义上西域非汉语文书保存最多的国家。即英国、法国、德国。关于英国提两位重要人物。一个是霍恩雷（Hoernle），霍恩雷有一大批的搜集品，后来他还专门出过一本书，专门对写本进行研究，我们这不用细讲。还有一个人，如果我们了解点西域情况的话，可能都耳熟能详，他叫斯坦因（Stein），匈牙利人，后来加入英国籍。他前后三次去新疆地区考察，写了重要的三本书，当然还有其他的书。1900—1901 年，他在和田地区大规模考察，写了《古代和田》这本书。1906—1908 年他再次在新疆考古，写了《西域考古记》，也是在这一期间，他到了敦煌，从王道士手里买了很多重要的佛教典籍，当然还有其他的典籍，运回英国。1913—1915 年他第三次考察，写了《亚洲腹地考古记》。斯坦因搜集的东西主要保存在英国，研究者对其中的主体部分都做了研究，我指的是佛教典籍，尤其是原典，或者更窄的说是梵文的典籍，但是还有很多碎片没有整理，这个工作还在进行之中。为什么这么慢？有的人会有疑问，过了一百多年了，怎么还没有整理出来？这个工作非常的困难、非常的艰辛。那么法国人，最主要的当然是伯希和（Pelliot）了，伯希和在 1906—1908 年组织中亚考察队，在新疆这一带活动，也挖走了很多重要的佛教典籍。有一个法国人叫布腊夫（Brough）。当时在新疆的龟兹，现在库车这一带，有一个很重要的发现，就是写在桦树皮上的一个典籍，后来这个东西到了法国，布腊夫做了研究，发现它是犍陀罗语的《法句经》，抄写的时间大致在公元初期，即公元 1 世纪左右。公元初期相当于东汉，那是非常非常早的，这不仅是在新疆地区目前为止发现的最早的佛教典籍，在过去很长一段时间内也被认为是我们所知的最早的佛教文献。现在这个已经被推翻了，为什么呢？我们发现了比它还早的。德国主要是两个人——格伦威德尔（Grünwedel）和勒考克（Le-Coq），这两个人的活动主要在丝绸之路的北道，龟兹这一带，一直到吐鲁番这一带。从 1902 年到 1914 年前前后后组织了四次科考。所搜集的梵文佛教典籍，还有其他语种的佛教典籍都收藏在德国。当然还有日本等国家的人员也到新疆搜集佛教典籍，但最主要的是这三个国家。新疆最近几年也不断地有新的佛教写本的发现，包括国家图书馆也有收藏，北大的赛克勒博物馆也有收藏。

犍陀罗语的《法句经》，既是根据写本的语言特征而做的命名，也是根据类似经典的发现地而做的命名。既然讲到犍陀罗，如果我们现在去看的话，是找不着这样的地名的，因为这是古代的地理概念，在玄奘的《大唐西域记》里有很详细的记载。我们现在的研究一般认为犍陀罗有着很窄的范围称呼和一个相对来说宽泛的称呼。很窄的称呼大概是相当于现在巴基斯坦西部这一带，与阿富汗接壤的这一带，喀布尔河南岸。很窄的范围之内，就在白沙瓦河和杰赫勒姆河之间。古代在那个地方有一个国家叫作犍陀罗国，那么我们以这个国家作为在这发现的文献的命名。宽泛的意义上，如果把视野再放大一点，犍陀罗文化圈应该是比较大的，可以一直到巴基斯坦东边一带，甚至包括印度旁遮普省的一部分，最北边到达吉尔吉特，这一地区发现了很多佛教的重要文献，然后最西边到达巴米扬，巴米扬因为 2001 年塔利班炸毁大佛的行为而闻名世界。当然里面还有一些小地点，巴米扬过来以后是喀布尔，现在是阿富汗的首都，然后就是贾拉拉巴德，这些地区现在伊斯兰化了，但古代是重要的佛教兴盛地，所以有很多佛典的发现。

我们再把目光投向西北印度，现在的地缘政治上讲国家的话是阿富汗、巴基斯坦这一带。这一带也有非常丰富的佛教写本发现，从近代一直到现代。近代主要是 20 世纪 30 年代有非常重要的发现。1931 年，当地的牧童——放牛放羊的小孩在一个因长期侵蚀而颓废的土包上挖掘玩耍的时候，突然发现土包里面有个洞，然后发现一个盒子，盒子里面装满了佛教典籍，这可以说是 20 世纪佛教文献最重要的发现之一。1938 年又进行了一次考察，当地人组织的科考。这批东西斯坦因去看过，他带走了很多东西，我们把它称之为吉尔吉特写本。写本的数量究竟有多少？现在我们也说不清楚。因为发掘地从一开始就遭到破坏，盗宝的、挖宝的络绎不绝。从文物科学发掘的角度而言，最重要的是保持文物的原貌，而因为科学家一开始没有在现场，现在我们无法知道写本最初的保存情况和数量。但毋庸置疑的是其中发现了非常重要的佛教写本。最重要的是发现了佛教的一个部派，说一切有部的比较完整的律藏文献，对我们了解佛教的僧团建设和生活非常重要，这个就是吉尔吉特的写本（图3）。

图3　吉尔吉特出土《根本说一切有部律藏》写本（Clarke：2014）

再有一个地方是巴米扬，巴米扬属于阿富汗，巴米扬大佛这一带佛教也非常兴盛。从玄奘的记述可以得知，7世纪的时候玄奘路过这里，惊异于当地佛教的发达，其中特别提到过两尊立佛像，最高的那尊到20世纪都一直存在，2001年塔利班把它给炸了。这一地区在1930年开始就零零星星地有佛典的发现。因此最北端的吉尔吉特和最西端的巴米扬这一带是佛教写本在西北印度最重要的两大发现地。

还有一个非常重要的地点就是中国的西藏地区。西藏地区因为佛教非常发达，所以保存了很多的佛教典籍。去西藏发现这些写本的代表人物主要是两个人。一个是印度人，一个是意大利人。印度人叫罗睺罗（Rāhula Sāṅkṛtyāyana），他从1934年到1938年，前后四次去了西藏，考察西藏的各个寺院，寺院里面的藏书，尤其是佛教的梵文典籍。后来还有一个人是意大利人，叫作图齐（Tucci），他在1926年到1949年间，前前后后去了西藏很多次，去搜集这些佛教典籍。这两个人通过拍照、抄写的方式将这些珍贵的佛教写本公之于世。自从他们两人做了此项工作后，后来中国由于各方面的原因，长期以来都没有做，这批东西也不为外界所知，直到十几年前才慢慢有了编目、整理的初步工作。但直到现在为止，这还是一个宝藏，我们还不知道里面究竟有什么特别重要的东西，所以说这个也是非常重要，值得保护、整理、研究，这对世界、对人类文化遗产来说也是非常重要的一个宝库。

刚才介绍了四个地点，尼泊尔、西域、西北印度和中国西藏地区。这些地区写本的年代不太一样，相对来说尼泊尔的写本比较晚一些，大概大部分是 18 世纪的抄本，也不排除有些比较早的。最早的现在我们发现可能是 7 世纪左右，这是非常早的了。年代第二晚的，可以说是中国西藏地区的写本，大部分是 11—14 世纪，也有极少量在 8 世纪也有，大量的是 11—14 世纪。然后是西北印度的写本，大概在 6—8 世纪左右，相当于我们国家的唐代。然后是我国新疆的写本，新疆的写本大量的是 6 世纪左右的，最早的有一个，公元初 1 世纪左右。但大量在 6 世纪，不能再早了。所以说大量的佛教写本的年代大概是 6 世纪到 18 世纪这个区间的，这是我们现在能知道的早期佛教写本。

　　下面我想谈谈近年佛教写本研究的新进展。可以毫不夸张地说，近几十年早期佛教写本（最早的写本已经可以推到公元前了）的新发现大大拓展了我们对佛教文献的认识。我们来看看近年佛教写本研究的新进展，其实伴随着近年佛教研究的新进展，不得不提佛教考古研究也有了长足的发展。为什么？印度跟中国一样是发展中国家，虽然印度佛教考古很早就有了，英国在帮他们做，但是由于经济等其他各方面的原因，很多佛教的遗迹没有被发现，也没有得到科学的发掘。而近十几年来，印度政府在这方面做了很多工作，发现了很多新的佛教遗迹。在周边的其他地方，像阿富汗也有很多新的佛教遗迹的发现，如近些年最有名的，中国冶金科工集团公司在位于喀布尔东南约 40 公里的梅斯·艾纳克地区开发铜矿，就在铜矿的边上发现了大型的佛教遗址，这属于考古发现。

　　写本研究的新进展，简单地说就是我们又发现了大量的新的佛教写本，极大地推进了我们对佛教文献的认识。这批东西因为出自文物贩子的手中，所以我们不知道其来源，但大家推测最主要的出土地应该就是犍陀罗这一带，也就是阿富汗和巴基斯坦交界的这一带。这里面最重要的三个发现是犍陀罗语佛教写本、巴米扬佛教写本和早期阿含经写本，我们分别做一个简单的介绍。

　　首先是犍陀罗语的佛教写本，它是用佉卢文写在桦树皮上的，发现地很可能是阿富汗喀布尔东边哈达这一带，这一带在过去是佛教非常兴盛的地方。这部分写本可以分为两个藏品介绍，一个藏品是在1995年的时候，英国图书馆得到一个匿名的捐赠者捐赠的罐子，罐子里面装了很多佛教的典籍，历经千年，保存状况已经很糟糕了，很难展开。英国图书馆收藏以后，请专家把里面的佛教文献提取出来，通过科学手段展开。并且跟美国华盛顿大学合作，开展了一项叫作"早期佛教文献工程"的项目，对这批佛教文献进行研究。这批写本经过字体学和碳十四的鉴定，可以把它推到公元初期，那是相当早了。同时，在1998年的时候，有一个叫西尼尔（Senior）的人从英国的古物拍卖市场上买了一个罐子，罐子里同样装着佛教典籍，经过碳十四的鉴定，保守地说是公元140年左右的东西，这也是非常早的了。这两批写本统称为犍陀罗语佛教写本。图4展示的是最初发现时从罐子里取出来的写本的情况，保存状况非常糟糕，且不易展开。它的材质是桦树皮，桦树皮写了以后，卷在一起，就跟我们中国古代的卷轴一样，卷在一起放到罐子里面。经过几千年，它基本已经炭化，要再把它展开是非常非常困难的。但是好在现在科技也比较发达，最后展开来就是图5所示的样子，边上的数字代表写的行数，这个是用佉卢文写的。它是从右到左写的。千年以前的佛教文献以这样的方式呈现在我们眼前，其中很多典籍没有相关的藏文和汉文翻译，也就是说很多写本是孤本。我们可以想象一下，佛教在历史上肯定有大量的类似情况，就跟中国的古籍一样，很多都散佚了，我们现在能留在手里面的只是很少的一部分。这是对犍陀罗语佛教写本的简单介绍。

图4　佉卢文桦树皮写本原貌（Salomon：2000）

图 5　展开修复后的佉卢文桦树皮写本（Allon：2001）

　　我们再来看巴米扬佛教写本的发现。巴米扬的佛教写本跟阿富汗的局势有关。随着阿富汗的塔利班上台，发生战争，国家也动荡，有一批写本被卖到西方的文物拍卖市场。现在有证据表明，有些可能是当地的盗宝人挖出来的，有些也不排除是博物馆的，像喀布尔博物馆，因为打仗的时候，博物馆也没人管，可能文物贩子偷了写本卖到国外。然后世界上的一些收藏家又去买，这样这批东西就分散到了各个地方。像挪威的大富翁斯奎因（Schøyen），他买了一批，以他的名字命名为斯奎因藏品。日本著名画家平山郁夫也买了一批，称之为平山郁夫藏品，还有一个日本人也买了一批。欧洲有一个不愿透露姓名的人也买了。这批写本年代大概在 2—8 世纪，量也是非常的多，这是 1996 年的时候才发现的。因为这些写本是被文物贩子卖的，我们根本不知道它们的原藏地，但是佛教学者通过写本的形制、字体等相关信息，认为写本很可能是从巴米扬附近来的。图 6 展示的是巴米扬大佛附近的山洞，佛教学者认为这批文献很可能出自其中的某个山洞。

典籍与文化 11

图 6　疑似写本出土地的巴米扬洞窟（Braarvig：2010）

第三个就是早期阿含经写本的发现。早期佛教的文献一般称之为四阿含，这就是其中的一部。我们猜测这个写本应该是一个完整的阿含部类的写本，为什么呢？从它边上的页码来看，我们现在可以追溯到 454 叶，大家可以想象那是非常大的部头。这个写本最早是在 1998 年发现的，发现以后，文物贩子把它分成好几个部分，分别出售，其中一部分卖给了一个住在弗吉尼亚的人，他收了大部分，大概有 200 多叶，日本平山郁夫收了一部分，还有一些我们现在不知道是否已经出售，或者说卖给了谁。佛教研究学者通过跟这些收藏者的接触，有些人愿意把这些东西拿出来给佛教研究学者用，这样的话，我们才能知道有这样的写本存在，这是对早期阿含写本的简单介绍。

从以上的叙事大家可以看到，从 90 年代末开始，近 20 年有很多新的写本发现，而且这些写本的年代也非常早，这极大地推进了我们对佛教文献，以及对早期佛教的认识。

三、早期佛教写本文献研究之意义

上面以文本为中心，简要介绍了早期佛教文本的发现情况。那么这些佛教文献对科学研究究竟意味着什么呢？可以从文献的形制、书写，以及文献承载的信息等几个方面略做说明。

从佛教研究的角度而言，当一部写本到达佛教学者的手中后，我们首先需要对文本进行初步修复、整理等。这方面我想从书写的材质、书写的工具、书写的字体以及我们怎么样对它进行文本整理四个角度做一个简单的介绍。佛教写本早期的书写材质主要是三种：贝叶、桦树皮和纸张。在古代，纸张是非常珍贵的，不是那么容易获取。在印度也是如此，纸张非常匮乏，中国新疆地区发现的佛教写本大部分是纸质的，这是因为随着中原造纸业的发达而传到新疆地区所致，尼泊尔写本也有纸质的，但这是后来的事情。首先我们来看看贝叶。印度棕榈树特别多，棕榈树的叶子非常大，印度人把它砍下来以后，通过一定的加工手段，打磨，裁成长条形的，在上面进行书写，通俗意义上叫贝叶，这可能是我们最熟悉的古代佛教典籍的记载方式。根据它的形制，贝叶有大有小，一般是长条形的。它是一叶一叶的双面书写，写完以后翻过来写第二面。为了使贝叶不至于散落，古代人想了个办法，在中间打个孔，穿个线，就像我们现在的装订线一样，把它给穿起来，这样就可以带着走，不至于散落。有时候上下再加一个盖板，这样对它进行一个保护，就像我们现在书的封面一样，这是一种形制。桦树皮有两种形制，一种也是从树上剥下来后，做成长条形，叫作梵箧，跟贝叶一样的。图7是桦树皮的写本，大家可以很清楚地看到桦树皮的纹路。还有一种形制，桦树皮裁剪下来后本来就是卷成一圈，是圆的，人们据此不再做进一步加工，不再把它裁成长条形的，直接在上面书写，然后卷起来，像中国古代的卷轴装。比较罕见的还有现代书籍装帧形制的桦树皮写卷，例如，西藏博物馆保存的一部佛教写本就是如此。佛教写本除了上述两种主要书写材质，还有纸张，长期以来都按照印度人写贝叶经的方式，裁成长条形书写，这也影响到中国新疆地区和西藏地区的古代书写方式。藏族的佛经，在寺院里面到现在为

208

止纸张都还是裁成长条形的，为什么呢？遵循贝叶经的传统。虽然是纸张，但是它也按照贝叶的形制来制作，中间也打孔，这种孔后来慢慢变成象征性的，纸张打孔的话边缘很容易会磨坏的，因为纸张比较柔软，贝叶比较硬。再后来这个孔更成为象征性的，也就是不打孔，但画一个圈，表示那有一个孔。这是书写的材质，主要是这三类材质。

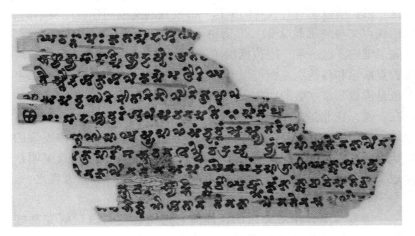

图7　犍陀罗地区出土的桦树皮写经（Schøyen 收集品）

　　关于书写的工具，巴利语的写本有别的书写工具，这里我们不讲，我们主要是讲梵文写本，它的书写工具主要是印度的芦苇管，把芦苇的一头削了，削成相当于像现在的钢笔的那种，削一个角出来，蘸墨水写，这是他们书写的工具。

　　书写的字体宽泛地说是婆罗谜和佉卢文两种字体。婆罗谜字体是我们现代人对它的命名，它是从左到右书写，跟中文的书写顺序一样，我们发现的佛教典籍书写所用的文字最多的是这种。这种字体最早发现在阿育王的摩崖石刻铭文上。这是最古的一种字体，但是这个字体也是逐渐演变的。用一个不标准的方法说，我们中国的汉字从最早的甲骨文开始，也经历了金文、小篆、大篆、隶书等的发展，直到现在的楷体。印度的婆罗谜字体也经过了一系列的演变。我们现在看见的阿育王的摩崖石刻是最古的形式，相当于甲骨文的形式。某种字体可能在一定时期相当流行，后来就不是特别流行，因此通过字体的演变我们能大致地判断出写本的年代，当然不可能非常精确。

还有一种是佉卢文字体，佉卢文也是现代人根据古代僧人的记载命名的。佉卢文的意思是驴唇，就是毛驴的嘴唇。因为古代传说是个仙人——驴唇仙人创作的。它的书写跟前面的不是特别一样，而且还有一个最大的差异，是它的书写从右到左，跟我们现在的阿拉伯文、波斯文比较相近。婆罗谜字体是从左到右，二者书写的顺序不一样。佉卢文一度流行最核心的地区就是犍陀罗这一带，所以说有时候我们把这一带发现的文献叫作犍陀罗语的、用佉卢文写的佛教文献。但历史上佉卢文的流传范围比较广泛，除了犍陀罗这一带，还包括犍陀罗的西北边的一部分，现在的塔吉克斯坦和乌兹别克斯坦以及阿富汗交界的地方，因为过去那里也是佛教非常兴盛的地方。佉卢文在我们国家也有发现，最多的在新疆，在北道的龟兹这一带有发现，然后南道到和田、尼雅，最远到了楼兰一带，都有佉卢文文献的发现。在中国境内发现的佉卢文文书，绝大多数都是世俗文献，不是佛教文献。这说明佉卢文在历史上一度地被周边地区的人作为交流的书面语言之一，不光是限于佛教，而是大家通用的文字。

　　佛教写本有相对完整的，你对它进行比定、进行研究都好说。麻烦的是这些已经是残片的东西，比如说一些残叶，它已经是前后都没有了的，你要做的第一个工作是把文字读出来，然后要知道它大概讲的是什么，然后通过相应的汉语佛典、藏语佛典，或者其他相关的文献对它进行补缀，看残片之间能不能拼在一起。所以首先要对文字进行识读，然后进行文字的补缀。图8就是一个不完全补缀的写本，目前发现了三叶残片，也知道它们相对的位置，有一片在下方，有一片在中间，其他地方丢掉了。最严重的情况就像图9一样。大家可以想象一下，跟我们做拼图差不多，这个你得首先知道上面是什么字，然后你再去把一个个的拼起来。斯坦因在20世纪初期发现的佛教写本，到现在还没有整理完，就是这种情况，因为后来的都特别碎了，有些可能就是根本无法去复原了。当然现在科技发达了，所以也有人呼吁各个国家应该通力协作，因为很多东西散在各个国家，不是一个国家收藏，如果大家能够读出来上面的文字，并通过互联网分享，那么电脑根据边缘或者内容，进行自动拼接，也不是不可能的事。这样的工作确实现在也在做，但是量也是非常的大。

图 8 　补缀后的写本（Schøyen 收集品）

图 9 　残损过甚的写本残片（Braarvig：2010）

　　造成上述写本残破的情况原因很多，一个原因是什么呢？可能写本出土的时候已经破损。贝叶也好、纸张也好，长期以来水分都会变干，非常脆，很容易就折断。还有一部分可能是文物贩子的有意为之，他为了卖好的价钱，有意地去把很多完整的弄断，然后这一部分卖给一个人，那一部分卖给另外一个人，造成这样很糟糕的后果。佛教研究者需要反其道而行之，需要把这些弄碎的东西再补在一起，寻找它中间透露的一些佛教文献的信息。

　　佛教写本的发现对我们意味着什么？有什么用呢？那么至少可以从五个角度讲这批东西对我们的重要性。

　　第一，自然不用说，肯定是佛教学方面的，跟佛教研究有关的。举一个简单的例子，佛教的传播最早是口传，口传过程中，慢慢有了对释迦牟尼说的话进行分门别类编排的需求。我们现在的证据表明，佛教后来有了自己的团体，团体内部有不同的小团体的时候，这些小团体为了标榜自己的正统性，他会有自己的一套对佛经的编排。换句话说就是每一个佛教部派，大的佛教部派它都有自己的对佛教的编排方式。而我们现在流传下来的无论是巴利语的三藏、还是汉传佛教的阿含经都只是其中的某一个或某几个部派的、支离破碎的东西。我们做研究必须比较，光靠一个是不行的，必须得综合比较。阿含经的发现给我们提供了早期佛教的样本，通过它作为重要参照系，参照相关的藏译、参照相关的汉译、参照相关的巴利语，那么我们能尽可能复原出佛教发展的基本脉络，这对佛教学来说是非常重要的方面，且不说其他文本的校勘，这些我们先不讲，就是从这个角度来讲，是非常重要的。其次，这些佛教写本中有很多孤本，就是我们历史上从来不知道的，没有汉译、没有藏译，没有其他语种的原典的突然出现，使我们对早期佛教文献有了更深刻的认识，至少补充了样本的资料。进一步说，还有更多的思想史上的意义，这里就不展开了。再次，从东汉以来我们就有了佛经的翻译，但是长期以来我们不知道这些佛经最早是怎么翻译来的，宽泛的说，是从梵文来的，但是后来发现有很多梵文的这些典籍跟它们对不上，很多地方有出入。有的

人就说了，这是古代的僧人乱翻，可能就是这个地方他不理解，就跟现在的不一样，他就翻错了，或者他自己增删了、添补了。我们对此虽然不认可，但无法提出有力的反驳。现在我们发现犍陀罗语的佛教文献可以跟初期汉译佛典对接上。比如说，我们说最早的大乘佛典的翻译在中国是由支娄迦谶完成的，支娄迦谶在东汉的时候翻译了《八千颂般若》，但他的翻译现在来读的话非常困难，读不懂，用后来的梵文本校勘也校不出来，因为很多地方说的不一样。很多地方音译词也不一样。所以说有的学者怀疑，当时就有学者怀疑，可能不是从梵文翻译的，可能是从西北印度的某个方言翻译的，但长期以来都是怀疑，因为没有别的东西来证明。现在我们有幸在犍陀罗语的佛教写本里面发现了《八千颂般若》的写本，跟支谶译本比较，能基本上认定支谶所用的本子，其底本就是犍陀罗语，而且汉译本和犍陀罗语的写本年代相对接近。通过文本比较，我们能发现早期汉译佛典的，翻译史方面很多重要的关键问题，这是非常重要的。这是佛教学方面的情况。

从历史学的角度来讲，有很多的写本有跋文，所谓的跋文，

就是写完以后，写本的末页会写下：这是谁，在什么时候，为了什么目的，所抄写的。很多跋文会有纪年，这个纪年对于我们来说非常关键。举一个例子就行，尼泊尔写本一般最后会写上哪一年，哪个国王当政的时候，我抄写了这部经典，我们把这些零零星星的资料串起来，然后再跟别的资料对比，能大致地梳理出尼泊尔历史上王统的更迭，这对了解尼泊尔的历史非常关键。有人就对尼泊尔写本进行了一个综合考查，利用写本题跋中的纪年，最后大部分复原了尼泊尔的历史、尼泊尔王族的历史，有人还基于梵文写本，专门写过尼泊尔的历史。

从社会学角度讲，佛教写本可以提供的一个最重要的信息就是当时老百姓的信仰。刚才说了，佛经的传播最早是口传，后来是通过书写，书写是有功德的，佛经中经常讲到抄经的功德，识字的人可以自己抄；不识字的人出钱让人家抄。所以中国敦煌有这种专门收钱、帮别人抄经的抄经僧，国外也有。我们在很多写本后面发现，它会把末叶空出来，这个经是为谁谁而抄的那个地方空出来，后面是套话，只要是谁给钱，我就把你的名字签在那，这个说明了当时老百姓的一种信仰。还有，从里面可以得出他们的一些愿望，老百姓的一些基本诉求。比如我写的这部经是为了我的父母早脱轮回，为了我的后代长寿，为了我家里的某个人，或者为了国王。所以说各个层次的能看出来，那么能发现他们民间的信仰。而且他们的名字有些不是印度人的名字，有些是伊朗人的名字，从他们名字的发音来看、从他们名字的写法来看，能看出他们的家族可能信的不是佛教，是不是有改信佛教的过程等各方面。这为我们了解古代人，尤其是普通老百姓的信仰，提供了鲜活的资料。其次就经典来说，它们为什么会留到现在也是值得我们思考的问题。因为我们知道，历史上大部分的写本都散佚了，佛教学者觉得可以从社会史的角度讲，这些东西很可能是装在佛塔里面，比如20世纪90年代发现的佛教写本，它们很可能是作为佛塔的装藏品而留存了下来，这种传统从印度开始就有，建一个佛塔，里面必须要装有一定的经典，象征着释迦牟尼的言教，这是一方面。这些写本还促使我们思考另一个问题，即古代人对经典的处理方式。这些经典写下来，不像我们现在的书，可以随意处置。中国古代的儒家也讲，叫作敬惜字纸，写的东西不能随便扔，要有个妥善的处理方式。经典的处理对宗教来说更重要。那么废旧经典怎么处理，是把它烧了，丢在水里面，还是埋了，我们长期以来并不知道。有些人觉得我们现在发现的很可能是废旧经典，当时不用了，怎么处理呢，把它埋起来，装在佛塔里面。这也是一种思路，促使我们了解当时人处理佛教典籍各个方面的一些情况，这个是从社会学的角度讲，佛教写本有这样非常重要的影响。

从语言学自不必说。很多写本不是标准的梵文，而含有俗语的成分，它的俗语成分能让我们知道元音或者辅音的转换、语言的变迁等，它们是语言学研究的基本素材。季羡林先生在德国哥廷根拿到的博士学位，他的博士论文做的是佛教文献，但是是从语言学方面讨论的，他用佛教的某个文献，叫《大事》，讲里面的动词的一些变化，对现在语言变迁的影响。他用的是佛教文献，但他做的是语言学研究，因此佛教写本对语言学方面的研究也非常重要。还有，在中文的语境下就更重要了，因为对中国人来说更重要的是对汉语接触史的研究。放宽整个视野来看，在历史上可能除了中国，没有第二个国家从那么早的时候，从汉代以来就开始有规模、有系统地翻译异域经典，一直持续到唐宋，晚至明清，历经千年，历史上找不到第二个这样的国家。那么在一千多年佛经翻译的历史中间，中文肯定会接触到很多佛教的词汇、佛教的语言，乃至佛教的思想。用一句话来说，佛教对中国的影响是方方面面的。我们很多的日常用语跟佛教有关，我们现在不自觉地认为是中国话的语汇，往回推的话，都能推到跟佛教有关，比如说我们讲阎王，是佛教来的。我们讲"刹那"这种词，一刹那，是佛教的词，而且是梵文来的。所以有人对此进行研究，从语言接触的角度讲，早期的这些佛教的写本留下了丰富的素材，我们可以用它跟早期的汉译佛典做比较，看看中国人的词汇、思维、语法、句法究竟在何种程度上受到梵文的影响或者印度语的影响。这也是新兴的学科，要做的工作也很多，也很难，需要有古汉语的知识，需要有佛教的知识，还需要梵文，或者说中期印度语的这些知识，但是研究中会生发出很多有用的信息，这个是从汉语接触史的角度讲。

最后做一个总结，还是回到前面说过的陈寅恪先生的那番话，即一时代学术的发展跟新材料的发现是密不可分的，因为做学问无非是两种方式，一个是从旧材料中间发现新问题，旧有的材料别人没有发现你发现了，这对研究者的素养要求非常高，你要比别人知道得更多。第二种就是新材料的发现，新的材料发现以后，我们会面对全新的材料，对全新材料进行解读，然后通过材料的解读能辐射出方方面面的影响，而不仅仅限于材料本身。真正意义上的本位研究，即对佛教写本本身的研究，如果按照西方的研究思路来说，我们知道有一种叫作古文书学的学科，中国实际上也有。佛教写本实际上也有这样的研究进路，它从书写材质、书写工具、文字演变等方面对写本进行专门研究，形成字体学或者文学的研究领域。所以佛教写本研究对我们来说非常重要，其辐射的研究领域也很广泛。

主要参考文献

Allon，Mark with Glass，Andrew. 2001. *Three Gāndhārī Ekottarīkāgama-Type Sūtras：British Library Kharosthi Fragments* 12 *and* 14，Seattle：University of Washington Press.

典籍与文化 11

Braarvig，Jens. 2000. *Manuscripts in the Schøyen Collection I：Buddhist Manuscripts Volume One*，Oslo：Hermes Publishing.

Braarvig，Jens. 2002. *Manuscripts in the Schøyen Collection：Buddhist Manuscripts Volume Two*，Oslo：Hermes Publishing.

Braarvig，Jens. 2006. *Manuscripts in the Schøyen Collection*，Oslo：Hermes Publishing.

Braarvig，Jens and Liland，Fredrik. 2010. *Traces of Gandhāran Buddhism：An Exhibition of Ancient Buddhist Manuscripts in the Schøyen Collection*，Oslo：Hermes Publishing；Bangkok：Amarin Print and Publishing Public Company.

Clarke，Shayne（ed.）. 2014. *Gilgit Manuscripts in the National Archives of India：Facsimile Edition. Volume I. Vinaya Texts*，General Editors：Oskar von Hinüber，Seishi Karashima and Noriyuki Kudo，the National Archives of India and the International Research Institute for Advanced Buddhology at Soka University.

Glass，Andrew. 2000. *A Preliminary Study of Kharoṣṭhī Manuscript Paleography*，University of Washington（Master Dissertation）.

Salomon, Richard. 1999. *Ancient Buddhist Scrolls from Gandhāra*: *The British Library Kharoṣṭhī Fragments*, Seattle: University of Washington Press.

Salomon, Richard with Glass, Andrew. 2000. *A Gāndhārī Version of the Rhinoceros Sūtra*: *British Library Kharoṣṭhī Fragment 5B*, Seattle: University of Washington Press.

范晶晶

印度两大史诗——"活着"的传统

　　范晶晶　文学博士。北京大学外国语学院南亚学系助理教授。2011—2012 年美国宾夕法尼亚大学访问学者。主要研究方向为梵语文学、佛教文学、中印文学关系、佛经翻译研究等。出版译著《印度诸神的世界——印度教图像学手册》等三部，发表论文多篇，并主持国家社科基金青年项目"梵语、巴利语、汉语中的佛经譬喻故事对比研究"，参与国家社科基金重大项目"新疆丝路南道所遗存非汉语文书释读与研究"、高校人文社会科学重点研究基地重大项目"一带一路上的东方文学经典作品的翻译与研究"等。

大家下午好，今天很荣幸能够在这里和大家一起交流印度的两大史诗：《摩诃婆罗多》与《罗摩衍那》，副标题是"'活着'的传统"。

　　《摩诃婆罗多》和《罗摩衍那》的篇幅都很长，尤其是《摩诃婆罗多》。《摩诃婆罗多》梵语精校本的主要编校者苏克坦卡尔（Sukthankar）指出：《摩诃婆罗多》的篇幅有希腊的两大史诗——《伊利亚特》和《奥德赛》加起来的八倍之长。《摩诃婆罗多》的梵语精校本加上附录《诃利世系》、索引一共有近30册，主体部分翻译成汉语也有六卷。要在短短的两个小时之内，把印度那么长久的历史、那么大部头的两部书说清楚，可能必须要找到一个合适的切入点。之所以选择"'活着'的传统"这样一个切入点来进行探讨，是因为印度史诗的特殊之处。之前拱老师讲到了《吉尔伽美什》史诗，虽然在公元前两千多年就已经存在，但在历史的长河中曾被人们遗忘，直到19世纪，学者们发现了十二块泥板，经过近百年的解读，其内容才逐渐为世人所知晓。至于希腊史诗，巴赫金在其《史诗与小说》一文中更是将其定性为"已经僵化、几近死亡"。可想而知，这两种史诗在当代生活中所起的作用是比较有限的。与之不同，印度的两大史诗虽然也可以上溯到公元前1000年左右，但直到当代还在印度人的生活中起着很重要的作用。甚至在受到印度影响的东南亚国家，两大史诗的影响也是随处可见。总的来说，"'活着'的传统"这个副标题就是想突出印度史诗与两河流域史诗、希腊史诗的不同。印度的史诗传统是一直延续到现在的。这是解题。

　　既然要讲印度的两大史诗，首先要知道什么叫史诗。因为汉语文学中没有严格意义上的史诗（《诗经·生民》是否能算史诗，依然有争议），所以先来看一下西方学者是如何定义这一体裁的。在西方文学史上，史诗体裁的式微与长篇小说的兴起是意义深远的大事件，有很多文章都在讨论史诗与小说的关系。

20世纪著名的学者巴赫金在《史诗与小说》一文中给出了史诗的一些体裁特征，主要强调了三个特点：其一，史诗描写的对象是一个民族庄严的过去，歌德和席勒甚至认为这个过去是绝对的过去。也就是说，史诗是远离当代的，与当代生活之间横亘着绝对的史实距离。这一理论在用来解释希腊史诗或两河流域史诗的时候，或许可以成立。他们在提出这一观点时主要考虑的也是希腊史诗。其二，史诗渊源于民间传说，而不是个人经历。这一点不是我们今天重点讨论的内容，印度两大史诗也基本上符合这一点。其三，也是最后一点：史诗是绝对完结的、封闭的，不允许有个人评价，史诗的疆域不可能与正在形成当中的现实发生联系。这最后一点是今天主要想讨论的内容：印度史诗真的是绝对的过去吗？它真的是一个已经完结的封闭现象，可以被供奉在博物馆里供大家欣赏，而现代人不能参与进去吗？我们真的对印度史诗没有个人评价吗？它的疆域和现代社会是不是完全没有交叉点呢？主要针对西方史诗体裁的研究所得出来的结论，是否也适用于印度史诗呢？这就是我今天想跟大家一起讨论的问题。

接下来简单介绍一下今天主要想讨论的内容。第一点，史诗的背景，也就是说史诗是如何形成的，其成书时代、所描写的时代与主要事件。第二点，探讨印度史诗的性质。第三点，分析印度史诗的结构。印度史诗篇幅很长，有必要对其进行切分和解剖，了解其结构形态。第四点，介绍一下《摩诃婆罗多》和《罗摩衍那》对今天的印度社会与东南亚地区的影响。这就是接下来的讨论主要涉及的四个方面。

第一个方面，史诗的背景

通过地图，大家很容易了解，印度主要位于南亚次大陆上。它的西北是巴基斯坦，东北有尼泊尔、不丹、孟加拉国等。虽然从现代政治制度来看，这几个国家都是独立的政治体，但在古代都属于泛印度文化圈。也就是说，它们都受印度文化的影响，或者说直接就是印度文化的有机组成部分。

先来介绍一下印度的史前时代。虽然史诗描写的不是印度史前时代，但史前时代发生的一些事件对史诗可能也有一定影响。一般来说，古代文明都位于河流的冲积平原一带。因为河流的冲积平原地区土壤肥沃，适宜人类生活，进而创造出成熟的文明。举例来说，埃及文明发源于尼罗河流域，中东文明是在两河流域，中国人则讲长江和黄河是我们的母亲河。同样，在印度也有两条非常重要的河流，即印度河与恒河。印度河谷文明，顾名思义就是在印度河的冲积平原上发展起来的伟大的古文明。印度河谷位于印度的西北部，被更西北的兴都库什山与东北的喜马拉雅山所围绕。印度河发源于喜马拉雅山，流至阿拉伯海入海口。

公元前3000年左右，在印度河的冲积平原上，形成了一个被称为哈拉帕（Harappa）、摩亨佐达罗（Mohenjo-Daro）的文明，也被叫作印度河谷文明。大概比我们的夏商周文明都要早。印度河谷文明的巅峰期大概在公元前2500年左右。这一时期，在这块冲积平原上出现了两座重要的城市，即哈拉帕和摩亨佐达罗。20世纪，考古学家们对这两座城市进行了大规模的考古发掘。通过所发掘的城市遗址、已经公布的考古报告，可以看到：城市规模相当大，布局也很规整。在摩亨佐达罗遗址还发掘出了一座大澡堂。有学者认为这说明当时的宗教已经很发达，沐浴很可能是一种净化仪式。当时的市民也像今天的印度人一样重视洗澡，只不过后者是在恒河中沐浴。此外，还发掘出了一些印章。印章的图案有动物（羚羊、水牛等）、人形，还有一些文字等。动物与人的形象到底有什么含义？是否是一种原始的宗教？到现在依然存在争议，没有定论。而印章文字迄今还没有被完全解读出来，依然是一个谜。总的来说，到今天为止，我们对印度河谷文明所知甚少。之后，不知道出于什么原因，到公元前1900年左右，这一文明就突然衰落了。虽然曾经有过高度发达的城市与城市文明，但这两座城市突然被废弃，曾在其中居住的市民也不知道去了哪里。这就是印度的"史前"时代，一个依然处于历史迷雾中的时代。

紧接着，在印度历史上特别重要的一件大事就是雅利安人的东进，即雅利安人不断地往东迁徙。18、19世纪，这在西方学术界是一个特别受关注的学术热点。简单说来，通过语言、宗教各方面的亲缘性，学者们开始提出印欧语系的假设，认为印度和欧洲原来是同一人种。后来，印欧人中有一支开始往东迁徙。其中，越过了兴都库什山、到达印度的这一支被称为印度—雅利安人。他们越过兴都库什山口的时间大约是在公元前1500年左右，之后的迁徙遵循着从西北往东南推进的线路。他们一开始的主要活动区域是印度的西北部，即印度河流域，例如上游的犍陀罗地区，即今天的巴基斯坦，下游的旁遮普地区等。印度最早的诗歌集《梨俱吠陀》，就主要兴起于旁遮普一带。然后，雅利安人一步一步地向东南往恒河上游发展，即今天印度的首都德里及相邻地区。《摩诃婆罗多》中大战的主要发生地——俱卢之野，据说就是在这附近。大战中般度五子一方的主要盟国般遮罗，还有其他的一些小国，也都位于恒河上游的平原上。故而可以说，《摩诃婆罗多》所描述的中心区域主要就在这一带。再来看《罗摩衍那》的情况，主人公罗摩的故乡是乔萨罗国，其首都为阿逾陀，罗摩之妻悉多出生于毗地诃，基本上都位于恒河的中下游，甚至都快接近孟加拉湾了。至于罗摩与罗刹王十首王的战斗，学者们大都认为反映了雅利安人向南的征战，即他们对南方土著达罗毗荼人的征服，甚至指出

罗刹国就是今天的斯里兰卡。换句话说，我们也可以将两大史诗《摩诃婆罗多》与《罗摩衍那》中所反映的"历史"事件，看作是雅利安人东进的一个部分。

雅利安人东进的大体路线是从西北往东南，两大史诗反映的也是这样一个过程。《摩诃婆罗多》反映的历史事件是争夺俱卢、般遮罗地区，也就是恒河上游和亚穆纳河流域的统治权。而《罗摩衍那》的主要发生地是在恒河中下游，甚至还进一步往南推进。大约成书于公元前2世纪至公元3世纪（学者们对此意见不一）的《摩奴法论》里出现了 āryāvarta 一词。ārya 的意思是神圣的、尊贵的，音译为雅利安。这就是雅利安人的词源，尊贵之人。āvarta 的意思是活动的区域。连起来看，āryāvarta 意为雅利安人活动的区域，亦即雅利安地区。所谓的雅利安地区，西北至兴都库什山，东北至喜马拉雅山，南至文底耶山，西至阿拉伯海，东到孟加拉湾，即为高山大海所环绕的一块地域。大体上可以说，《摩诃婆罗多》所描述的主要是雅利安地区发生的一场权力争夺战，而《罗摩衍那》则描述了雅利安人在南进过程中的一场征服之战。也就是说，两大史诗所描述的都是雅利安人东进途中所发生的两件有代表性的大事。

以上是史诗的背景和所描述的主要事件。

第二个方面，史诗的性质

汉语中没有"史诗"的概念，这一概念是从西方传过来的。英语中的 epic，其词源可以追溯到希腊语。在梵语里，对应"史诗"概念的大概有这样几个词：ākhyāna、itihāsa 与 purāṇa。ākhyā 的意思是讲述，ākhyāna 是其名词形式。itihāsa 的意思是：确实是这样发生的。purāṇa 一般被译成"往世书"，即过去以往的事情。这就是梵语中约略可以等同于史诗的三个概念。在印度人的知识体系当中，史诗被称为"第五吠陀"。《歌者奥义书》中说：比沉思更进一步的是认识（vijñāna，即佛教色受想行识中的"识"），通过认识可以认知《梨俱吠陀》《夜柔吠陀》《娑摩吠陀》，以及第四部《阿达婆吠陀》、第五部史诗（itihāsa 与 purāṇa）。正基于此，印度人把史诗看成是"第五吠陀"。

为什么史诗被视为第五吠陀呢？这里可能要稍微解释一下。在印度，四部吠陀是婆罗门特权阶层所独享的一种知识。严格说来，只有再生族——所谓再生族，指可以佩戴圣线（第二次出生）的种姓，在严格意义上只有婆罗门，宽泛意义上则包括刹帝利与吠舍——才可以学习吠陀，而其他人（如首陀罗、不可接触者）是没有这个权限的。对他们来说，学习吠陀就是犯罪。那么，他们想要获得知识，想要了解这个世界，想要知道自己的一些行为规则，该怎么办呢？既然他们的身份不允许去学习婆罗门阶层的吠陀，只好另寻出路：从史诗当中学习各方面的知识，了解自己应该遵循的正法。也就是中国俗话说的"以史为鉴"。不过中国的"以史为鉴"主要是针对统治者，而在印度也适用于普通民众。当然，这也是因为印度史诗的包罗万象，不同于中国史书的"王朝史、政治史"的性质。这一点下面再讲。前四部吠陀——《梨俱吠陀》《夜柔吠陀》《娑摩吠陀》和《阿达婆吠陀》都是属于再生族的特权，只有他们才可以学习传承。第五吠陀，也就是史诗，是所有人都可以聆听学习的。

20 世纪，西方学者曾拍摄过印度人演唱史诗现场的照片。在一座小山丘上，史诗演唱者在表演，旁边围着几十上百人在聆听。这实际上也是一种传承。如果说吠陀的传承类似于中国雅文学的传承方式，即文人学士可以去读高头典章，那么史诗的传承则类似于俗文学的流传，即普通人可以通过看戏之类的方式获取人生经验。刚刚去世的、达·芬奇式的、百科全书式的意大利学者艾柯就曾讲过这样一句话："老人在夜里坐在橡树下讲述部落的历史，他由此建立起部落与过去的关系，并传承着漫长岁月的经验。"如果用这句话来谈论印度史诗，是特别贴切的。印度史诗不是供阅读的文本，而是口口相传，即一代代的史诗歌者唱给那些感兴趣的人听。在各种礼仪、节日场合下，例如给胎儿举行长发仪式、葬礼之后的钻木取新火仪式，都会演唱史诗。被反复传唱的史诗，其实就是讲述印度人自己的历史，传承他们的生活经验。这就是印度史诗的主要性质。在印度的整体知识结构体系中，史诗主要是面向再生族以外的普通人的一种传承经验、传承部落历史的体裁形式。

那么，到底是些什么人在创作、传唱史诗呢？在梵语中主要有三个词表示史诗的歌者，即 aitihāsika、paurāṇika、sūta，前面两个词是从"史诗""往世书"加上作者词缀变过来的，即讲唱史诗者、讲唱往世书者。第三个词音译苏多，也指给国王驾车的人。一般说来，苏多是婆罗门阶层的女性和刹帝利阶层的男性逆婚生育的后代。何谓逆婚呢？印度跟中国一样，婚姻讲求门当户对，或者男性的地位要比女性高一些才行，也就是说女性必须嫁给比自己地位高的人，而不能"下嫁"。如果女性的地位比男性高就称为逆婚，所生育的后代也会被人鄙弃轻贱，在社会上没有立足之地。这样，婆罗门女与刹帝利男逆婚生育的苏多只能去从事相对卑贱的歌者职业。

本雅明有一篇文章题为《讲故事的人》。在西方文学史上，从史诗发展到长篇小说是一个巨大的跨越，反映了人们对生活、对世界的认识发生了巨大的变化。那么，为什么会从史诗发展到长篇小说呢？有很多学者进行过讨论，除了巴赫金以外，本雅明的这篇文章也是探讨讲故事的人在现代社会是如何衰落的。他在文中提到了以下几个观点：

一、"口口相传的经验是所有讲故事者都从中汲取灵思的源泉"。讲故事的人讲的是口口相传的生活体验，较之从纸上得来的阅读体验更加鲜活。

二、"每个生活圈子都会产生自己的讲故事族群。这些族群几世纪之后仍保持他们的特点"。讲故事的族群在印度也是存在的。讲唱史诗者、讲唱往世书者以及苏多都形成了一个群体。早在吠陀时代，《梨俱吠陀》十篇是由几大家族传承下来的。发展到史诗时代，更是如此。比如说，讲唱《摩诃婆罗多》的专门有一个群体，讲唱《罗摩衍那》的也有一个群体。每个生活圈子都会产生讲故事的族群，将自己的传统一代代传承下去。

三、"讲故事的人得天之禀，能从金绿宝石中洞察出历史世界中地老天荒、生态绝迹的启示"。这是故事特别神奇的地方。本雅明对故事、对讲故事的人都抱有非常崇高的敬意。在现代社会，故事与讲故事的人都衰落了以后，这个空白由什么来填补呢？就是所谓的长篇小说。本雅明对这一转变是很遗憾的，觉得进入资本主义时代以后，人们所阅读的报纸、小说都是一种干巴巴的复制与抄袭，而不是取自于鲜活的生活。

印度人是一个特别会讲故事的民族，在印度产生了许多的故事。在18、19世纪，西方学者第一次接触东方，或者说他们第一次接触印度的时候，就为印度丰富的故事宝藏所震惊，甚至认为：全世界所有的民间故事都是从印度发源的。当然，后来随着研究的深入，对这个观点有所修正。但即使从我们的古代佛经里面，也可以看出印度人擅长讲故事的程度。例如，大家都很熟悉的盲人摸象、猴子捞月亮等故事，都是经由佛经的中介从印度传过来的。《摩诃婆罗多》除了主线故事以外，也简直是一个故事集。

《摩诃婆罗多》有三代唱诵者。第一代的作者是黑岛生仙人。因为他长得黑，又是在一个岛上出生的，所以叫作黑岛生。他把这个描述王位争夺的故事创作出来之后，教给了弟子护民子。护民子就在国王的祭祀典礼上，给国王讲唱。此外，又有一个史诗歌者，名叫厉声。他从护民子这里学会了《摩诃婆罗多》，然后去森林里给别的仙人演唱。有意思的是，西方学者通过研究，认为《摩诃婆罗多》这部史诗的创作，既有婆罗门的参与，也有刹帝利的合作。黑岛生、护民子都是婆罗门。厉声则是刹帝利的歌者，这一点从他的名字可以看出来，厉声的意思就是声音洪亮，是一个典型的歌者名字。也就是说，《摩诃婆罗多》是由多重作者完成的，其中既有婆罗门，也有刹帝利歌者。

史诗在印度文化中起着"第五吠陀"的作用，是针对非再生族的普通人传承知识的一种手段。歌唱史诗的人，即史诗的歌者，专门有一个群体，像中国的说书人一样，在各种仪式上讲唱史诗，将史诗一代代传承下来。

第三个方面，史诗的结构

《摩诃婆罗多》的篇幅非常长，有《伊利亚特》与《奥德赛》加起来的八倍之多。西方学者刚开始接触它时，很难找到切入点。于是就一点点来看，对史诗进行剥洋葱式的分析，最后发现《摩诃婆罗多》其实有一个主线故事：它原来叫作《胜利之歌》，讲述的主线故事是兄弟之间争夺王位。这在中国历史上也不罕见，比如说玄武门之变。大致的故事情节是：俱卢王朝传到福身王这一代，他的长子毗湿摩将王位让给继母之子，并立誓不婚。谁知他的两个同父异母弟弟都早夭，没有留下后嗣。只好通过借种的方式，为王家生下两个继承人，即长子持国与次子般度。长子持国双目失明。按照印度的法典，瞎眼的人不能继承王位。因为盲人无法观察判断臣属的情绪、动向等，所以在政治能力上是有欠缺的。这样，持国由于身体缺陷而失去了优先继承权，他的弟弟般度做了国王。般度也比较倒霉。有一次去打猎的时候，他误杀了一位婆罗门仙人。在印度，杀婆罗门算是滔天大罪。于是他放弃王位，到森林里去隐居，以求赎罪，但最后还是死于非命。在这种情况下，只能由他的哥哥持国摄政。等到家族下一代的长子，也就是般度的长子坚战长大后，再将王位归还。然而，人类总有私心。持国想让自己的儿子难敌继承王位，难敌也逐渐滋生了对王位的野心。另一方面，作为下一代的长子，又是般度名正言顺的继承人，坚战也觉得王位应该属于自己。于是，为了争夺俱卢王朝的王位，两方之间开始产生了不可调和的矛盾。矛盾发展的高潮就是一场波及面很广的大战。

般度五子一方的盟国主要有位于恒河上游的般遮罗国，亚穆那河边的黑天一族（他们是一个牧人群落），等等。难敌一方的盟国以舅舅沙恭尼统治的犍陀罗国为首，然后还有迦尔纳的封国盎伽（非常偏远，甚至可能到了今天的孟加拉附近，迦尔纳大概从来没去过封地），等等。他们另外还纠集了许多盟国，据说几乎把整个雅利安地区的国王都拉了进来，在俱卢之野展开了一场激战。表面上看，这场战争只是俱卢王朝内部的王位争夺战。但由于雅利安地区的国王不是站在般度五子这边，就是站在持国百子那边，所以演变成了整个雅利安地区的一场大战。据说在这场战斗中，扬起的沙尘遮蔽了太阳，仿佛是世界末日，双方都死伤无数。最后是般度五子艰难取胜，但也付出了惨痛的代价。《摩诃婆罗多》的主线就是这样一个堂兄弟之间争夺王位的故事。原本只是王位争夺战，由于政治结盟，最后把整个雅利安地区都卷进去了。这是史诗结构的核心与最底层。

在一定程度上，我们可以将史诗看作是跟敦煌壁画一样：前人在墙壁上作画，后人又在前人的画作上粉刷、继续作画。类似的，刹帝利文化是《摩诃婆罗多》整个史诗结构的底色。具体介绍一下印度的四种姓。根据吠陀，四种姓都是从原人诞生的：从原人的嘴中生出了婆罗门，从他的胳膊或胸膛中生出了刹帝利，从他的腿中生出了吠舍，从他的脚上生出了首陀罗。

这有点类似于我们盘古开天辟地的传说，眼睛变成日月、血液变成河流之类。也有学者研究过两种传说之间的关系。四种姓的分布就像是一个金字塔。顶端是婆罗门，地位最尊贵，数量最少，属于知识特权阶层，掌握着祭祀和文明的传承。接下来地位依次递减，人数依次递增。第二阶层是统治阶层刹帝利，主要是国王、武士等。第三阶层是吠舍，主要是从事贸易的商人。人数最多的是首陀罗，主要是种地的农民之类。除了这四种姓之外，还有不可接触者，即贱民，他甚至根本就不被包含在这个体系之内。在印度社会，就连看他们一眼，眼睛都会受到污染。《摩诃婆罗多》的主线故事是席卷整个雅利安地区的王位争夺大战，故而其底色是属于刹帝利文化的。

以具体的叙述为例，我们来看看刹帝利文化到底是什么样的。大战之前，象征着正法化身的坚战产生了动摇：由于敌方是自己的堂弟，与他作战就是骨肉相残，这样做不符合正法。于是他努力争取和平，甚至只要求将王国的五个村庄分给自己兄弟五人。但难敌却咄咄逼人，声称：不要说五个村庄，就是一根针尖那么大的地方，都不会让出来。于是，战争已经迫在眉睫，难以避免。般度的遗孀，也就是坚战的母亲传话给坚战，给他讲了维杜拉的故事。通过讲述这另外一个母亲的故事，坚战之母清楚地表达了自己的想法，所以说印度人特别喜欢用讲故事的方法去说明道理。故事情节如下：维杜拉敦促儿子起来战斗："你的正法已经锐减，不要无所作为。"针对坚战作为正法化身的性格，她借维杜拉之口还说了如下这段话："你呢，就像迂腐的吠陀学者一样，缺乏理解力，然后在反复的背诵当中丧失智慧，片面地看待正法。"坚战觉得手足相残不符合正法。他的母亲却认为这种想法太迂腐了！正法在不同的场合下是有变化的。墨守成规只是片面地看待正法。接着母亲又说："你看自生者创造的正法，刹帝利从他的胸膛产生，凭借自己的臂力生存，永远从事残酷的事，以保护臣民。"这里我们可以看到，坚战的母亲认为：刹帝利生来就是为了统治、为了战斗、为了胜利，残杀是很正常的。她还说："我知道永恒的刹帝利之心，他由先辈和先辈的先辈称颂，也为后代和后代的后代称颂。任何一个出生在这里的刹帝利，他是懂得刹帝利正法的，不会出于恐惧或谋生而向任何人卑躬屈膝。"这里所说的"永恒的刹帝利之心"，也就是指刹帝利的正法。那么，刹帝利的正法是什么呢？接下来的话是："刹帝利生下来就是为了战斗和胜利，行为勇猛，永远保护臣民，无论获胜还是被杀，他都能获得因陀罗的世界。"跟上文类似，这里也是说：刹帝利生下来就是为了战斗和胜利的，即使从事残酷之事，也是这个种姓所应当的。

以上所谈的就是史诗的第一层结构，即刹帝利文化的底色。通过王子之间争夺王位的核心故事，宣扬的是刹帝利的价值观，即战斗与胜利，即使做残酷血腥之事也是出自必要。

我们再来看第二层结构。史诗的第二层其实是婆罗门和苦行者的诗歌。史诗的歌者有三代。第一代黑岛生仙人。这时，大战刚刚结束，黑岛生创作了描述这场战争的史诗，名为《胜利之歌》。由于《胜利之歌》非常流行，大家都很喜欢听这个故事，婆罗门阶层也就参与进来了，把宣扬婆罗门阶层价值、文化的一些故事加进去。史诗里就开始出现很多婆罗门仙人，例如披发仙人、摩根德耶之类，他们都被安插进史诗，讲述各种故事。一般认为，在公元前 5、6 世纪，也就是在佛教产生的那个时代，印度出现了一种沙门思潮。很多人都去林间苦行，以求摆脱俗世。这时候产生了一大批苦行者诗歌，歌颂苦行与解脱。几乎后世所有的印度宗教派别，包括佛教、耆那教、印度教等，都从这批诗歌中汲取营养，从这个文献宝库里选取素材，为己所用。我们的史诗也从这个故事宝藏里抽取了许多小故事。接下来选择其中的一个典型故事跟大家一起阅读，看看婆罗门与苦行者的思想倾向又是如何。

这个故事是瞎王持国的弟弟，也就是宰相维杜罗讲给国王听的：故事说有一个婆罗门不小心进入了一座可怕的森林。森林里有各种各样的猛兽，还有一个可怕的老妇人，让人毛骨悚然。婆罗门特别害怕，就开始奔跑，想找一个茅屋或任何庇护所。然而，他没注意到地上有一口隐蔽的井，就掉进去了，却并没摔到井底。

> 婆罗门掉进这口隐蔽的水井，悬挂在纠缠交错的蔓藤上。……他看见井边有一头大象。六嘴，十二足，黑斑，向这口覆盖着蔓藤树的水井边迈步走来。……他悬挂在树枝中间，各种各样形状可怕的蜜蜂在前面忙于吸吮蜂巢中产生的蜂蜜。……蜂蜜流淌不止，这个悬挂着的人不断吸吮。……这时，许多黑鼠和白鼠正在啃啮那棵树。森林深处有许多老虎，有极其可怕的女人，井下有蛇，井边有大象。老鼠们啃啮，大树摇摇欲坠，蜜蜂们贪恋蜂蜜，这一切构成大恐怖。

情况确实危急、千钧一发。如果大象踩断蔓藤树，或者老鼠咬断蔓藤，婆罗门就会掉到井底被蛇吃掉。但他还贪食蜂蜜，暂时忘了自己身处的困境。这个故事非常流行，既有佛教版本，也有耆那教版本。在史诗中，维杜罗为什么要向持国讲这个故事呢？换句话说，这个故事有什么象征意义呢？维杜罗接下来解释：

> 这是通晓解脱的人们运用的一个比喻。国王啊，借助它，人们能在来世获得好的归宿。那是说他处在大轮回的旷野中，这座人迹罕至的森林是轮回丛林。所说的那些猛

兽是各种疾病。那个身躯庞大的女人站在那里，智者们说她是失去美貌的衰老。那口水井是人的身体，国王啊，井下的那条大蛇是时间，夺去一切者，毁灭一切有躯体的众生。那个人悬挂其上的井中蔓藤是众生的求生欲望。井边那头走向那棵树的大象是年份。国王啊，它的六嘴是六季，十二足是十二月。那些老鼠始终努力啃啮那棵树，深思熟虑的人说它们是众生的白昼和黑夜。那些蜜蜂是爱欲。那些流淌的蜂蜜是欲乐，人们沉溺其中。智者们知道轮回之轮这样运转，他们砍断轮回之轮的束缚。

在印度文化中，听故事，特别是听那些讲述人生智慧的故事，是有功德的。借助它，也就是说，听这个故事，能帮助人们在来世获得好的归宿。在佛教的术语里，轮回一般被称为轮回旷野。人活在世界上，活在轮回之中，常为百病侵扰。被猛兽所追逐，就是被各种疾病所追逐。女人象征衰老，也就是说在轮回旷野中，不但有各种疾病，还有衰老时刻等待着我们。水井是人的身体，即是说我们并非出于自己的意志，而是随意被抛掷到世界上，被束缚在肉体当中。井下的大蛇是时间，等待着毁灭一切有躯体的众生。一旦没抓紧蔓藤，或蔓藤被老鼠咬断，就会掉到井底被蛇吃掉。然而，即使生活中处处危机四伏，我们依然怀有求生的欲望，紧紧抓住救命稻草，也就是那根藤蔓。现实生活中没有六张嘴、十二条腿的大象，所以必然具有象征意义。在印度，一年有六个季节。大象的六张嘴就象征着六个季节，十二条腿象征十二个月。老鼠象征昼夜，时光催人老，昼夜不停，不断将人推向死亡。蜂蜜是爱欲，就像钱钟书说的：我们为了一刻钟的欢娱，付出了终身的艰辛。只有智者们知道轮回的运转机智，斩断轮回的束缚。

我们可以看到，这跟刚才讲的刹帝利的价值文化完全不一样。刹帝利的价值观是说：国王应该努力战斗，不管在战场上胜利还是失败，死后都能进入因陀罗的天国。他们的人生观是比较现实的，也比较积极向上。他们所关注的不是解脱，而是现世的战斗与胜利；通过战斗，死后进入因陀罗的天国。然而，婆罗门，或当时沙门思潮影响下的其他苦行者，都认为人生就是一场轮回，人在其中受到生老病死的威胁，苦多乐少，所以一定要努力追求解脱。这个故事比较典型地反映了当时沙门思潮风气下的求出世的思想。在史诗中，这类故事也非常多，这里只是选择一个比较典型的故事来讲述。

这就是史诗结构的第二层。史诗的第一层是讲述战争，由于在民间非常流行，很多婆罗门就加入了自己的私货，借助各种故事宣扬自己的理论。也就是说，当时流行的婆罗门与苦行者诗歌进入史诗后，形成了史诗的第二层。

我们再来看史诗结构的第三层，即神话化和往世书化。史诗最初讲的是两方的王位争夺战。一开始的时候，大家都是普通人，都是凡人。到了公元4、5世纪以后，由于印度教的兴起，《往世书》逐渐面世，其中的神话故事越来越丰富多彩。在这种时代背景之下，史诗中的主人公都变成了神。于是，般度五子就被神化了。

唐代翻译的一部佛经——《方广大庄严经》中曾提到般度五子：佛陀在降生人世之前，思考托生到谁家比较合适。他把整个印度都考察了一番，列举了各个王室这样那样的缺点，最后判断说净饭王家是最合适的。提到首都为象城的俱卢王朝时，典籍与文化 11佛陀说："其王阉官之人，室家坏乱，虽有五男，皆非其胤。"这句话的背景是：般度误杀婆罗门仙人，婆罗门临终之前诅咒他不能与妻子交欢，否则就会暴毙。于是，他只好以借种的方式，生养了五个儿子，被称为般度五子。佛经里说得特别直白，说般度王不能生育后嗣，借种的行为是"室家坏乱"，虽然有五个儿子，但都不是亲生。也就是说，《方广大庄严经》对般度五子是一种比较鄙视的态度。这里有两种可能性：其一，在《方广大庄严经》问世的时候，般度五子还没有被神化，还是普通的凡人，所以佛经对他们毫无对神的尊崇。其二，在印度教的语境之下，般度五子被神化，但佛教完全不理会那一套。无论是哪种情况，我们都可以看到：般度五子原本是凡人，只是到后期才被神化。

在我们目前所看到的史诗版本中，般度五子的长子坚战被神化为正法神阎摩之子，二子毗摩被神化为风神伐由之子，三子阿周那被神化为神王因陀罗之子，四子与五子被神化为神医双马童之子。但通过上文所引的佛经，我们可以看到文本是有一个变化过程的。很可能般度五子原来就是王室的普通后嗣。

甚至可以猜想，有可能就是因为他们血统不正，所以持国的儿子对他们继承王位很不服气，才发动了王位争夺战。概而言之，般度五子的神化是史诗后期才产生的。

有的西方学者甚至认为，《摩诃婆罗多》故事的开端就是一个特别无厘头的插曲。由于福身王长子毗湿摩立誓不娶，才引起了后来王位的争端。那么，毗湿摩为何立誓不娶呢？比较现实的解释是：他为了让继母安心嫁给父王，保证继母的子嗣能继承王位，所以才立誓让自己不生育后代。而带有神话色彩的解释则是：毗湿摩前世是八位婆薮仙之一，他的妻子撺掇他偷走了一位苦行仙人的如意神牛，被仙人诅咒，诅咒他下凡受苦受难。我们知道，在印度，由苦行力量转化成的诅咒是一定会实现的。于是他就下凡历劫，这就是毗湿摩的来历。很多西方学者都觉得，把这样一个大史诗的源头追溯为一个神仙去偷牛，然后被诅咒了，然后产生了这一系列故事，特别难以想象，也很无厘头。如果我们去掉开头的这段插曲，根本不会改变故事的走向和结局。甚至可以说，如果般度五子是普通的凡人，那么悲惨的结局就会显得更加合理。换句话说，将般度五子和毗湿摩神化，对这个故事没有起到丝毫的逻辑辅助作用。

除了般度五子与毗湿摩的神化之外，《摩诃婆罗多》中还有最重要的对黑天的神化。在史诗最初的核心故事里，黑天本是亚穆那河畔游牧部族的首领。由于他的部族不断受到邻国摩揭陀王的侵犯，所以他就和般度五子结盟，想一起争夺恒河上中游与亚穆纳河流域的统治权。也就是说，在史诗的第一层结构中，黑天同样只是一个普通的凡人，是一个部落首领，是般度五子的盟军和军师。但到了我们今天的史诗中，他变成了无所不能的大神，即印度教三大神中维持之神毗湿奴的化身。被认为凝聚了《摩诃婆罗多》核心思想的《薄伽梵歌》，就是大战之前黑天对阿周那的教诲。两军对阵之际，阿周那眼看敌军阵营都是自己的亲戚，是堂祖父、老师、堂弟等人，感到犹豫不安，甚至无力拿起弓箭。这时，作为车夫的黑天就为他讲述《薄伽梵歌》，也就是神之歌。安慰他说：不要觉得杀戮出于己手，而要把一切归于神；无论杀戮与否，都出自神的旨意。为了说服阿周那义无反顾地投入战斗，甚至在他面前现出真身：毗湿奴是最初的人，也是最后的人，所有的人都是他，他也是所有的人，日月星辰都在他的掌控之下运转。《薄伽梵歌》中还有很有名的一句话：

> 一旦正法衰落，非法滋生蔓延，
> 婆罗多子孙啊！我就创造我自己。
> 为了保护善人，为了铲除恶人，
> 为了维持正法，我一次次的降生。

发展到这里，黑天已经完全完成了他的神化。

以上就是史诗的第三层，也是史诗发展过程中特别重要的第三个阶段。公元5、6世纪之后，印度教的蓬勃发展，《往世书》的大量涌现，都对史诗的内容产生了重大影响。于是，史诗中的许多普通凡人都变成了神，般度五子的妻子也被认为是吉祥天女、文底耶山女神的化身等。这样考察之后，对史诗的内容可能会有一个更全面的把握。史诗的核心是一场王位争夺大战，第二层加入了婆罗门文化圈的许多故事——各种仙人、圣地的传说，最后一层就是将里面的一些主要人物神话化。

这样，我们可以看到，史诗完全是一个开放性的结构。

这种开放性首先体现在其"下凡说"上。黑天的真身毗湿奴只要看到大地上正法衰落、正义减少，非法滋生蔓延，发生各种邪恶的事情，就会下凡，目的是保护善人、铲除恶人、维持正法。因为有了下凡说，所以这个故事永远是开放的，可以把不同历史时代、不同人物的事迹都纳入这一故事群。前几年，印度人拍了一个电影 *Oh My God*（《我的神啊》），讲述的就是黑天在现代世界的再一次下凡。大体情节是说现在这个世界很多人不信神了，甚至一个神像店的老板也是如此，但黑天真的下凡了，让他大吃一惊，同时恢复了对神的信仰。因此，下凡说可以让故事永远处于开放的状态，很可能下一个故事又讲述黑天下凡成了另一个人物。这与中国电视剧或小说喜欢拍写续集是一样的。《红楼梦》的续集主要是说，林黛玉又转世成了谁、贾宝玉又转世成了谁，他们再续前缘。

其次是框架叙事。框架叙事就好比俄罗斯套娃，故事里面套故事。印度人是很会讲故事的，一个婆罗门来了说：国王啊，我给你讲一个故事吧。故事里面又有一个婆罗门，那个婆罗门又给另外一个人讲故事，就是这样的一个套娃的结构。就像汉语里经典的嵌套故事："山上有座庙，庙里有个和尚，和尚给小和尚讲一个故事：山上有座庙，庙里有个和尚，和尚给小和尚讲一个故事。"这种结构是可以反复不断循环、往里面加东西的。在任何一个节点，讲故事者都可以切入进去，加入一个新的故事。甚至还有从嵌套节点中分叉出去的故事：当一个婆罗门正在说故事的时候，又来了一个人，那个人又跟婆罗门讲了一个故事，诸如此类。

再次，还体现在史诗的象征含义上。例如，针对轮回旷野的隐喻义，每一代人都可以加入自己的理解与阐释。印度教有印度教的解释，佛教、耆那教也都有自己的说法。直到现在，印度人还非常喜欢这部百科全书式的史诗，也可以说是故事书或是教义书。由于它的象征含义很丰富，现代知识分子对其也有各种不同的阐释。梵语精校本的主持者苏克坦卡尔曾说：这虽然是一场争夺王位的战斗，"它也是一场人与自己的卑下的自我、经验的自我，以及它的帮手：情欲、冲动、仇恨、贪婪、忌妒和怨尤进行的战斗"。《摩诃婆罗多》的原文是："难敌是一株愤恨构成的大树……根是昏聩的老王持国。坚战是正法构成的大树……根是黑天、梵、婆罗门。"也就是说，苏克坦卡尔认为坚战象征着比较高的自我，难敌象征的是情欲、冲动，这些比较低下的自我。他还说："这场神圣的俱卢之野发生的婆罗多大战，就是发生在人自身内部的精神冲突在普遍的历史背景上映射出来的一幅图形。"具体说来，难敌那一方是以自我为中心的欲望和感情，忌妒、贪婪等，也是经验的自我。他无法控制自己的欲望，一直想得到不属于自己的东西。生命的自我，也就是坚战，是正法的化身。最高的自我则是黑天。人类所有的活动都不是以自己为目的，而是终归于神。史诗就是这样一个三层的结构。

另外，还想给大家介绍一部小说——《微物之神》，1997年的布克（Booker）奖作品。布克奖是英语世界最高的文学奖项之一。这部小说的作者则是一位印度作家。小说的末尾有一个情节，故事的主人公去看表演《摩诃婆罗多》的卡里沙舞。虽然《摩诃婆罗多》的故事在印度几乎尽人皆知，谁都知道它的结局，谁都知道它的经过，但人们还是一遍一遍地聆听、阅读这个故事，一遍一遍去欣赏这个故事改编的各种艺术作品：

> 伟大故事的秘密就在于没有秘密。伟大的故事是你听过而且还想再听的故事，是你可以从任何一处进入，而且可以舒舒服服地听下去的故事。……在聆听伟大的故事时，你知道谁活着，谁死去，谁找到爱，谁没有找到爱，但是你还想再知道。那就是它们的奥秘和它们的神奇之处。……他是卡那（即迦尔纳，在史诗中是太阳神的儿子），被这个世界抛弃的卡那，独自一人的卡那，被诅咒的商品，在贫穷当中长大的王子。他诞生于这个世界，是为了不公平地、徒手地、孤独地死在他兄弟的手里，他那彻底的绝望是庄严的。

迦尔纳在最后的战斗中被自己的兄弟杀死了。《摩诃婆罗多》是一场亲戚之间的自相残杀。当代印度人之所以特别喜欢迦尔纳，对这个人物寄予了很多同情，大概因为他出身高贵却流离失所，被排斥在主流社会之外，最后还被自己的弟弟杀掉，是一个十足的悲剧人物。进入现代社会之后，印度也感到自己在世界上格格不入，殖民时代更是备受屈辱，故而很多知识分子将迦尔纳当成他们民族的一个象征符号，象征了印度的现代命运，对他的遭遇也会感同身受。这类似于我们阅读小说时的主体投射效应，也就是将自己代入为书中的某个人物。比如说，《包法利夫人》出版后，很多人都觉得自己就是包法利夫人。歌德的《少年维特的烦恼》一问世，很多德国少年都模仿维特，以维特自居，一时间自杀成风。反观巴赫金的观点：由于我们与史诗之间横亘着绝对的史诗距离，所以绝不会将自己投射进史诗中的人物。显然，他的观点并不适用于印度史诗。在印度当代的文化语境当中，不少知识分子是比较认同于迦尔纳的。以上是印度当代作家对《摩诃婆罗多》题材运用的一个实例。我们可以看到，《摩诃婆罗多》依然能够激发他们的灵感与思考，依然能够打动当代读者。

总而言之，印度史诗是开放性的，始终可以加进当下的一些故事，加进当下的阐释。这跟曾被人们遗忘的《吉尔伽美什》、被西方学者认定为已经尘封的《伊利亚特》与《奥德赛》

是完全不一样的。印度史诗与我们当下的生活是息息相关的。由于开放性的下凡说、框架叙事，以及多元的象征含义，《摩诃婆罗多》在历史的发展过程中如同滚雪球般越滚越大，成就了今天这样的形态。《摩诃婆罗多》里有一句话："有关法利欲解脱，此处有，彼处或有，此处无，则彼处无。"有关正法、利益、爱欲、解脱的内容，《摩诃婆罗多》中有的，别的地方可能有，但这里没有的，别的地方一定没有。也就是说，印度人认为《摩诃婆罗多》是一部包罗万象的百科全书。2013年印度新拍的电视剧《摩诃婆罗多》里就有对这颂诗的演绎，作为剧中反复出现的主旋律之一。

第四个方面，史诗的影响

虽然史诗所描述的时代早已远去，但印度人还是非常喜欢这个故事。他们家里可能没有《吠陀》，但一定会有《薄伽梵歌》或者《罗摩衍那》。不仅如此，《摩诃婆罗多》在东南亚也影响深远。在很长一段时间里，东南亚地区都是印度文化的辐射区，无论在政治方面还是文化方面，都染上了浓厚的印度色彩。以大家都熟悉的度假胜地巴厘岛为例。巴厘岛的首府是登巴萨，登巴萨的许多街道都是以《摩诃婆罗多》中的人物来命名的。例如贡蒂街、坚战街、怖军街、阿周那街、无种街、毗湿摩街、罗摩街、黑天街等等。在登巴萨这样一个现代化的都市里，穿行在般度五子街上，真有一种时空穿越的幻觉。我有一个朋友刚从这里回来，她跟我说：住在贡蒂街上，到坚战街上去买东西，特别有喜感。即使从这样一个生活的小切面，我们依然可以看到：史诗在东南亚人的生活中，还是一个活生生的现实，而不是一件尘封进博物馆、偶尔节庆的时候拿出来晒一晒、看一看、掸掸灰的古董。这跟巴赫金的理论是完全不一样的。《摩诃婆罗多》是一个活着的传统，而不是被供进博物馆的死去的传统。

《罗摩衍那》的故事比较简单。罗摩是乔萨罗国的王子，他有三个同父异母的弟弟。罗摩娶了毗地诃国的公主悉多为妻。他和妻子成婚之后，即将继位、登基为王。但是，他的庶母，老国王的一个妃子，以老国王之前做出的承诺为要挟，要求将罗摩流放森林14年，让她的亲生儿子婆罗多登基为王。为了不让父亲失信，罗摩自愿流放森林，妻子悉多也跟着他。林居生活期间，罗刹王设计将悉多劫走，飞回了罗刹国。罗摩到处寻找悉多，在寻妻的途中与猴国结盟。猴国有一位大臣名为哈努曼，根据胡适等学者的研究，孙悟空的原型可能与哈努曼有些渊源关系。罗摩帮助被流放的猴王夺回了王位，作为回报，猴王派出许多猴子帮他寻找悉多。哈努曼运用神力飞跃大海，到了罗刹国所在的楞伽城，在那里找到悉多后，便回来报信给罗摩。为了解救悉多，罗摩带领众猴在海上架桥，渡过大海，杀死罗刹王，即长着十个脑袋的十首王，最后成功地救回了妻子。这就是故事的主线情节。

　　不同于《摩诃婆罗多》以印度西北为背景，《罗摩衍那》的故事主要发生在印度的东北部，即恒河中下游一带。这一地区对中国人来讲，可能比较熟悉，因为它其实也是佛教的发源地，佛陀的修道、成道、传道主要都在这一区域。具体说来，就是这一区域的摩揭陀国。佛陀生活的时间大约在公元前6—前5世纪，与《罗摩衍那》成书的时间相差可能不是太远。因此，我们在《罗摩衍那》中可以看到一些与佛教类似的思想。举史诗中的两颂诗为例：

所有的积累都会消减，所有的升高都会下落；聚会的结果总是分离，死亡就是生命的结果。

　　　　那些熟透了的果子，怕就怕的是落地；同样，降生下来的人，除了死亡一无所惧。

　　我们看到，相对来说，这两颂的内容是比较消极的，超越世俗的思想倾向比较多一些。一般认为，它与佛教有类似之处，或者说受佛教影响的地方。这与《摩诃婆罗多》显然不一样，因为《摩诃婆罗多》的故事主要发生在印度的西北一带，以尚武的思想为主，情绪的表达比较粗犷一些，在修辞手法上也相对原始。到了《罗摩衍那》，其中的思想趣味就比较精致了，反映了东部宫廷里的一些新变。《罗摩衍那》被誉为是印度的第一首诗，即最初的诗（ādikāvya），其情绪表达更为细腻，修辞方法（如各种比喻等）也更为丰富。无论从时间先后上来看，还是从地域上来看，都符合雅利安文明从西北往东南发展的趋势。史诗创作也朝着越来越精致、越来越细腻的方向发展。

然后，我们再来看一下《罗摩衍那》与中世纪虔敬派的关系。虔敬派的兴起，是印度中世纪历史上的一件大事。而《罗摩衍那》的流行，与虔敬派关系密切。在印度教中，毗湿奴被奉为维持之神，在虔敬派中更是备受尊崇。毗湿奴有十个化身，第八个化身就是《摩诃婆罗多》里的黑天，第七个化身则是《罗摩衍那》里的罗摩。这一顺序与我们对两大史诗年代的判断不同。印度人对罗摩是非常尊崇爱戴的，很多画像以"人人都爱罗摩"为主题。这是虔敬传统里的一脉。围绕在罗摩身边的，他的妻子悉多是忠贞之妻的典范，他的弟弟罗什曼那是友爱兄弟的榜样，而他的随从神猴哈努曼，则代表了最高的虔诚。在印度街头我们经常还可以看到这样一幅画：哈努曼将心剖开，里面住着罗摩和悉多。这表明他是罗摩和悉多忠实的仆人，一颗红心只装着罗摩和悉多。这也是中世纪虔敬派的一个主要特点：一心向神，所有的一切都归于神。罗摩是毗湿奴的化身，而悉多则是毗湿奴的妻子吉祥天女的化身。随着印度教中虔敬派的流行，《罗摩衍那》也是非常流行的。当然，还有一种说法，正是由于虔敬派中毗湿奴崇拜的流行，所以《罗摩衍那》史诗才将罗摩神化为毗湿奴的化身，可能这种说法更符合史实。经过学者们的长期研究，认定史诗的《童年篇》与《后篇》是后加的，而将罗摩认定为毗湿奴的化身，主要是在这两篇中实现的。

直到现在，据说印度很多家庭都持有一本《罗摩衍那》。《罗摩衍那》在东南亚国家也很流行。无论在皮影戏中、绘画中，还是在瓦扬表演中，我们都经常可以看到对《罗摩衍那》故事的表现。此外，泰国的王室一直自称是罗摩的后裔，国王以罗摩一世、罗摩二世、罗摩三世来命名，泰国的现任国王是罗摩九世。由此也可见罗摩传说对泰国的影响。

印度史诗是否也等于绝对的过去，是不是也远离当代，与当代横亘着绝对的史诗距离？当然，答案是否定的。印度的两大史诗到现在为止还没有英语全译本，所以巴赫金在写这篇论文的时候，或者说他在进行论证的时候，没有看到印度这样一个广阔的思想资源，才得出了如下结论：史诗是绝对完结的、封闭的，它不允许有个人评价，它的疆域不可能与正在形成当中的现实发生联系。如果将印度史诗也纳入考察范围，我们可以看到：他的这些观点都是可以推翻的。印度史诗，尤其是《摩诃婆罗多》，是一个开放的结构，我们是可以有个人评价的。比如说，我们对史诗中的难敌、坚战，都会有一个评判。甚至史诗本身就邀请听众或读者参与评价。史诗中经常出现一句话："正法是微妙的。"那么，你认为这样做是对还是不对？每个人都会有自己的思考，在评价史诗人物的同时，也反思自身的行为：我的行为是不是符合正法？正法的标准又是什么？因此，史诗是邀请听众或读者参与其中的故事的。今天，度假胜地巴厘岛上街道的命名、泰国国王的名字，都是沿着史诗故事一脉相承。这样看来，史诗的疆域显然和正在形成当中的现实发生了联系。

综上所述，印度两大史诗是一个活着的传统。史诗从公元前1000年左右开始形成，一直到我们现在所生活的公元2000年，在这3000年的历史中，对印度人的生活产生了很大的影响。其影响所及，还包括受到印度文化影响的东南亚国家。到现在为止，印度史诗一直活在人们的心里和现实生活中。这与巴赫金基于对希腊史诗的研究所得出的相关结论是不一样的，巴赫金理论的有效性也不适用于印度史诗。作为活着的传统，这是印度史诗的特殊之处，也是它的伟大之处。

范晶晶

印度的神话与造像①

印度的神话体系主要分为两个阶段。第一个阶段是吠陀阶段，从公元前1500年左右到公元前500年左右。也就是说，从雅利安人到达印度，直到公元前6—前5世纪时沙门思潮兴起之前，在这一千多年里，吠陀文化一直很兴盛。之后，受到佛教、耆那教等沙门思潮的一些派别的挑战，奉吠陀为圣典的婆罗门教进行了相应的改革。改革后的婆罗门教发展成了新兴的印度教。尤其在4、5世纪的时候，印度教迎来了它的鼎盛期。到了这时，印度教里的三位主神就取代了吠陀里的三位主神。我们今天所看到的印度神庙里的造像，基本上都以印度教的偏多。今天会重点介绍一下印度教的三相神，以及跟这三位主神相关的一些神器。当然了，谈诸神一定会谈到他们的对立面，也就是恶魔。由于恶魔总是挑战诸神，故而诸神的一些伟大事迹也体现在跟恶魔的作战上。除了阿修罗之外，恶魔还包括罗刹等次等的一些魔鬼。之后我们再对典型案例进行研究，具体地看看印度神话的文本，感受一下印度神话的想象力与冲击力。这里选择的是搅乳海神话，原因在于：印度的创世神话有好几种，而搅乳海则是其中特别流行的一种，很有代表性。最后要谈一谈印度神话的时空坐标。上次我们一起读过了印度的两大史诗。印度文化的一个特点是：无论是史诗还是神话，跟我们当下的生活都是有联系的。神话世界并不是说只完全存在于我们的脑海中、在九天之外，而是与当下密切相关，所以最后会讲一讲我们当下在印度神话体系中的位置。如果有时间的话，也会大致说说印度神话与中国传说的关系。

　　由于我们今天讲的是神话，所以简单介绍一下神话学研究的历史。现代意义上的神话学研究，大约是从19世纪才开始。那么，为什么会有大批学者突然对神话产生兴趣呢？很大程度上是因为欧洲人在印度殖民以后，发现了印度的文化，发现印度丰富多彩的神话与他们自己的神话有很多相似的地方，所以他们就产生了将两种神话体系拿到一起比较的想法。也就是说，神话学一开始就是比较神话学，就像宗教学的前身也是比较宗教学。正如歌德所说的，"只知其一，一无所知"。如果只是在自己的文化圈里打转，对很多文化元素可能习以为常，不会感觉到其特殊之处，但一旦我们接触、了解另外一个跟我们不一样的文化的时候，就会发现自己的文化中有一些值得研究的问题，与异文化有相似、也有不同的地方。大体说来，在 19 世纪，无论比较神话学，还是比较宗教学，或者说是比较语言学，都是建立在东方和西方相遇的基础之上。在这个时代，西方开始"发现"东方，主要是印度，开始展开东西宗教、文化、思想上的比较研究。由于我们中国的文化与希腊、罗马的文化大不相同，比较的共同基础很弱，故而当时西方学者眼中的东方主要还是印度。这是神话学或比较神话学研究产生的大致历史背景。

现在进入正题，我们来看一下吠陀的神谱。这里需要说明的是，四部吠陀的编撰可能经历了数千年之久，其中关于诸神的说法前后也有龃龉之处。所以我们整理的简单的谱系关系也不是绝对的，只能是一个大概的划分。那么，根据学者们的研究，印度雅利安人属于印欧人向东迁徙的一支，与同属印欧文化圈的希腊人、罗马人有亲缘关系。相应地，印度的吠陀神话与希腊、罗马神话有许多类似之处。

在神谱中，首先当然是父亲神和母亲神。吠陀中的父亲神是 Dyaus，母亲神是 Pṛthivī，都是自然的人格化的化身。Dyaus 是天空，后面加上 pitṛ，意为"天空父亲"。也可以说，天空是诸神的父亲。母亲神是 Pṛthivī，一般音译为普利提毗，原意是广袤的、广大的。作为一个专名，特指大地女神。有时后面也会加上 mātṛ，即"大地母亲"。如果有人对拉丁语感兴趣的话就会知道，拉丁语里的父亲是 pater，与梵语中的 pitṛ 是同源关系。现在英语里的 father 就是从 pater 发展过来的。同样，mātṛ 也是一个印欧同源词。英语中的 mother（母亲），来源于拉丁语中的 mater。而拉丁语的 mater 则与梵语的 mātṛ 是同源词。中国人可能对希腊神话更熟悉——我们五四时候的知识分子都是"言必称希腊"。那么，吠陀中的父亲神 Dyaus，从词形上可能会联想到希腊神话中的主神宙斯 Zeus。在语音学上，Dyaus 与 Zeus 很可能是同源关系。所以有学者认为：父亲神（天空神）是印欧分家之前的一个共同神祇，也就是一个同源神。

父亲神生育有许多子嗣，据说其中之一就是因陀罗，即吠陀神话中的诸神之王。因陀罗主司雷电与战斗，是战神和雷电之神，手持金刚杵。比较神话学者一方面觉得 Dyaus 在语音学上对应的是宙斯，但另一方面，从神的特点来讲，宙斯跟因陀罗更像。宙斯是奥林匹亚诸神之主，也主管雷电，手持雷杖。有一些学者认为：因陀罗既然是 Dyaus 之子（吠陀里有一首诗是这么说的），那么他分享 Dyaus 的一些特征也是很自然的。父亲神的另一位比较重要的子嗣是火神阿耆尼。阿耆尼的梵语是 Agni，也是一个印欧同源词，在拉丁语里是 ignis，发展到英语中就变成了 light 这个词形。父亲神还有一个女儿Uṣas，朝霞女神。直到现在，如果印度人生了一对女儿的话，一般就一个叫Uṣā，一个叫Niṣā，一个是朝霞女神，一个是晚霞女神，Niṣas是晚霞女神。在吠陀里，很多神都是自然现象的人格化化身。例如，有太阳，就有太阳神，有月亮，就有月亮神，还有风，就有风神。有一种说法，朝霞女神的丈夫是太阳神。由于印度人观察到在自然世界，太阳升起之前一定会有朝霞，每天清晨朝霞总是和太阳相伴，故而认为太阳是朝霞女神的丈夫。

典籍与文化 11

接下来谈谈太阳神一族。在吠陀中，印度人特别崇尚火，火在他们生活里起着非常重要的作用。尤其是家中的祭火，几乎是不能熄灭的，要一直保持燃烧。同样，他们对太阳神、对光都非常崇尚。从语言学上来讲，吠陀中的天神 deva 这个词，本义也有发光的意思。英语里的 divine（神圣的），其实也是一个印欧同源词，在梵语里是 divya，在拉丁语里是 divinus。词根div 在原始印欧语里很可能有"光"的含义。根据不同的传统，关于太阳神一族也有不同的说法。有的说有七位太阳神，有的说有八位太阳神。到了后来，基于一年有十二个月，还产生了十二位太阳神之说。神话在不断地发展，诸神也有不同的变体，所以说法不太一样。在太阳神一族里，比较重要的有 Varuṇa（伐楼那），后来发展成主管水域的水神，但一开始是属于太阳神一族，主司正法；还有 Mitra（密多罗），据说他与波斯拜火教中的 Mithra 神是同一位，本义可能是誓约、朋友，后来佛教中的弥勒 Maitreya，也是从这个词发展而来。说到这里，顺带提一下吠陀神的一个突出特点。在吠陀中，有一个现象比较引人注目：神祇经常是成双成对或成组成群出现的。例如，太阳神有七位、八位或十二位，婆薮天有八位。有朝霞就有晚霞、有天空父亲就有大地母亲与之对应。

然后再来看一下另一组与人类关系更为密切的神。人类到底是从哪里来的？这是一个永恒的话题。在《梨俱吠陀》中，据说毗婆薮（Vivasvat）是第一位制作苏摩酒的天神。在印度神话中，诸神通过饮用苏摩来保持甚至增强自己的神力。婆罗门饮用苏摩后，就会陷入一种迷狂的状态，产生灵感，创作颂诗。毗婆薮的后代主要有以下三位。一是双马童，双马童在神话中是一对双胞胎。由于毗婆薮与苏摩酒相关，而苏摩酒据说可以让人长生不死，故而他的子嗣双马童主管医药，是医药神。也有人认为，中国的观世音在某些方面带有双马童的特点。毗婆薮的另一个儿子是死神阎摩。还有一首诗里说摩奴也是毗婆薮的后代。摩奴据说是世上的第一个人，是人类的始祖。摩奴（Manu）所生的孩子在梵语中是 Manuja，从摩奴所生者，意为人类。从摩奴一词还衍生出 Manusya，也是人类的意思。从构词上看，人类都是摩奴的后代。印度的一部著名法典——可能会有

人听说过——《摩奴法论》，就是指人类的法论、法典。不过，由于吠陀一直是口口相传，传承的家族不一、文本定型的时代不一，所以吠陀神话也有不同的体系，会有一些自相矛盾的地方。关于人类是怎么来的，以上只是其中的一种说法。还有一种说法，说阎摩是太阳神的儿子，他才是世界上第一个人，是人类的始祖。

吠陀中还出现了河流女神娑罗室伐底（Sarasvatī），后来变成辩才天女。吠陀文化的发源地主要是在印度的西北部。印度西北有一条河叫作娑罗室伐底，这条河在《梨俱吠陀》中比恒河重要得多。因为那个时候雅利安人还没有进入印度东部，对他们来讲，最主要的河还是娑罗室伐底。但这条河后来慢慢就干涸了。它干涸了以后，河流女神就变成了辩才天女，主司语言、艺术、音乐等。河流与语言、艺术相关，应该说在许多文化中都留有痕迹、有所体现。例如英语里的 fluent，说话很流利，就是从 flow（流动）衍伸而来的。水势的流动，与话语的连贯而出，意象近似。在汉语里，"流利""口若悬河""滔滔不绝"等等，也都与水相关。

在《梨俱吠陀》里，除了这几组神之外，还有一些自然现象的人格神，例如森林的化身森林女神，疾病的化身疾病女神。将

具体的自然现象抽象化为人格神，这也是吠陀神话的另一个特点。

正因为吠陀神话里的神祇纷繁复杂，诸神之间的关系也比较纠缠不清，很难精确地梳理出特别清楚明了的谱系，所以有学者尝试对吠陀诸神重新进行排列组合，借助分组来展开分析研究。一般说来，主要有两种分组方法。

第一种是比较传统的空间三重结构说，主要与吠陀时代印度人对世界的看法相关。他们将世界分为大地、空中和天堂三部分。大地是人类生活的这一层，天堂是诸神的居所，而位于天堂与大地之间的广袤空间就是空气层。由于印度人非常崇尚火，对应这三重空间的有三种火。主司地上之火的是火神。火神的主要职责是把人类祭品的歆香带往天堂，供诸神享用。在吠陀时代，婆罗门祭司在地上设立祭坛，生起祭火，将祭品投进火中。火神是人、神之间的使者，将祭品燃烧后的香气带给天上诸神。空气层中的火是闪电，由因陀罗主管。天堂之火则是太阳。印度人很早就知道太阳离人类生活的地域很远，但它散发出来的光和热能给大地提供光线与热量，照耀万物生长。太阳代表的是天上之火，印度人早晨起来经常会向太阳神做晨祷。这种空间三重结构说在印度本土的吠陀文献中是有迹可循的。后来随着时间的推进，三重空间又被发展成七重世界等，越来越复杂化了。

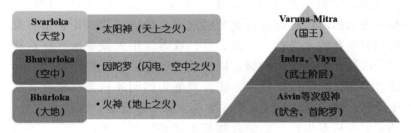

图 1　吠陀诸神的三重结构说

第二种分组法是法国的一位比较神话学家杜梅齐尔提出来的。他认为吠陀诸神的三重结构其实与人类社会的种姓结构有对应关系。第一层，神王象征着正法，亦即古老的太阳神一族中的伐楼那和密多罗。这两位在原来的神谱体系中地位尊崇，代表着国王，主持正法。只是后来逐渐衰微，因陀罗这一类的神地位上升。中间的一层，主要是因陀罗与风神伐由。由于闪电与吹风都是空气层中的自然现象，故而因陀罗、伐由被看作

247

是这一层的神祇。同时，因陀罗还有另外一个重要特征：他是吠陀中的战神。伐由则力大无穷。印度的自然现象跟中国不太一样。我们是温带气候，四季分明，疾风骤雨般极端的天气现象比较少见。但印度离海洋很近，季风的力量是非常强大的，我们经常看到的风神形象是将大树连根拔起。故而因陀罗与伐由还代表着武士阶层，负责战斗，维护国王的统治。第三层以医药神双马童为代表，还包括朝霞女神等，都是负责长养的，负责哺育万物。他们就相当于是给第一层和第二层提供食品、生活必需品、服务等，维持社会的基本运转。

这样来看，吠陀诸神的三重结构与印度的种姓制度就有了类似的同构关系。四种姓说在吠陀里略有提及，大行其道是在印度教时期。四种姓分别是婆罗门、刹帝利、吠舍与首陀罗。婆罗门阶层是祭司，凌驾于杜梅齐尔的三重结构之上。刹帝利种姓被分成两层：第一层的国王与第二层的武士。从事商业的吠舍与从事农业的首陀罗，对应的是诸神体系的第三层。从这个角度来看，吠陀诸神的结构对应的是印度社会的结构。

由此，杜梅齐尔认为自己发现了人类社会生活的一个普遍规律。这个规律不仅适用于印度，也适用于法国。我们知道，法国大革命是第二阶级的资本家和第三阶级的劳工者联合起来反抗第一阶级贵族的统治，是涉及范围很广的一场暴力革命。杜梅齐尔指出这里也存在类似的关系。他进一步推论：所有发展相对成熟的人类社会，都必然，或者说很大概率地存在这样三个阶层。一是统治阶级，以正法为己任，维持整个社会的运转。那么，为了保护秩序，还需要暴力的国家机器，就会有武士阶层，例如军队，这是第二阶层。除了领导者、保护者之外，还需要人从事生产，提供食物等生活必需品，所以就有了第三阶层。虽然杜梅齐尔深信自己通过比较神话学发现了人类文明的普遍深层结构，但他的吠陀诸神三重结构说在印度学家中获得的认可却不多。主要原因就在于：这个理论虽然很精致，解释力却并不强。在这一体系中，一些神很难明确归位，一些神则被排除在外，似乎更无法解释后来印度教中的三相神。

不过，联系到《摩诃婆罗多》，杜梅齐尔的三重结构理论恰好可以解释般度五子兄弟。般度五子经过神化后，被说成是五位天神的儿子。长子坚战是正法之神阎摩的儿子，他是正法的化身，也是般度五子的首领，相当于国王。次子怖军是风神伐由的儿子。第三个儿子阿周那是因陀罗的儿子。他们俩都是武力超群，处处保护自己的兄弟，为长兄开疆扩土，相当于是这一小群体中的武士阶层。最后是两位存在感特别弱的双胞胎弟弟，无种和偕天，他们俩是双马童的儿子。这两位在整个史诗当中几乎没有起什么作用，即使把他俩从史诗故事中分离出去，也完全不影响情节的走向。如果说坚战、怖军和阿周那是推动情节发展的主要力量，那么无种和偕天所发挥的作用则是辅助性的，例如治疗伤病、放牧牛马等。他们俩与父亲双马童类似，在各自的群体中大致相当于负责后勤的第三阶层。从这个角度来看，杜梅齐尔的三重结构说倒是很好地解释了《摩诃婆罗多》里般度五子的出身和他们各自的一些行为特点。

简单地总结一下，现代学者对吠陀诸神的研究虽然不少，但大多是针对单个的神祇。这也是因为吠陀神话比较零碎，很难将其完美无缺地整合到一起。整合诸神的努力主要体现为三重结构说：一是空间的三重结构，就是按我们所生活的空间将吠陀神分为三类；二是功能的三重结构，就是根据吠陀诸神的不同社会功能将其分为三组。这里再多介绍一下杜梅齐尔，他提出来的三重功能结构说，虽然在印度学界引起的反响不大，却开启了结构主义学派的先声。列维·施特劳斯的一系列结构主义的文章据说都受到了他的影响。也就是说，作为比较神话学家的杜梅齐尔，在结构主义的学术发展史上同样是值得书写一笔的。

以上是试图对吠陀诸神进行整合的两种努力方向。由于《梨俱吠陀》是一部颂诗集，里面关于诸神的故事都非常简略，只有因陀罗杀死旱魔弗栗多的故事稍微有些情节内容，故而很难从中抽取出丰富多彩的神话故事。另一方面，吠陀时代还没有出现神像。一般认为，印度神像是受到希腊造像的影响才产生发展起来。最初，佛教与基督教都禁止给佛陀或上帝造像，不愿意将他们具象化，认为造像就是渎圣。可能婆罗门教亦是如此。但当希腊军队来到印度，他们也带来了精湛的雕塑技艺。印度便开始逐渐有了佛教与印度教的造像。换句话说，一来吠陀诸神在文献中的记载比较零碎，没有特别成型的故事，二来当时还没有神像，故而对吠陀神话的简单介绍就到这里。

接下来进入今天的重点，即印度教。目前印度所进行的宗教活动，绝大部分都与印度教相关。那么，印度教兴起的背景是什么呢？一般认为，在雅利安人进入印度之前，印度是有土著居民的。就是这些土著居民，在公元前2500年左右创造了高度发达的摩亨佐达罗和哈拉帕文明。但到了公元前1900年左右，他们突然消失了，几乎销声匿迹。接下来活跃在印度次大陆上的，主要就是东进的雅利安人了。他们从印度西北的兴都库什山进入印度，起初主要在西北一带活动，创造出了灿烂的吠陀文化。到公元前1500年左右，迎来了吠陀文化的鼎盛期。吠陀文化大约持续了一千年，从公元前1500年到公元前600年—前500年。到公元前6—前5世纪，在印度的东北部，兴起了一股沙门思潮。沙门思潮是反对吠陀文化的，作为一种反叛性的思潮而出现。吠陀的核心思想是通过祭祀进入天堂，将整个社会的文化资源都把持在祭司阶层手里。到了公元前6—前5世纪，许多人都对现世产生了怀疑，离家前往林中漫游苦行，寻求精神上的解脱。为什么这时会突然兴起沙门思潮？学界对此还没有明确的解释。很多学者认为是跟印度之前的土著信仰有关。沙门思潮中出现了两种影响很大的宗教，即佛教和耆那教。佛教徒与耆那教徒越来越多，原来的文化特权阶层婆罗门就有危机感了。为了扩大群众基础，婆罗门阶层也放下身段，吸收印度原来的一些土著信仰，从而发展出了印度教。

也就是说，印度文化大致可以分为两种：一种是雅利安人的文化，一种是雅利安人东进之前印度本土原有的土著文化，即印度河谷文化，以及南方的达罗毗荼文化等。印度教的兴起，主要是雅利安人的以吠陀文献为基础的婆罗门教，吸收了一些土著信仰，最终形成的结果。一般认为，所谓婆罗门教，就是以吠陀文献为基础，以因陀罗、阿耆尼、太阳神为三大主神的祭祀宗教。接下来从几个方面看一下，婆罗门教发展到印度教所吸收的土著信仰有哪些。

一、湿婆林迦。所谓林迦，即男性生殖器，湿婆林迦就是湿婆的生殖器。如果有朋友去过印度的话，一定会对这个感受特别深。当时我去印度的时候，参访过圣城瓦拉纳西的一座湿婆神庙。前来祭拜的信徒特别多，我就随着人流完全不由自主地往前走。走到中心神殿，供奉着一个巨大的湿婆林迦。正当我目瞪口呆、手足无措之际，被一个印度人强行地按住脑袋向林迦行礼。湿婆林迦往往带有一个底座，底座是约尼，即女性生殖器官。林迦和约尼在一起象征着男女的融合，象征着生殖力量，是生殖崇拜的一个特别具体形象的符号。在石雕中，林迦上有时也刻有湿婆的脑袋。根据脑袋的数目，被称为一首林迦、三首林迦等。根据郭沫若的研究，汉语中祖先的"祖"字，表现的也是生殖崇拜。左边是示字旁，意为祭祀；右边是"且"，从形状上看就是男性生殖器。故而"祖"字体现了我们古人的生殖崇拜，只不过发展到后来消失

图 2　湿婆林迦

了，只留下了这些草蛇灰线。但在印度，直到今天，还有许多人对湿婆林迦顶礼膜拜，或者在林迦上浇牛奶，以示尊崇。

然而，在吠陀文献里，我们看不到有关林迦的文献记载。那它是从哪里来的呢？为什么会突然兴起林迦崇拜，或者说湿婆崇拜呢？在印度河谷城市遗址发现的一些文物，其中有一些石器，形状看起来很像林迦。有学者认为摩亨佐达罗出土的这些林迦形状的石器就是湿婆林迦的前身，也是林迦崇拜的前身。另外，还有不少带文字和图案的印章。在其中一方印章上，图案是一个人以瑜伽座的姿态坐在那里，有学者指出那人可能就是瑜伽之主湿婆，是湿婆崇拜的前身。

二、动物神。在印度教中，有许多动物神。动物在吠陀文献中比较少见，但却是印度河谷印章上常见的装饰图案，例如牦牛、水牛、大象、独角兽、豹子，等等。所以有学者认为：在后来的印度教里，无论是诸神的坐骑，还是一些动物神，它们的大量出现，可能与印度河谷文明有联系。

三、装饰元素莲花。由于中国人接触佛教比较多，所以我们对莲花是非常熟悉的。莲花在佛教中是一个很常见的装饰元

素，代表着纯洁与神圣。但在四部吠陀里，莲花这个意象几乎是不出现的。到了吠陀晚期，莲花才被提及。有学者提出：雅利安人是从印度的西北进入印度次大陆的，在原来雅利安人生活的区域并没有莲花这个物种，所以在吠陀中看不到莲花的形象。后来，在阿旃陀石窟群里，有一个藻井是一朵特别大的莲花。这种莲花藻井在敦煌也很常见。那么，莲花这种装饰元素是从哪里来的？学者们认为这也是印度河谷文明的痕迹。在印度河谷，出土过一个陶塑人像，被认为是母亲神。她生殖方面的特征，她的丰殖多育，主要是通过夸张的双乳表现出来的。另外，她的发髻上有三朵莲花，或者说，她以莲花为发饰。这样看来，莲花这一装饰元素很可能也是印度河谷文明的遗产。

另外，我们可以看一下神话元素的传播。第二讲谈过苏美尔文明。苏美尔文明曾出土过公元前 2600 年左右的一件文物——圣杯。圣杯上有两条交尾蛇，两侧分别站着两只大鸟。在印度文化中，金翅鸟与蛇是天敌。有学者认为：金翅鸟与蛇的对立，实际上在苏美尔文明里面就已经存在。在印度的迈索尔，我们到现在依然可以看到很多龙石（nāgakal）。Nāga，汉语经常翻译为"龙"，实际上也是蛇。龙石上所雕刻的形象，也是两条交尾蛇。有学者提出：后来印度教中的许多元素，其源头都可以往回追溯，一是追溯到印欧分家之前的文明形态，二是雅利安人进入印度之前原有的土著文明。进一步说，鸟与蛇的对立不仅存在于苏美尔文明、印度文明之中，也见于希腊神话之中。在《伊利亚特》里，大战之前，特洛伊人看到一

图 3　龙石

讲座 丛书

个神谕：空中有一只老鹰抓着一条蛇，蛇咬中了老鹰的胸脯，老鹰负痛将其松开，蛇就落到地上。也是鸟与蛇的争斗对立。此外，尼采在《查拉斯图拉如是说》里说到，圣人下山之前，陪着他的有一条蛇、一头鹰。只不过，在印度文化中是金翅鸟与蛇，在希腊文化中是鹰与蛇。由此也可见这一神话元素流传之广，向东传至印度，向西在希腊文化里留有痕迹。

　　发展到印度教之后，有关诸神的传说变得丰富多彩，诸神的形象也因之而丰满，表现这些神话、诸神的造像也慢慢多起来。那么，当我们到一座神庙，或者说看到一幅神像，该如何确认其身份、内容呢？一般说来，神像的组成部分除了神本尊以外，还有坐骑（他骑的是什么）、法器（他手上拿的是什么）。另外还有神的体态，是站着还是坐着，什么样的站姿和坐姿。例如，在佛教里，就有金刚坐、如意坐、禅定坐等种类。印度教里也一样。

　　首先，我们来看一下火神阿耆尼的形象。火神常见的形象有两个头、七只手臂、三条腿，火焰状的头发。据说他一手持火焰矛，一手持斧子，一手持莲花，一手持书（其实原来可能是贝叶）。坐骑是一只山羊，因为山羊象征着地上的能量。吠陀神主要是把具体的自然现象抽象化为一位人格神。当信众想要去感知、膜拜这位神祇时，图像学就又把这位神祇所代表的一些抽象概念具象化。例如，以火焰状的头发去表现火神，以坐骑山羊来体现他的能量。山羊在印度文化中是一种有力量的动物，在印度河谷的印章上也曾发现类似山羊的动物。

图4　火神

接下来看吠陀神王因陀罗。他的坐骑是一头大象。这头大象还有名字，名为爱罗婆多。我们要甄别图像所表现的是哪尊神，可作为判断依据的首先是他的坐骑，因为每一尊神所坐的动物都不一样。我们绝不会看到火神坐在大象上。在印度教的语境中，坐在大象上的，基本上都能判断是因陀罗。因陀罗的典型法器是金刚杵。法器是判断神像身份的第二个重要依据。在印度马哈拉施特拉邦巴贾（Bhaja）石窟的第18窟，有一面墙壁上刻有因陀罗的浮雕。因陀罗乘坐大象，体型魁伟、象腿粗壮。大象脚下刻有人间场景，相形之下十分渺小：华盖之下的人间国王与大树下的大象，简直形同蝼蚁。虽然在中国绘画中也有将帝王夸大、将身旁侍女缩小的做法，例如阎立本的绘画，但反差没有这么大。在这幅浮雕中，因陀罗和他的坐骑大象几乎占据了4/5的位置，仅有1/5的空间留给人间，可见在印度人看来，神界比人界要崇高辉煌许多倍。

然后我们看一下太阳神苏里耶。太阳神一般坐在由七匹马拉的车上。七匹马象征着一周有七天。赶车的是朝霞女神。这与希腊神话类似，希腊神话中的太阳神也是每天坐着马车出来照亮大地。太阳神手上所持的典型法器是莲花。印度人认为莲花白天在阳光照射下盛开，故而成了太阳神的法器。太阳神一般有两只或四只手，经常持有莲花等法器。他往往被表现为人间帝王的形象，头戴王冠、衣饰华丽。

图5　太阳神

现在进入印度教的三相神，这是我们今天介绍的重点内容。刚才说对吠陀诸神有一种分类法是三重空间说，太阳神、因陀罗与火神。在印度教中，时间上的三分取代了空间上的三分，代表时间的三相神取代了代表空间的三位神祇。所谓三相神，即三个形体的神，分别为创造之神梵天、维持之神毗湿奴与毁灭之神湿婆。梵天创造了世界之后，由毗湿奴来维持世界的运转。最后劫末之际，湿婆就会毁灭这个世界。这是以时间上的三分关系取代了空间上的三重关系。梵天、毗湿奴与湿婆是印度教中的三大主神，我们在印度教神庙中经常会看到他们的造像，尤其是后两者。有学者认为，印度教中的三相神有点类似于西方的三位一体，而所谓的创造、维持和毁灭，也不是严格意义上的先创造、再维持、最后毁灭，而是在创造中就孕育着毁灭，在毁灭中也孕育着创造。因此，虽然三相神体现的是现象界的三个方面，但实际上是一体的，是同一个存在的核心。在象岛石窟有一尊永恒湿婆的雕塑，即是湿婆派对三相神的图像诠释，将创造、维持、毁灭表现为三头一身的神祇。

我们依次来看一下三位主神。创造之神梵天的坐骑是天鹅，或者是由七只或四只天鹅拉的车。据说在印度，天鹅能够从水中区分出牛乳，象征着智慧。我们讲水乳交融，水乳混在一起是无从分开的，但天鹅却能从水中吃到混入的牛乳，可见是十分聪明的，故而成为梵天的坐骑。梵天经常以四个脑袋的形象出现，这是他的典型特征。梵天手持的法器主要有念珠、贝叶书、莲花、水罐等。念珠象征着他所承担的祭祀功能，书代表吠陀，莲花和水罐都象征着创造。水是生命的起源，莲花生于水、水罐盛水，故而都与创造相关，是创造之神的合适法器。有时梵天也施无畏印。施无畏印同时还是佛教中特别常见的手印，大家如果去寺庙里经常就会看到：右手在体侧向上举至胸部高度，掌心向前，表示向前来寻求庇护的信徒施以保护。施予保护，使其无畏，所以叫施无畏印。梵天经常也坐在莲花上。有一个传说描述他是从莲花中出生的：维持之神毗湿奴在进行瑜伽睡眠时，肚脐上长出了一朵莲花，从这朵莲花中又生出了梵天。因此，梵天要么坐在坐骑天鹅上，要么坐在莲花座上。

梵天的事迹并不多。一般说来，印度人比较喜欢两极统一。但在梵天身上，除了创造的特性之外，基本上没有别的特点，

图6 梵天

所以对梵天的崇拜不是特别流行。在印度教的三位主神中，梵天的存在感是最弱的。只有当诸神想要寻求毗湿奴或湿婆的帮助时，才会请求梵天引荐，或者梵天自己无法满足天神的要求、而将他们引荐给毗湿奴与湿婆。梵天经常扮演着辅助者的角色，地位没有毗湿奴与湿婆显赫。在造像中，与梵天一起出现的往往是他的妻子辩才天女。

与梵天不同，维持之神毗湿奴在印度拥有许多信徒，并单独形成了奉毗湿奴为主神的毗湿奴派。如果大家看印度电视剧，就会发现有些人额头上画着一个 U 型，基本上可判断他是毗湿奴派信徒，据说 U 型象征着毗湿奴的脚印。下凡，或者说化身，是毗湿奴派的核心思想。《摩诃婆罗多》里有一句话："一旦正法衰落，非法滋生蔓延，我就创造我自己。为了保护善人，为了铲除恶人，为了维持正法，我一次次地降生。"毗湿奴作为维持之神，每当世间有了灾难，都会化身下凡拯救世界，以履行作为维持之神的使命。他主要有十个化身，也就是十次下凡。以这十次下凡的化身，毗湿奴完成了十项伟大的业绩。前几年有一部电影《阿凡达》，阿凡达其实就是借的"化身"（avatāra）这个梵语词。

毗湿奴的第一个化身是鱼。故事与世界各地都曾流行的洪水神话类似：世界上发生了一次大洪水，毗湿奴的鱼化身拯救了人类的始祖摩奴。洪水过后，摩奴开启了人类的新纪元。第二个化身是乌龟。众神为了获得不死甘露，需要搅乳海。搅乳海需要搅棒，由于乳海很大，天神就以曼陀罗山作搅棒。但乳海太深，曼陀罗山立刻沉下去了。于是毗湿奴化身为乌龟，垫在大山底下作基座，使得众神的搅海大业顺利进行。第三个化

256

身是野猪。据说有一次大地沉入了洪水之中。为了拯救大地，毗湿奴化身为野猪，将大地从洪水中拱出来。第四个化身是半人半狮。恶魔金装通过苦行获得赐福：既不能被人、神，也不能被兽杀死，既不能在白天、也不能在黑夜被杀死，既不能在屋内、也不能在屋外被杀死，更不能被任何武器杀死。有了这个赐福，金装有恃无恐，肆意作恶。于是毗湿奴化身为半人半狮，在黄昏时分，当金装脚跨过门槛时用爪子将他撕碎。

第五个化身是侏儒。在造像中形体会小一些，或者以伞为标记。故事是这样的：恶魔巴力压迫诸神与众人，毗湿奴化身为一个婆罗门学生，拿着一把伞，向巴力请求三步大小的地方，使他可以静坐冥想。巴力听说只要三步大小的地方，就应承下来。于是毗湿奴将身体变大，第一步就跨过了整个大地，第二步跨过了整个天空。巴力看到毗湿奴展现的神力，就请求他的原谅。毗湿奴的第三步便将巴力踩到地底，使他成为地下之王。通过三大步，我们也可以看到毗湿奴身上留存的太阳神身份的痕迹：太阳从大地上升起，停留空中，之后再降落地平线之下；毗湿奴的三大步也象征着太阳在空中的运行轨迹。

第六个化身是持斧罗摩。顾名思义，持斧罗摩的标志就是斧子。持斧罗摩 21 次杀尽大地上的刹帝利，是婆罗门阶层和刹帝利阶层冲突的产物。第七个化身是罗摩，《罗摩衍那》的主人公，打败了楞伽岛上的罗刹头子十首王。第八个化身是黑天，《摩诃婆罗多》中俱卢大战的核心人物。第九个化身据说是佛陀。第十个化身是伽尔基，在世界末日实行最终的审判，并标志着新时代的到来。这与基督教里的末日寓言好像有一点类似。

有学者很敏锐地观察到：毗湿奴的十个化身是遵循一定次序的，暗合了进化论的发展规律。第一个化身鱼是水生动物。第二个化身乌龟是两栖动物，既可以在水中生活，也可以短暂地在陆地上生活。第三个化身野猪是陆地上的哺乳动物。第四个化身半人半狮，已经有一半发展成人了。第五个化身侏儒，完全发展成人，只是不是完人，而是有缺陷的人。到第六个化身之后，就是完善的人了。这一过程可以说契合了进化论中物种的发展演变过程。

印度在 20 世纪 80 年代拍摄过《摩诃婆罗多》的电视剧。俱卢大战前，黑天为了鼓励启发阿周那，向其显现了毗湿奴的真身：由许多化身组成，手上持有许多法器；有的嘴吐火，有的嘴吐水，象征地、水、火、风四大元素都在他体内运行；人们源源不断地从他嘴中出生，也源源不断地死去、进入他嘴中，表示所有人都来自于神，死后复归于神，生死循环。因此他在《薄伽梵歌》中说道：没有人被杀，也没有杀人者，一切终归于神。梵天与湿婆分别位于他的左胸和右胸。实际上这是毗湿奴派对三相神的表现：毗湿奴为主神，其他两位为辅。包括银河系、几大行星在内的整个宇宙都在毗湿奴的嘴里运行。

我们再来整体看一下毗湿奴派的神祇。首先当然是毗湿奴本尊。当大地上没事的时候，他一般躺在蛇床上进行瑜伽睡眠。所谓的蛇床，就是蛇卷成很多圈，形成一个大饼。这条蛇也有名字，叫作阿底湿舍，有五个或九个蛇头。蛇头高高昂起，颈部膨胀，仿佛一把伞一般，保护着大神的头部。在印度，蛇的形象好坏兼半。既有毒蛇，但蛇也象征着地球上水的能量。创造的元素之一是水，故而毗湿奴睡在蛇床上。有一种传说认为，《摩诃婆罗多》中黑天的兄长大力罗摩，就是阿底湿舍的化身，守护下凡的毗湿奴。此外，毗湿奴还有坐骑金翅鸟。我们刚才说过，金翅鸟与蛇是天敌。但毗湿奴睡的是蛇床，同时坐骑是金翅鸟。可以说，在毗湿奴这里，金翅鸟与蛇之间的对立与敌意被平息了。在印度神话中，蛇的母亲是大地迦德鲁（Kadru）。Kadru 的本义是褐色的，引申为大地。蛇代表水，是大地之子。金翅鸟的母亲是毗那达（Vinatā）。Vinatā 的本义是弯的，引申为天穹。所以二者一个象征着大地与水；一个象征着天空与自由。金翅鸟与蛇本来互相敌视，但在毗湿奴派里放弃敌意、和谐共处，象征着对立元素的统一，也象征着毗湿奴整合了所有的能量。其次是毗湿奴的妻子吉祥天女，她与毗湿奴几乎形影不离。当毗湿奴处于瑜伽睡眠时，她在一旁守护，给他按摩脚趾。据说当毗湿奴化身为黑天，她便下凡为艳光；当毗湿奴化身为罗摩，她便下凡为悉多。单独出现时，吉祥天女是幸运与富足女神。毗湿奴的主要法器是轮盘，名为妙见。妙见有时也被表现为武器神，身形矮胖，以轮盘为头饰，标明其身份。

258

图7　毗湿奴派群像

在北方邦的德沃加尔有一座毗湿奴神庙，其中有一块群像浮雕。浮雕正中是毗湿奴躺在蛇床上。上方刻有骑在牛上的湿婆与妻子雪山神女波哩婆提，还有骑孔雀的战神室建陀，骑大象的因陀罗，以及坐在从毗湿奴肚脐里长出的莲花上的梵天。他们的体型都比毗湿奴小很多，显然是为了渲染毗湿奴的伟大。下方刻有六人，五男一女，就是《摩诃婆罗多》里的主人公般度五子与黑公主。毗湿奴化身为黑天时，主要和他们并肩战斗。将他们也绘制在浮雕上，可能是为了表现大神与其信徒之间的亲密关系。

接下来看毁灭之神湿婆。与毗湿奴派的化身思想不同，湿婆派讲的是分身：湿婆一发怒就从身体里分身出可怕的怪物。在图像中，湿婆的形象是十分独特的。他身穿虎皮裙、头戴新月，脖子上缠绕眼镜蛇，手持三叉戟、羚羊或鹿。湿婆的坐骑是神牛欢喜（音译南迪）。

湿婆也完成了许多业绩，其中之一是毁灭三城。阿修罗通过苦行获得了三座城，天堂里的金城、空中的银城和地面上的铁城，每隔一千年三座城就合而为一，成为一个覆盖三界的帝国，势不可挡。湿婆在众神的请求之下，将众神的能量汇聚在一起，尽全力射了一箭，将三座城池射毁。由此，他得到"三城毁灭者"的名号。在造像中，他的双腿呈弓步，挽弓搭箭，蓄势待发。从中我们可以看到，虽然湿婆是毁灭之神，但他的能量很多时候都是用来对付恶魔的。

湿婆还有一个常见的形象，即舞王湿婆。在舞蹈中，他的手臂呈现出特定的手势。例如左臂伸到胸前，手腕弯曲，指向下方。这种手势被称为象手，据说是模拟象鼻或杖，代表了力量与强壮。那么，如何形象地表达舞蹈的动态呢？印度艺术家想到了一个办法：通过飞扬的头发来体现舞蹈的速度之快。

图8　湿婆箭射三城

舞蹈中，湿婆的头发不是披垂下来，而是水平向两边飞出去，可以想见其动作之迅疾。他脚踩象征着无知的痴魔，把人类从无知中解救出来。在湿婆的舞蹈中，整个宇宙慢慢走向毁灭。到新的时代来临，在湿婆的鼓点声中，伴随着他的舞蹈，整个世界又重获新生。这也包含着对立统一的观点。

承接恒河降落人间，是湿婆的另一大伟绩。在印度泰米尔纳德邦的大力城（Mahabalipuram），有一组文物被鉴定为世界文化遗产，其中一面岩石壁上刻有一幅巨幅浮雕，内容就是讲述恒河降落人间的故事。在印度神话中，恒河原来是天上的圣河，她怎样流到人间了呢？关于恒河下凡，有一个广为流行的传说。婆吉罗陀的祖先因犯下过错而被仙人变成灰烬，无法往生天堂。他为了拯救祖先的灵魂，就开始修苦行，请求恒河降落人间，以涤除祖先的罪过、净化他们的灵魂。在

图9　舞王湿婆

印度传统中，修苦行代表着对感官的控制。如果人摆脱了对感官享受的迷恋，就会拥有强大的精神力量。一般来说，施行严厉的苦行，就会获得神的赐福。一千年后，梵天现身了，提点他：恒河水直接从天上流下的话，会产生巨大的势能，大地承受不了，就会被冲走，只有湿婆才能解决这一问题。于是婆吉罗陀又苦修了一千年，湿婆也现身了，答应让恒河水流经他的头发、减缓冲力，然后再流向大地。据说恒河便流到了湿婆高耸的发髻之上，由于受到阻挡，水势就变缓了，再慢慢流向人间。因为这个故事，湿婆还得名"持恒河者"。有一类造像名为持恒河像，就是在湿婆的发间或手上有恒河女神的小像。在湿婆的画像中，也会有一股激流从他发髻中流下。

7 世纪的印度艺术家匠心独运，将这一故事的主要情节形象地刻画在了巨幅石雕之上。在整体构思上，石雕的正中间有一个大豁口。在下雨的时候，或者节日庆典上，都会有水从上面流下。这一设计特别形象地模拟了恒河之水天上来的场景与气势。豁口处还刻有长着七个脑袋、三个脑袋和一个脑袋的三位龙王，双手合十。当恒河水开始降落的时候，正好流经龙身。龙是水里的动物，当然非常高兴，欢迎恒河下凡。豁口两边还刻有许多天神、飞天、猴子、巨象、鹿、豹子，以及其他林中动物的形象，都兴高采烈地跑上前来，欣赏这桩神迹。画面左右对称，重心、焦点则在正中间的恒河下凡。在豁口右侧的石壁上，除了刻画前来观摩神迹的各种生物之外，还交代了婆吉罗陀的苦行与梵天、湿婆的现身。画面下方是婆吉罗陀在冥想，于是梵天从神庙中现身。接下来婆吉罗陀单腿站立、双臂上举，实行更严厉的苦行。于是持三叉戟的湿婆也现身了，赐予恩惠。在整幅画面中，湿婆的体型比其他天神、生物（除了巨象之外）都更为魁梧，也体现了他在这桩神迹中所发挥的重要作用。

这一石雕是印度图像叙事的杰作，画面感很强，非常震撼。在历时层面，把恒河下凡故事的整个由来交代清楚了。更为惊艳的是，艺术家将笔力集中在恒河下凡的那一刻，描述了大地上所有生灵——动物、人，包括天上的飞天、诸神，都期待而渴望地看着这一幕的发生，一派生机勃勃，以此来烘托、突出恒河下凡的意义。大象的体型尤为巨大，或许是因为它与水相关，也最爱戏水？

湿婆的业绩有许多件。我们再来看一下湿婆派的神祇。除了湿婆本尊外，还有他的妻子波哩婆提。波哩婆提与其他许多女神融合，被认为是同一尊神。其中最重要的女神是迦梨，性力派的至高女神，被视为她的一个变形。我们经常可以看到迦梨女神在湿婆身上跳舞的画面。据说有一次迦梨女神杀死了恶魔之后太兴奋，就开始跳舞。她一跳起来，大地承受不了，开始地震，地球濒临毁灭。于是湿婆就躺到地上，让妻子在自己身上跳舞，作为缓冲，将舞蹈的威力降低下来。他们的儿子象头神信徒众多，发展出了独立的象头神派。直到今天，象头神作为首祭之神，在各种仪式中都受到祭拜。学生在考试之前，也会去拜象头神。因为象头神象征着克服障碍，象征着智慧。象头神的坐骑是一只小老鼠。从这点来看，印度真的是一个非常神奇的国度。我觉得中国人绝对没有办法想象一只大象会坐在老鼠身上。而在印度，坐骑主要象征着主人的精神能量。封闭得再严实的谷仓，老鼠都能够找到粮食，故而它也被认为是克服障碍者，与大象穿越丛林、踏平障碍的特征类似。在精神上，它们是相通的，所以老鼠才能给象头神当坐骑。湿婆夫妻还有一个儿子六面童，也就是战神室建陀。在印度教里，战神是室建陀，取代了吠陀宗教里的战神因陀罗，新神取代了旧神。室建陀的坐骑是孔雀。在今天的印度教中，信徒喜欢把湿婆、波哩婆提、两个儿子，连同他们的坐骑画成其乐融融的一家，可能也体现了他们对家庭伦理的重视。

最后，我们通过创世神话搅乳海，来实际感受一下印度神话的魅力。在印度，关于世界是如何产生的，有很多种说法。搅乳海属于次生创世神话的一种，解释了自然界万物诞生的由来。这个故事主要出自《往世书》的相关记载。搅乳海的动机是诸神缺乏食物甘露，向毗湿奴寻求帮助。毗湿奴建议他们与阿修罗一起合作，放下敌意，从乳海中搅出甘露。天神便与阿修罗一起行动，以曼陀罗山为搅棒，以蛇王婆苏吉为搅绳、缠住曼陀罗山。诸神由于害怕婆苏吉的毒液而站在它的尾部，阿修罗一方则抓住蛇头，开始搅乳海：

> 诸神和众魔都喊着"胜利"，将神圣的乳海整整搅了一百年，然后所有人都精疲力竭了。于是因陀罗变成一朵云，

将温和的水珠洒在这些劳累者身上，风神则给他们吹去凉风。疲惫的诸神恢复了精力，坐在莲花座上的梵天叫着："搅乳海！"又反复强调："凡是坚持不懈者，无边的胜利在向他招手。"

受到梵天的鼓励，诸神又开始搅乳海。山峰高无数英里，连同大山一起搅动。搅动时，从中冲出了成群的大象、野猪、怪兽，以及许多的野生动物、鲜花、水果和成千的树木。多亏了这些水果的能量和鲜花、药草的汁液，流动的乳海完全凝结成浓稠的牛奶。由于所有这些成千的生物被搅动，奶油和汁液都流出来——从中产生了发酵的酒精。

诸神与众魔闻到了酒精的香气，都兴高采烈。一嗅到这气味，他们便精力充沛。众魔环绕着蛇王，毗湿奴站在所有人之前，用胳膊抱住曼陀罗山，因陀罗站在蛇的后部，他旁边是太阳神，再之后是其他众神。当他们搅动潮水时，海中响起巨大的声音，仿佛震天的雷霆。大山抛出混在一起的各种水生动物，它们成百上千地死亡。许多生活在世界最深处、水神伐楼那的造物，都遭到毁灭。当山峰被搅动时，巨大的树木相互磨得粉碎，连同树上的鸟儿一起倒下。它们挤在一起，全都着了火，大火点燃了整座大山。火势越烧越旺，大山如同带着闪电，处在黑云之中，吞噬着从四面八方逃出来的大象和狮子，以及各种其他已经丧命的生物。正当大山在火海中吞噬一切时，因陀罗从云中释放出大量雨水，向整座大山降落。洪流之中流淌着各种汁液，巨木的树脂和各种药草的精华。这些汁液形成的乳汁之中包含了不死甘露的能量，赋予众神不朽，因此他们的肤色如同金子一般闪耀。乳海中的洪流与其他的汁液一混合，就从牛乳变成了黄油。

……

于是光辉洁白的月亮从海中升起，如同一百个太阳那样熠熠生辉。接着产生了象征幸福与美丽的室利女神，身穿一件如同融化的黄油般光彩的衣服。然后出现了酒精女神与一匹光辉的马。再之后，产生了起源于不死甘露、光彩照人的乔斯杜跋宝石，以及繁花盛开的波利质多如意树——摘下它的枝条就可以实现一切愿望。

依据这一神话，许多物种都是从乳海中产生的，如马的始祖长耳马。至于爱罗婆多象，则说法不一，有的说是源自于水，有的则说是从乳海中搅出来的。然而，甘露被搅出来后，天神却设计独享甘露，使得众魔白忙乎一场：毗湿奴化作美女迷娘（音译摩希尼），勾引众魔；当众魔意乱情迷之际，甘露被天神独享了。自此之后，众魔觉得诸神欺骗了他们，就发誓永远与天神为敌。这也是解释天神与阿修罗之间的世仇的说法之一。在泰国的金地机场，有一组雕塑便是表现搅乳海的创世神话。中间是毗湿奴，蛇头处肤色黝深的是恶魔，蛇尾处肤色白皙的是天神。

图 10　泰国金地机场搅乳海神话塑像

天神与恶魔的对立贯穿于印度神话的始终，甚至是神话发展的主要推动力。刚才看到的搅乳海神话也提供了二者敌对的一种解释。在造像中，阿修罗或恶魔永远被踩在诸神的脚下，象征着正义战胜邪恶。例如，舞王湿婆脚踩痴魔。经常还有石雕表现湿婆脚踏盖拉瑟山，将罗刹头子十首王囚禁在山下一千年的传说。女神杀死牛魔摩醯舍，也是天神消灭恶魔的一个典型事例：

　　　女神现身为杀摩醯舍者，骑在一头狮子上，有十条或二十条手臂，拿着法器三叉戟、剑、矛、轮盘、刺棒、盾、斧子、套索、金刚杵、杵和铃铛，也就是所有天神的武器。她首先摧毁了牛魔的军队，再用套索拴住牛魔。牛魔拥有变幻身形的能力，立刻变成狮子从套索中挣脱。不过，他

264

却没躲开女神的剑。狮子脑袋一被砍掉，就出现了一位佩剑的勇士，对女神展开新一轮的进攻。女神接着射出一阵箭雨，却徒劳无功，因为勇士转眼之间又变成了一头大象。大象用鼻子卷起女神，想把她压碎。她用剑砍掉象鼻，于是牛魔又恢复了牛的形体，用蹄子乱踩。当女神看到这头牛用角拔起一座山、向她掷过来时，微微一笑，就用一阵箭雨将山射得粉碎。她跳到牛魔的背上，将三叉戟插入他的颈部。牛魔又再次变成勇士，妄图逃脱。然而，女神及时用剑一击，砍掉了他的脑袋。

这里的场景好像有点类似于《西游记》里孙悟空大败牛魔王的那段描写。

到此为止，我们已经简略地介绍了印度教三大主神相关的典型神话及其造像。再来看一下我们当下与神话世界的关系，即当下在神话历史中的定位。实际上，在印度人的观念里，当下正是处于神话历史之中，是神话历史发展的一个阶段。印度人有许多种计算时间的办法，有各种时间度量单位，有"时代""大时代""摩奴期"（Manvantara），乃至"劫"。每一劫，宇宙都会经历创造、维持、毁灭、重生的循环，类似于佛教所讲的成、住、异、灭，都会发生类似的神话故事。有一种说法是：在我们所生活的当前劫的第一个摩奴期，毗湿奴的第三个化身野猪拯救了世界。在第六个摩奴期，诸神与阿修罗共同搅乳海，就是我们刚才看到的搅乳海故事。目前处于第七个摩奴期，《罗摩衍那》的故事发生在这一摩奴期的三分时代，而《摩诃婆罗多》的故事则发生在二分时代。这与我们对两大史诗年代的判断有所不同。《摩诃婆罗多》以黑天之死、般度五子升天为结局。以黑天之死为标志，世界就进入了黑暗的迦利时代，也就是末法时代。印度人讲四分时代：首先是满分时代，人们的道德非常纯粹，百分之百；三分时代，道德只剩了百分之七十五；二分时代，道德只剩了百分之五十；到了一分时代，即迦利时代，基本就没什么道德可言了。我们当下正生活在这样一个迦利时代。

最后，我想简单谈一谈印度神话与中国传说之间的关系。仅以大家都熟悉的《封神榜》中的哪吒为例。哪吒闯祸以后，剔骨还父而死。但他的师父施展法术，使他从莲花里再次化生。这与佛教对佛国的描述是一致的：众生不由父母而生，却由莲花化生。此外，梵天也是从莲花里生出来的。哪吒化生之后，拥有三头六臂，手持乾坤圈、混天绫、长矛与剑，脚踩风火轮。在印度神话里，火神有三头七臂，梵天有四头四臂，战神室建陀则有六头十二臂。哪吒手持不同的武器，印度诸神所持的也是各种不同的法器和武器。哪吒脚上所踩的风火轮，大略可等同于印度天神的坐骑。虽然"混天绫""乾坤圈"等名目道教色彩很重，但哪吒的形象到底是怎么来的，并不能简单地认为就是来自道教。有学者提出，他脚下的风火轮与火的形象有关，可能是受伊朗拜火祆教的影响。还有学者认为：哪吒的父亲是托塔李天王，李天王的前身是佛教中北方天王多闻天（毗沙门），而多闻天在印度教中其实就是财神俱比罗。财神俱比罗有一个儿子，名为 Nalakūvara/Naṭakuvera，在发音上与哪吒近似，故而哪吒很可能起源于印度。不过，当讲到影响、起源的时候，需要特别小心谨慎。尤其是神话故事，我们很难找到确实的证据来坐实它。只能是把这些相似点摆在这里，至于各自的故事、形象到底是独立产生的，还是真的有交流、影响关系，无法下准确的断言。概括说来，我们在观摩神像时，主要是从法器、坐骑、体态等方面入手。要判断相似或相异，也主要考察这几个方面。

注释：

①出于版权原因考虑，本文所使用的图片，线描图均出自拙译《印度诸神的世界》（中西书局，2016）一书，两幅彩图则出自本人或师友的实地摄像。另外，两段长引文也是出自拙译。

朱孝远

欧洲中世纪文明：历史的演化与发展

　　朱孝远　北京大学历史学系教授，美国俄勒冈大学荣誉教授，希腊雅典荣誉公民钥匙获得者。北京大学欧洲中世纪史、世界文化史专业方向博士生导师，中国世界中世纪史学会副理事长。长期从事欧洲史的教学工作。出版过作品29部，包括独著13部，主编、参与写作、担任学术顾问专著3部，参与翻译的译著1部，主编、校审经典名著译著12部。在《中国社会科学》、《新华文摘》、《历史研究》、《世界历史》、*Chinese Studies in History*、*Chinese Historians*、*World History Studies*、*International Journal of Sino-Western Studies* 等中外专业期刊上发表论文200余篇，曾获奖36项，其中国际奖5项，国家级奖10项，省部级奖12项，其他奖9项。

一、中世纪欧洲文明很重要

在世界史的研究中，中世纪欧洲文明很重要。从文化景观看，欧洲的那些教堂、修道院、羊皮书，那些城堡、骑士、基督教艺术，以及荷兰的木靴、风车、郁金香，瑞士的花钟，伦敦的大笨钟，都让人深深感到欧洲中世纪的浓厚气息。没有欧洲的中世纪，也就没有如此灿烂、奇特的人文景观，没有欧洲如此独特的文化传统。

欧洲中世纪文明确实奇特，没有中世纪，也就没有文艺复兴。14 世纪欧洲的文艺复兴运动，过分贬低了中世纪的文化成就。彼特拉克把历史分成为四个时期，认为古代文化是好的，中世纪是黑暗的，他自己生活的年代是生不如死的，而新时代从他彼特拉克开始。这一看法遭到了中世纪史研究者的否定。历史学家哈斯金斯作《12 世纪文艺复兴》一书，想要说明历史的发展是延续的。这也说明中世纪的欧洲文明很重要。

更为重要的是，没有中世纪，也就没有了独特的欧洲体制。农奴制度、领主附庸制度、贵族制度、骑士制度、教会制度、庄园制度，这些都是中世纪欧洲孕育出来的产物。可以说，没有中世纪，也就没有欧洲的特性。这是因为，东西方文明的分界是来自于中世纪。在我国学术界，有学者认为，罗马和秦汉帝国发展道路的分野是从中世纪开始的。罗马帝国和中国的秦汉帝国是可以比较的，但西罗马帝国于 476 年解体，东西方文化就走上了不同的发展道路。可以说，欧洲的现代体制，是从欧洲中世纪的传统中发展起来的。中世纪的欧洲经历了 4—5 世纪的罗马帝国瓦解和 1348—1500 年黑死病肆虐的两次大劫难，而正是对这两次大劫难的克服，欧洲才理顺头绪，走出了一条属于自己的发展道路。

西罗马帝国的崩溃对于欧洲的打击是沉重的。不仅罗马帝国的瓦解和蛮族的入侵严重破坏了欧洲的生产力，而且接替罗马入主欧洲的是刚从部落联盟制度向国家转化的十来个日耳曼王国。这导致地中海文明中断，东西方贸易中断，罗马的城市文明向农业文明转化。

事实上，从476年至800年前后的查理帝国之间的300多年，欧洲经历了第一次转型期。800—1000年，欧洲进入了封建时代，封建结构逐步形成并且发展。1000—1300年，欧洲的经济好转，人口增多，政治上也出现了统一的迹象。然而好景不长，1348年以后连续爆发的黑死病夺走了欧洲五分之二的人口，导致粮食价格跌落，劳动力价格狂飙，土地抛荒，紧接着是农奴制度、庄园制度瓦解。天灾人祸，欧洲出现了社会秩序紊乱状态。

罗马帝国的瓦解和蛮族的入主欧洲导致了五大变化：统一的帝国政治转变成了分散政治；虔诚的基督教信仰转变成了世俗化的教会；国际贸易转变成了自然经济和闭关自守；古代希腊、罗马的具象艺术转变成了中世纪僧侣的神学抽象艺术；以及最后，中央统辖的统一国家转变成了诸侯城邦、自治城市、领主庄园、农村公社、商人行会以及几乎独立发展的天主教会。置身于上述的变化，独立自治的社团取代了统一的国家，许多地区的社会公益和地方安全全都依赖于社会、社团来管理，国家的功能被搁置，欧洲进入了长期贫困落后的中世纪。

欧洲如何从黑暗之中走出来？如何再现辉煌？这有赖于：（1）国家的演进，从分裂的政治走向和谐国家；（2）村社的演进，从各种自制的社团走向民主摇篮；（3）教会意识形态的改变，从世俗化的教会—中心回归基督教的信仰，即新教改革时期重塑的"因信称义"；（4）经济的演进，即从自然经济再次走向国际贸易和全球经济；（5）文化的演进，即出现文艺复兴时期的具象文化，通过文化整合，欧洲出现了近代文化的曙光。

二、中世纪欧洲文明基础：古典文明

希腊罗马的古典文明通常被认为是欧洲文明的根基。据荷兰历史学家彼得·李伯庚说："从公元前2世纪起，在亚历山大大帝后期成为东地中海世界文化的希腊文明，渐渐在罗马帝国

讲座 丛书

的新世界生根。"后来，罗马人建立起了强大的帝国，重法度、重制度，一切都有法律规定。罗马人是很注重教育的，任何人都需要能读、能写，还要学习修辞，只有这样，才能够有较好的出路。希腊、罗马文化对后来欧洲的发展影响很大，中国历史学家阎宗临教授指出："构成中世纪文化的要素，概括地说，首先是希腊、罗马文化的遗惠，其次为新兴民族飞跃的活力，最后而且最重要的是基督教对物资与精神的支配。这三种动力的接触，并非水乳交融，它们互相冲击、互相排拒，受五六百年的锻炼始冶为一体，产生了一种新的意识与秩序。"中世纪欧洲的基础就是由希腊文化、罗马文化融合而成的古典文明。

　　希腊文化感性、人性、唯美主义。希腊人爱做美梦，常常梦见杀毒龙和采集金羊毛。在古代希腊人那里，生命的延续并不是主题，在这里，突出的要点是发挥人的能动性，即通过英雄的超凡意志，让人进入到神圣世界。尽管宇宙是以雷电之神宙斯为首的奥林匹亚山十二主神掌控的，但俗世的英雄也能够突破人的局限，超凡入圣，进入到天宇之中与神交接。自上而下的神的照顾和自下而上的英雄奋斗共同组成了一幅灿烂图景，映衬出希腊人超越凡俗的英雄气概。希腊被称之为欧洲文明的发源地和摇篮，今日西方世界无处不遗存希腊文明的传统。克里特的征服者、特洛伊城的毁灭者迈锡尼人，是希腊最早的居民之一，后来沦为北方民族的奴隶，并逐渐分流为多立克人和爱奥尼亚人，他们都有共同的信仰和语言，所以称他们为"希腊人"。"希腊"一词，意为典雅、优美。进入奴隶社会的希腊曾经建立过 200 多个奴隶制城邦国家，每一城邦以城市为中心连同城郊农村组成大小不等的国家，各自为政，以雅典、斯巴达最为强大。荷兰历史学家彼得·李伯庚告诉我们："公元前 5 世纪和公元前 4 世纪，雅典经济发达，政治上相对自由，公众参与政治，由此产生一种文化上的吸引力，把希腊各地的精英分子都吸引到雅典来，他们又把雅典的文化传播到希腊各地去。"苏格拉底、柏拉图、亚里士多德的哲学，神庙建筑、悲剧和喜剧的创作和大量的雕刻艺术品，导致文化高潮的到来。

　　与爱美、爱文化、爱高贵的竞争的希腊人相比，罗马人则显得理性和务实。朴实的罗马人习惯于永远展现强势的一面，罗马的社会也习惯于赞美强者和胜利者。罗马人因优秀而存活，不因改善而优秀，习惯于过一种竞争的生活。在思维方式上，工于算计，患得患失，却时刻不忘秩序、责任和道德的使命。罗马还要宗教要为人服务，甚至认为宗教是贵族所专有的。罗马人长于征战，在公元 150 年左右，罗马大帝国基本形成，那是一个以地中海为内海的帝国，横跨亚非欧三大洲，罗马的强大由此成为欧洲历史上的千古一绝。

在欧洲历史中，古典文明一般是指古代希腊、罗马的文明；古典风格，是指古代希腊、罗马的艺术风格；至于古典主义，则指产生于 17 世纪的欧洲，尤其是指法国的文学、艺术思潮，强调在艺术创作时要以古希腊、罗马文学为典范和样板，因而被称为"古典主义"。古典音乐则是指在 18 世纪下半叶至 19 世纪初在维也纳出现的一种乐派，以海顿（1732—1809）、莫扎特（1756—1791）、贝多芬（1770—1827）为代表。其特点是：理智和情感的高度统一，深刻的思想内容与完美的艺术形式的高度统一。古典舞蹈，则是指一种舞蹈的类型，强调天性美、自然美、人性美、诗性美。古典舞把舞蹈看成是以有限来显现无限的艺术，看作是人对于世界的态度和人生境界的艺术，看作是对人类精神情怀和精神信仰提升的艺术表现手段。凡舞蹈之经典，皆为技术上的无懈可击，精神上的人类情怀之关怀和精神信仰之提升。古典舞凸显了一半是自然、一半是文化的古典色彩，其自然性表现在人的天性美和自然美之中，文化性表现在人性美和诗性美之中。这样，古典美就凸显了人的现实的理性精神和人的艺术理想情怀。

三、中世纪欧洲文明

欧洲的古典文化，曾跻身于世界前列。然而，公元 476 年西罗马帝国瓦解后，由于军事封建主义的统治和政治上的四分五裂，就落后了。476 年西罗马帝国解体，日耳曼人在欧洲建立了十来个小王国，但是，这些王国还较落后，仅处在部落制度向国家转型的时期。政府统治靠的是以国王为核心建立起来的私人政治网络，没有固定的疆域，政治分裂，地方割据，也没有完善的政府机构。更为致命的是公私不分、以权谋私的现象十分常见，公权力常被用来服务于私人利益。在这样的乱世局势下，天主教会获得了独立发展的机会，禁欲赎罪、行为称义和教会掌管灵魂之剑的观念流行了起来，最终导致了追求灵性的理论与干涉人间事务的欲望两者间的深刻矛盾。

希腊、罗马、日耳曼、基督教因素也没有能够很好地融合起来。罗马帝国瓦解后，欧洲日耳曼人的小王国林立，出现了地方割据、政权掌握在私人手里、军队也通过契约掌握在私人手里的混乱局面。日耳曼人小王国体制落后，搞领主附庸之间的个人忠诚，公权力常被私用，大大削弱了欧洲的实力。1000年后的战争减少和大贵族选择定居、不再迁徙，是利于国家发展的一种条件。其后，英国、法国等新兴国家崛起，领土完整、政治统一、官僚制度、国家司法、国家税收制度成为这些国家新的特征，欧洲的政治才渐渐步入正轨。

中世纪欧洲走上了一条政治分裂的道路，千年割据，然后再从分到合，走过了一条非常曲折的道路。中国走的是一条统一国家的道路，尽管有时也有政治分裂，但政治上的大一统是主导的趋势。换句话说，罗马帝国与秦汉帝国是可以比较的，都是由分散走向集中，最后建立了庞大的帝国。这条道路，中国是继续走下去了，取得很高成就。与此相比，欧洲却出现了状况，一是罗马帝国的崩溃，二是比较落后的日耳曼人入主欧洲、建立了十几个蛮族王国，这就把欧洲大一统的政治格局搅乱了。一个是政治统一，一个是千年政治分裂，两者就很不相同了。从总的方面看，中国和欧洲都是在发展，这是没有问题的；但是从各自发展的特点看，中国走的是中国的发展道路，欧洲走的是欧洲的发展道路，两者不一样，以至于有中华文明和欧洲文明的不同称谓。

典籍与文化 11

罗马帝国的崩溃和蛮族入主欧洲产生了五大变化，表现在：（1）帝国政治变成了分散政治；（2）虔诚的基督教信仰变成了世俗化的教会；（3）城市文明和国际贸易转变成了闭关自守的自然经济；（4）古希腊、古罗马的形象艺术转变成了中世纪神学的抽象艺术，却没有中国"大音希声""大爱无疆""大道无术"那样的艺术的抽象；（5）罗马时代的中央帝国一统天下的行省制度转变成为各地分立的自治政治，无论是地方贵族的领地、中世纪的修道院，还是中世纪的城市和农民公社，自治都成了一种风尚。总的看来，中世纪的欧洲是政治分裂的，以我们中国人的传统去看，尤其明显。

那么，欧洲如何找到一条自己的出路呢？这就是要克服分裂，再次从分裂走向集中。突出表现在：（1）国家的演进，从地方割据走向现代和谐国家；（2）村社的演进，从自治社区走向欧洲式政治同盟或政治共同体；（3）教会的演进，从"行为称义"回归到了"因信称义"，即回归到纯粹的信仰，教会不再干预世间的政治和社会；（4）经济的演进，从自然经济演进到国际贸易、全球经济；（5）文化的演进，从哥特式的抽象艺术回归到文艺复兴时期的具象艺术。这些转变是非常艰难和深刻的。

四、政治发展和欧洲复兴

研究欧洲中世纪的历史，要重视两场大灾难。一是罗马帝国崩溃后欧洲社会出现的无序状态，大致是从西罗马帝国瓦解到查理曼建立帝国之间的350年；二是14世纪中期欧洲的黑死病、中世纪体制的崩溃和欧洲近代体制的出现，大致是从1350年至1800年的450年。这两次巨变直接影响了欧洲的发展。

欧洲中世纪政治的发展，基本的趋势是从分散走向集中。从欧洲古代的历史看，国家的政治资源并不富裕。欧洲古代国家大抵有两种类型：一是像罗马那样的大帝国，二是像雅典、斯巴达那样的希腊城邦。前者不过是军事上的联合体，少数贵族是统治者，缺乏民众、外邦人对于国家政治的参与；后者的民众积极参与了国家事务，但因为地域过于狭小，政治分裂，常常缺乏统一的基础。

476年西罗马帝国瓦解后，欧洲出现了十几个日耳曼人小王国，这是欧洲中世纪出现的第一种国家形态。这些王国还比较落后，仅处在部落制度向国家转型的时期。政府统治靠的是以国王为核心建立起来的私人政治网络，没有固定的疆域，政治分裂，地方主义盛行，也没有完善的政府机构。更为致命的是公私不分、以权谋私的现象很普遍，公权力常常服务于统治者的私人利益。小王国体制落后，搞领主附庸之间的个人忠诚，公权力常被私用，大大削弱了欧洲的实力。欧洲的封建主义凸显了贵族文化和基督教精神，地方割据，政权掌握在私人手里，军队也通过契约掌握在私人手里。

11 世纪时，这些小王国瓦解了，让位于英国、法国、西班牙那样的领地国家，领地国家成了欧洲中世纪出现的第二种国家形态。蛮族的王国为什么会走向衰败？而英、法这些国家为什么能够胜出？答案就存在于国家体制的优劣上。与蛮族王国相比，后来居上的英国、法国更加国家化、制度化、行政化、官僚化。领地国家规定公权不得私用，领土比较完整，欧洲政治由此渐渐步入正轨。英、法这样的新兴国家具有优势，它们取代了蛮族王国，成为较有发展前途的新的政治类型。

第三种国家形态是近代民族国家。近代国家有别于中世纪的国家：国家的主权完整，领土完整，政治上实现了统一，还拥有完备的官僚制度，以及完备的政府机构如议会、司法体系和税收体系。这些，都是欧洲近代早期国家的标志。

第四种国家形态是经济国家，运用政府来发展经济的英国是其典范。在这种形态里，政府的功能大大扩展了，政府成为促进经济发展的重要杠杆。近代国家的特点是政治为经济发展服务，例如英国，是宗教革命、政治革命、工业革命和科技革命的发源地。

第五种类型是现代国家，就是趋于实现"六种和谐"的国家。六种和谐分别是：国家与社会之间的和谐，国家与民族之间的和谐，中央与地方之间的和谐，国内与国际之间的和谐，专业精英与传统精英之间的和谐，国家与自然生态环境之间的和谐。在欧洲，这起源于文艺复兴的政治学，但是直到现在，这六种和谐还是没有能够完全实现。不过，在但丁的《神曲》、彼特拉克的《论统治者应该如何统治其国家》、布鲁尼的《佛罗伦萨颂》、托马斯·莫尔的《乌托邦》、马基雅维里的《君主论》中，我们都看到了要求实现国家与生态环境、与民族、与社会、与国际力量和谐的内容。可以说，现代国家的理念，正是从文艺复兴政治学开始的。

在文化上，从 1300 年开始的文艺复兴运动影响非常广泛，不仅造就了一批优秀的知识分子，还涉及了文化、艺术、科学、政治、经济各个方面的变革。在"新生"和"知识就是力量"的旗帜下，文艺复兴运动直接推动了欧洲科学、文化、教育的现代转型和学科分类。中世纪欧洲的长期落后就在于知识不可靠、不够用、不实用。文艺复兴纠正了这个偏差，文化和文明生活置入到了欧洲人的生活方式之中。可靠的、有用的、务实的知识通过教育得到了培育，出现了现代意义上的艺术教育、人文教育和自然科学。欧洲获得了先机、很高的效率和很好的效果，艺术上出现了达·芬奇、米开朗琪罗、拉斐尔的辉煌的时代，科学上出现了哥白尼、伽利略，地理方面出现了航海家哥伦布，政治上出现了以民意为其根基的市民共和国。文艺复兴虽然已经距离我们几百年了，但是它的一些理念，它对于美的发现，对于艺术的追求，对于科学的重视，对于可靠知识的发掘，对国家的关怀，都使欧洲获得了全面复苏的新动力。人文主义者们在危急时刻起到了拯救欧洲的关键作用，他们对危机的深刻认识和焦虑，他们对艺术、文学、美德、自然生态的热爱和改造，所有这些，今天想来，都是意义非常深远的。

人文主义者的第一个发现，是中世纪文化的不完善性，存在着知识不确定、不实用、不够用的缺陷。由于中世纪的知识分子主要由职业人士和神职人员构成，因此，他们运用的是经验而不是实验，研究的是彼岸的学问而不是经世致用的学问。更为重要的是，他们的知识相当零碎，不足以承担起抵御黑死病瘟疫，克服其时社会秩序紊乱的使命。如何建立起科学、实用的知识体系，并且根据社会的需要把知识转变成推动社会进步的力量，是一个艰巨的任务。

进而，人文主义者发现导致政治秩序紊乱的原因在于封建政权与民意对立，而城邦内部的贫富分化又削弱了城市共同体的基础。为此，他们努力创建自由公民共和国，或在君主政体下加重民众参与政治的比例。马基雅维里区分了伦理学和政治学，提出君主世袭制与真正共和政治水火不容的政治观。一种熔人文主义和近代政治于一炉的近代政治模式脱颖而出，反映了一种政治新秩序正在意大利诞生。

在经济方面，人文主义者发现，在中世纪经济体制下，存在着生产资料的所有权、占有权和使用权三者分离的缺陷。此外，农奴制度限制了劳动者的生产积极性。技术上的发明创造为新的现代经济崛起提供了无限的生产力，导致生产效益的提升。市场经济、商品生产提供了现代生产的模式，一场经济领域的革命开始起步。

在文化方面，人文主义者复兴了优秀的古典文化传统，尤其是从古代希腊、罗马的文化瑰宝——政治、文学、修辞、自然科学、艺术和美学中——汲取营养。在此基础上他们努力创新，实现了从人文主义到人本主义的转变。神学意识形态瓦解了，新式的近代教育兴起，人的尊严和人的价值被发现了。通过不同方式，人的能力开始抵抗命运，"知识就是力量"的大旗飘扬，科学的时代来临了。

由此可见，真正的欧洲特性，是在1500年以后形成的。历史学家李伯庚、哲学家哈贝马斯、文化史家彼得·伯克都有这样的看法。这种看法认为：不管现代欧洲与中古欧洲有着何种联系和延续，只是到了近现代，欧洲文明的整体特性才得到鲜明显现，无论是反映在其内部的凝聚力上，还是表现在其前沿性或现代性上。当然，这还是一种历史的发展过程，正如德国历史学家特洛尔奇（Ernst Peter Wilhelm Troeltsch，1865—1923）在《现代精神的本质》中所言：现代精神"滥觞于中世纪的内在发展，文艺复兴运动和新教，经过中世纪晚期的城市文化、新教教会文化和反对宗教改革的天主教—罗马教廷文化的酝酿阶段，最后在启蒙运动、英国、美国与法国的革命洗礼中达到完全独立。当今生活的一切重要特征都起源于此"。

程朝翔

21 世纪视角下的西方文艺复兴研究

　　程朝翔　北京大学外国语学院英语系教授、北京大学外国戏剧与电影研究所所长、中国外国文学学会英语文学分会副会长（第一任会长）、中国比较文学学会中美比较文化研究会副会长、全国美国文学研究会副会长。曾任北京大学外国语学院院长、中国外国文学学会英语文学分会会长、《国外文学》主编、北京大学语言中心主任。近期发表《中国新文化身份塑造中的莎士比亚》《无言与言说，个体与社区：西方大屠杀研究的辩证——兼论大屠杀研究对亚洲共同体建设的意义》《理论之后，哲学登场——西方文学理论发展新趋势》；参与申丹、王邦维主持的国家社科基金重大项目，承担了"莎士比亚戏剧研究"。

所谓21世纪视角下的文艺复兴研究，就是从我们当代的角度对文艺复兴应该怎么看。

什么是西方文艺复兴？我稍微地归纳一下：西方文艺复兴实际上有很多的参考资料，可能中国读者比较熟悉的，就是《意大利文艺复兴时期的文化》，这也是相当重要的一本书。这本书是在1860年出版的，从这本书出版之后，西方文艺复兴的概念就开始流行起来了，所以这部著作应该是挺重要的一本著作。这本书在国内出版得也比较早。我们有一些重要的参考资料，但是最重要的大概有那么几本，这是其中的一本。

在这本书及其他的一些资料当中讲的所谓的西方文艺复兴是什么概念？第一个，国家的兴起。在这之前，所谓民族国家的概念还不是那么太盛行，当时实际上大家都不把自己看作是一个民族国家。所以当时很多国家用的语言都是拉丁文，后来才逐渐地用了英文、法文、德文这种本土的语言。随着本土语言的兴起，国家的概念，就是今天的民族国家，当然还有民族主义的概念也从那时候兴起。当时也有城邦国家，比如说威尼斯、佛罗伦萨等等。第二个，古典文化的复兴，就是古希腊、古罗马的文化在文艺复兴时期被发掘出来，重新兴盛起来。第三个，这个也是挺重要的，就是个人的发展。在这之前，在漫长的中世纪，大家一般认为是上帝的统治，就是宗教的统治是比较厉害的，个人和人性的概念不是太强。到了文艺复兴时候个人开始发展，人性可以说是一个苏醒、唤醒。第四个，人与世界的关系，包括自然概念和科学的发展。在那个时候产生了一大批科学家，所以对于科学的发展来说也是一个相当重要的时期。

文艺复兴一般公认的时间大概是14到17世纪。

当时还有一个重要的概念，就是文艺复兴人。在那个时候人的概念，就是人作为人性概念大家越来越注重，所以很多人被认为是所谓的"文艺复兴人"，比如说达·芬奇、米开朗琪罗等等。他们都是多才多艺的，干了很多事情，既是画家、雕塑家，也是科学家。达·芬奇做绘画，也做科学研究，他还做解剖。同时还有艺术、文化、科学的发展，再就是所谓的人文主义。人文主义到今天还是一个非常重要的概念。这基本上就是大家对于文艺复兴的一个认识。

我今天讲的主要是思想史上的文艺复兴，可能刚才提到过，有艺术上的、有科学上的发展。今天主要从一个角度，就是思想史上的文艺复兴来阐述这个问题。思想史上的文艺复兴有好几个时期。西方学术是分时期的，不同的时期大不一样，而且是有很大的变化，变化的特别大。

比如说在传统的人文主义时期，认为人都是有共同的本性的，但是有一个重要的界定，就是传统的人文主义认为有一些人并不是人，所以所谓传统的人文主义基本上都是欧洲中心主义的，所以欧洲以外的很多人并不被算成人。所以虽然说人文主义看起来是一个好的概念，但有的时候也不见得是一个好的概念。但是人文主义讲的是共同的人性，所有的人大家都有一些共同的价值观念，比如说美德、善良、慈善等等。当然这个东西是排外的，我刚才讲过人文主义它实际上是排外的，并不是说可以覆盖所有的人。

还有一个就是秩序、等级制度。既然有共同的人性，要有秩序的话就必须有等级制度，没有等级制度实际上也很难维持这种现状。所以在这种情况之下有等级制度，社会实际上并非是完全平等的。

还有一个就是所谓的美德与邪恶的冲突。相信有一部分人是代表美德的，有一部分人是邪恶的，所以这是有冲突的。或者是人性当中既有美德的部分，也有邪恶的部分。

在这个时期，就是我讲的传统的人文主义时期有一些重要的著作，比如说有一本重要的书《存在巨链》，这本书讲的实际上还是从亚里士多德开始的一个哲学观点，但实际上讲的还是一个等级制度和世界的秩序。

我们看下面这张图，最上面是上帝，下边是天使，再下边是人，所以最高的是神、上帝，然后是天使，再就是人，再就是高等动物、各种各样的动物，然后低等动物，然后是植物、矿物等等，所以整个世界是划分成不同等级的。（图1）有的时候我们说所谓的和谐如果是没有等级制度的话，可能是不可想象的。就是说有的时候一些听起来很美妙的概念，有的时候不见得那么美妙。

图1　秩序等级图

　　存在巨链的概念来自亚里士多德，古希腊的一位伟大的哲学家，也是政治学家，他的《动物志》《论植物》等等都涉及这样一个等级制度。实际上不管是人类，还是动物界等等都是有高等、低等之分，这个观念来自于亚里士多德，但是在文艺复兴时期得到了强化。我刚才提到存在的伟大链条是1933年的时候后人来总结前人当时的一些思想和状态。这实际上就是刚才那个1579年的一幅图画，讲的就是伟大的存在之链，这个好像稍微清楚一点，等级制度看得非常清楚了。

　　还有一本书，没有翻译成中文，是1942年出版的，名字叫《伊丽莎白时期的世界图景》。当时很多人认为世界上有一个完整的、统一的图景，这种想法到今天可能已经站不住了，今天

283

我们认为这个世界上没有一幅统一的图景，大家有不同的角度，认识也不太一样。但当时人们认为，比如说伊丽莎白时期，就是在英国的文艺复兴时期，实际上是有一幅完全是统一的这样一幅世界图景。这个也是影响比较大的。

另外一本书，1939 年的，《文艺复兴与英国的人文主义》。这个实际上讲的是文艺复兴时期一个最重要的概念，就是人文主义的概念。人有共同的本性，大家都有一些共同的价值观，比如说慈善、同情、爱等等。我可以举点例子，比如说莎士比亚。莎士比亚是文艺复兴时期一个伟大的作家，在莎士比亚的一些作品当中，传统时期的阐释和今天的阐释往往都是不太一样的。可能大家比较熟悉《奥赛罗》，《奥赛罗》这个悲剧在传统时期的阐释和今天的阐释可能角度就很不相同了。比如说这是传统时期的一个阐释，我们知道伊阿古是一个邪恶的人物，传统的时期认为他非常的邪恶，他是一个邪恶的象征。奥赛罗是一个非常高尚的人物，但是他是有嫉妒心的，这两个是互相冲突的。有一个重要的作家列维斯认为伊阿古实际上就是有魔鬼的智力，这个人像魔鬼一样。他的智力非常高超，但是充满了恶意，充满了邪念，他总想着给别人使坏。奥赛罗是高尚的英雄，实际上因为他心地非常善良，所以就识不破这样一些非常邪恶的人和事。最后我们知道，奥赛罗是一个悲剧的结局。这是人文时期的这样一个阐释、一个解释。

这里有些图片，奥赛罗这个悲剧人物在传统的时期有的时候也被刻画成为一个黑人，他实际上是摩尔人，摩尔人不见得是黑人，实际上是棕色人种，但从图片上看在一些剧院演出当中还是把他刻画成一个黑人，有的时候又刻画成阿拉伯人，实际上摩尔人是更接近于阿拉伯人。（图 2）但是不管是把他刻画成黑人还是阿拉伯人，他都是一个高尚的英雄人物，心地比较善良，而且非常高贵。另一方面，伊阿古这个人实际上是威尼斯人，他虽然是威尼斯人但是心里边充满了邪念。我们看图片上这两个人是在戏剧当中对伊阿古的表现，显得都像小丑一样。所以在人文主义时期基本上是把这两类人物作为互相对立的、截然不同的两类人物，所以当时的善恶是比较分明的。到今天善恶已经没有那么分明了。这是一部电影的图片，这也是比较早的一部电影，奥赛罗在前面是黑人，后面是伊阿古，伊阿古看起来就像是一个小人一样。

图 2　奥赛罗形象

　　我再举一个例子,《威尼斯商人》。威尼斯是西方文艺复兴时期的一个重要城市,文艺复兴时期的很多事情都是从威尼斯这个城市开始发源的。莎士比亚的剧作《威尼斯商人》里边有两个重要人物:波西娅和夏洛克。按照传统的人文主义的解读,波西娅是一个正面的人物,而夏洛克则是一个反面的人物。波西娅代表着慈善、善良、爱情,夏洛克代表着吝啬、仇恨、复仇。这两种不同的价值观念在人文主义时期是针锋相对的,是互为对立面的。当时相对来说大家对事物看得还是比较清楚的,就是善与恶截然分明。到了今天很多事情已经不那么截然分明了。波西娅有一段非常著名的台词,讲的是慈悲(mercy):“慈悲不是出于勉强,它像甘霖一样从天上降下尘世;它不但给幸福于受施的人,也同样给幸福于施与的人。”你要是有慈悲的话,施舍慈悲的人是幸福的,接受慈悲的人也是幸福的,所以它是一个双重的恩惠,对双方都有好处,而绝对不是单方面的。

285

我们再看下面："慈悲的力量却高出于权力之上，它深藏在帝王的内心，是一种属于上帝的德行，执法的人如果把慈悲调剂着公道，人间的权力就和上帝的神力没有差别了。"她大力歌颂慈悲，说慈悲是高于一切的，甚至高于一般帝王的权力，这是上帝的力量，上帝的力量就是慈悲，所以这是最伟大的一种力量了。至于公道，就是 justice，正义，我们都讲正义，但实际上有的时候正义还是非常的严酷无情，所以此处主要的观念就是慈悲要调剂着公道和正义。我们讲法律、讲法治，但是法治还是要慈悲来调剂的。这段话在人文主义的解读中影响非常大，是传统人文主义的思想。

到了今天，有一个很有名的作家就说这是"登峰造极的伪善"，说波西娅伪善。所以不同的时代确实变化非常大。慈悲都是针对基督教徒的，对于犹太人他们根本就没有慈悲，对于夏洛克之类的人根本完全没有慈悲。波西娅应该说是非常狠的一个人，最后夏洛克的所有东西全部被剥夺了，财产被没收了，女儿跟着一个基督教徒跑了，自己的宗教都被剥夺了，让他皈依基督教。他本来是个犹太教徒，一定让他皈依基督教，所以他什么都没有了，连自己的宗教都被剥夺了。所以虽然在当时很长一段时期都认为这是典型的人文主义，到了今天就有人说这是一种登峰造极的伪善。

1992 年有一本重要的书《重划疆界》，没有中文译本。这本书挺重要的。到了 20 世纪，我们的世界发生了很大变化，有一个重大的变化就是有人认为这个时代已经变成了一个理论时代，与理论时代相关的一个重要概念就是多元文化主义。在以前的人文主义时期，非欧洲人、非白人都不能算是人，所以人文主义是与他们没有关系的。但是到了多元文化主义时代就不一样了，像在美国这种国家，黑人算人了，而且现在都不能叫黑人了，要叫非裔美国人，如果叫黑人的话就是政治不正确了，所以一定是要叫非裔美国人。我们知道现在奥巴马这位非裔美国人已经当了总统，所以世界已经发生了天翻地覆的变化，人和人之间的关系已经进行了重大调整。到了 1992 年，一个重要的人物斯蒂芬·格林布拉特，哈佛大学的教授，主编了一本书叫《重划疆界》，认为学术研究的很多界限都应该重划了，包括文艺复兴时期研究也要重划疆界，这本书是影响非常大的一本书。

　　我刚才已经提到文艺复兴研究当中所谓人文主义传统的一些特点，到了理论时代又有一些特点，第一个就是多元文化主义。多元文化主义不仅发生在美国这样的国家内部，是非裔美国人、亚裔美国人、美国土著人也就是印第安人的权利运动，而且也有全球意义。很多以前是殖民地、被压迫和被统治的民族国家都独立了；以前以北约和华约这两大阵营为代表的两极也不复存在了，世界变得更加多元，很多民族国家有了自己的自主权，这也是多元文化主义的一个重要的来源。在多元文化主义这个时代有三个重要概念，就是种族、阶级、性别。在传统的人文主义时期，大家认为人类都是有共同的本质的，但是到了多元文化时代，大家认为不同的种族、不同的阶级、不同的性别拥有不同的价值观念，所以会有文化冲突。到这个时期大家都讲文化差异，文化差异是一个重要的概念，文化冲突也是一个重要的概念。就是因为不是所有的人都有共同的价值观念，在这个时期等级制度实际上已经被颠覆了，伟大的存在的巨链，到这个时期大家都不认可这个东西了。

典籍与文化 **11**

　　共识也被破坏。人文主义时期大家是讲共识的，当然这种共识只是一个相对的共识，而不是绝对的共识，是小部分人的共识而不是大部分人的共识。到了理论时代，共识基本上已经被破坏了，所以也不可能有一个完整的伊丽莎白时期的世界图景，这个世界图景现在也不存在了，只有支离破碎的图景。人文主义没落了，人文主义从各个方面受到了猛烈的攻击。这就是理论时代。

　　1995 年的奥赛罗影片，这个是完全不一样了，我们看中间这是奥赛罗，我们看他像一个好人吗？好像也不太像一个好人了，就是和人文主义时期的表现完全不一样了。在西方，大众文化非常重要，很多学术思想很快就渗透到了大众文化这样一个领域。这是 1995 年的经典的《奥赛罗》电影，在这个电影当中，伊阿古，我们看这个典型的白人，白胖的伊阿古，像一个父权社会的代表。他代表的可能就是父权社会，代表着威尼斯的这种有权有势的人。（图 3）而奥赛罗是想自我塑造，想使自己这么一个摩尔人挤进白人的主流社会，但实际上是挤不进去的，今天我们从这个角度来看问题了。

图3 伊阿古与奥赛罗

这是刚才那部电影的一个剧照，奥赛罗看上去完全是一个文化的外来人，他是一个外来者，没有融入主流文化。头上有文身，文身一般来说都是下层人的，有文身，然后还有一个大耳环。伊阿古这个坏人看起来真像是主流社会的一个好人了。现在很多事情就这样发生了变化。苔丝狄蒙娜，在人文主义时期的非常纯真、天真的这样一个女孩，她爱上的是一个不太靠谱的人，看看奥赛罗头上的文身、脸上的络腮胡，和一般的欧洲人真是不太一样了，这就反映了一种文化差异，反映了一种很不一样的东西。所以这样一种婚姻、这样一种结合受到了主流社会非常大的压力，最后不得不以悲剧来结局。

这是今天的一个解读，和以前的解读不一样，以前的解读就是伊阿古是个坏人，是个邪恶的人，我们只要能够把邪恶遏制住就可以了。伊阿古肯定就是要捣乱，他本人就是一个坏人，他要捣乱。到今天好像就不太这么看了，我们说这个社会有各种不同的利益诉求，这种不同的利益诉求会产生一些冲突。

在这个地方，我们看奥赛罗是一个摩尔人，外来者，他有一个自我塑造的过程。苔丝狄蒙娜是一个贵族小姐，她的家庭在威尼斯非常有权有势，而她为什么爱上了奥赛罗呢？奥赛罗是一个大英雄，他也会讲故事，会讲故事非常重要，自我包装非常重要。今天我们年轻人找工作的时候也要写简历，写简历就是要给自己编故事，这就是一种自我塑造。在理论时代，很多人认为文艺复兴时期是一个人性苏醒的时代，大家都要自我塑造。奥赛罗这样一个异族人，他也要自我塑造，以便把自己融入主流社会，欧洲的主流的白人社会，但很遗憾，他失败了。

奥赛罗对他自己为什么被苔丝狄蒙娜给爱上了，他自己讲了一个故事："她的父亲很看重我，常常请我到他家，每次谈话期间总是问起我的历史。"首先，"她的父亲很看重我"，这完全是一种误解，是奥赛罗对于苔丝狄蒙娜父亲的误解。苔丝狄蒙娜的父亲根本就不看重他，只不过是听他讲一些好玩的故事而已，完全是把他当成一个怪诞的异族的一员。奥赛罗说，苔丝狄蒙娜的父亲"让我一年一年地讲述我所经历的各次战争、围城和意外的遭遇。我就把我的一生，从我的童年开始，直到他叫我讲述的那一刻为止，原原本本地说了出来"。但实际上几乎没有人的故事能做到原原本本，我们所有的故事都是要有夸大、有省略，所以让大家自己做简历，我们不可能把自己最恶劣的那一面给陈述出来，奥赛罗也是一样。所以一听到谁说要原原本本地说什么事情，大家就要打一个问号了，好像这个东西是不太靠谱的。"我说起最可怕的灾祸、海上陆上惊人的奇遇、被傲慢的敌人俘虏为奴"，所以他实际上当过奴隶，这个人当了很长时间的奴隶，他不是贵族家庭出身。他还讲各种各样的经历，有什么经历呢？他遇到过"彼此相食的野蛮部落和肩下生头的化外异民"。在莎士比亚的剧作中，还有一部剧作《暴风雨》也提到"肩下生头的化外异民"。这也是不靠谱的，我们知道从科学上讲，"肩下生头的化外异民"实际上是不存在的，只不过是旅行者、探险者的一些故事而已，都是夸大的故事。这些人可能长得和我们不太一样，但是不至于是肩下生头，莎士比亚在《暴风雨》这部剧当中其实是嘲弄这种说法的。但是奥赛罗居然把这个当成他的故事的一部分，可见他的故事并不是完全可靠的，只是一种自我塑造而已。这是在多元文化时代的一个解读，不是传统的人文主义的解读。时代不同，解读也发生了重大的变化。

《威尼斯商人》当中也有一些变化，强调文化差异。这段因为比较简单，所以我就不翻译了，最重要的是第一句，这是一个什么背景呢？我们知道巴萨尼奥是一个纨绔子弟，他是一个贵族子弟，但是已经破落了，没有钱。他有一个好哥儿们叫安东尼奥。安东尼奥是一个商人，有点钱但是没有社会地位，这就是今天的解读了。以前认为他们两个人是有非常纯真的友谊，这种友谊是高于一切的，所以在传统的解读当中认为这个剧有三大主题。第一大主题，爱情。《威尼斯商人》中的爱情，就是巴萨尼奥和波西娅两个人之间的纯真的爱情，这种爱情可以战胜一切；第二个，友谊。巴萨尼奥和安东尼奥之间的友谊，这种友谊在今天已经被人解构了，有些心灵肮脏的人说他们两个人是同性恋关系，现在有很多"心灵肮脏"的解读者；第三个主题是感恩，感恩的主题。在这部剧中我们知道，巴萨尼奥是一个破落贵族，他想去追求波西娅。波西娅非常有钱，但是住在一个小岛上，他要去必须有浩浩荡荡的船队，还有一些仆人才行。他已经破产了没有钱，怎么办？就是要借钱，问谁借钱呢？他的好朋友安东尼奥。安东尼奥是一个商人，但是安东尼奥居然也没有三千大洋，所以最后没有办法就问夏洛克借钱。夏洛克是一个犹太人，放高利贷的。夏洛克说好，我可以借给你钱，但是我和你开个玩笑，就是如果你到时候不还钱，就必须在你的胸部割一磅肉，割下一磅肉来。实际上就是要把他割死了。借钱就要签合同，《威尼斯商人》实际上是和我们今天差不多的一个时代，当时叫早期现代，很多的事情和今天已经是一样了。比如说借钱之前必须要签一个契约，签一个契约要有一个担保物。这时候夏洛克就说，"Antonio is a good man."这非常简单明了，这一句很容易看懂，所以我就没翻译，就是"安东尼是一个好人"。"Antonio is a good man.""安东尼是一个好人。"巴萨尼奥，安东尼的好哥儿们就说："你听到过任何相反的说法吗？"这时候夏洛克就开口了，他用了四个不，"Oh, no，no，no，no."四个不，强调完全不是那么回事，他说什么呢？我讲的完全和你不是一回事，我就是说他是一个好的担保、好的抵押物，我只讲这个。所以这按照今天的说法就是文化差异，夏洛克说安东尼是个好人，巴萨尼奥马上就说你听到过任何相反的说法吗？难道听到过任何人说他坏吗？说他干过不道德的事情吗？说他人格上、人品上有问题吗？但是夏洛克马上说人格、人品、道德这些都不是我的考虑，和你们打交道我没有必要考虑这个，我和你们有不同的价值观念，我只考虑什么？商业利益。我只关心他是不是一个好的担保而已，是不是好的抵押物。这就是说，他们讲的都是同样的英文，但实际上讲的是完全不同的两件事情，讲的是两种完全不同的语言。我们今天也是，讲的都是汉语，但是很可能讲的是完全不同的语言。这就是文化差异，文化差异特别大。好像大家讲的都是同一件事，但是如果没有共同的话语，讲的实际上完全是两回事。

到了今天，很多人强调文艺复兴黑暗的一面，比如1995年的一本书，《文艺复兴的黑暗一面》。在传统的人文主义时期，大家讲文艺复兴，文艺复兴本身就是一个褒义词，而不是贬义词，复兴了、再生了，这肯定是好的。今天讲的什么？文艺复兴有坏的一面、黑暗的一面。主题词就是殖民主义。这本书认为文艺复兴实际上是伴随着殖民主义，各种各样的殖民主义，包括所谓的启蒙都是与殖民主义有关的。一个国家要发达怎么办？自己的资源是不够的，要找别人的资源，要向外扩张，不扩张的话一个国家没法发展。所以文艺复兴看起来那么美妙，好像是科学发展了，科学发展之后怎么办？造船，然后造武器，都是要殖民。所以它是有非常黑暗的一面。到了当代，到1995年的时候大家关注的是文艺复兴黑暗的一面。

实际上还有一个重要的转变，就是文艺复兴这个词现在虽然有人用，但是有些人已经不用这个词了，而用早期现代。早期现代这个词现在可能用得更恰如其分一些，因为它是一个中性的词，没有价值判断。文艺复兴是有价值判断的，而早期现代是没有价值判断的。历史学家一般都用早期现代这个词，而不用文艺复兴这个词，因为它只不过是历史发展的一个阶段而已。古典时期、中世纪、早期现代、现代等等。我们知道，中世纪基本上是宗教统治的一个时期，中世纪之后就是早期现代，在传统上大部分人称之为文艺复兴，但是按照刚才那本书的说法也就是早期殖民。

还有一个重要的词：现代性。这个词相当重要，我们很多的制度，社会制度、政治制度、其他的制度等等都是来自于现代、现代性。早期现代马上就过渡到了现代、现代性，也就是到了殖民主义的时期。到了20世纪后期是后现代、后殖民时期，后现代是现代的一个延续，但是和现代是不太一样的。我认为，到了21世纪又发生了一个重大的变化，21世纪现在还无法归纳，我们叫它后后现代？说不定是后后现代，或者是现在暂时不命名。但是21世纪又发生了天翻地覆的变化，很多东西和理论时代、多元文化时代又不太一样了。我认为现在多元文化时代已经过去了，对多元文化主义一定要有批判的眼光。

还有一本书——《丑陋的文艺复兴》，所以文艺复兴也被认为是丑陋的，现在很多人就不用文艺复兴这个词了。《丑陋的文艺复兴》，为什么丑陋呢？看副标题——在美丽的时代的性、贪婪、暴力和堕落；这是一个美妙的时代，但是充满着性、贪婪、

291

暴力和堕落。人性不断地解放，但是一旦有自由了，人什么坏事都能干得出来，所以自由一定要受限制，不可以有完全的自由，这是西方哲学家、西方的政治哲学家不断地在讨论的一个问题。一旦有了自由，一切坏的事情马上随之而来，这也是21世纪的一个重要话题。这本书已经讲到了文艺复兴实际上是有非常丑陋的一面。

莎士比亚有一部重要的剧作——《一报还一报》，就讲到了文艺复兴时代的丑陋。莎士比亚伟大就伟大在他讲到的事情不光是文艺复兴时期一些伟大的方面，而把丑陋的方面全部都揭示出来了。人的自由、自由带来的问题，莎士比亚全部都能揭示出来。在《一报还一报》中有一个妓院的老鸨，一个大概是三四十岁的这么一个女的，叫 Mistress Overdone，她是妓院的一个老板。她说："打仗的去打仗了，病死的病死了，上绞刑架的上绞刑架去了，本来有钱的穷下来了，我现在弄得没有主顾上门了。"所以连妓院的生意都不好了。为什么生意不好？她讲了几个原因。"打仗的打仗去了"，那个时代是一个非常暴力的时代，战争不断，一天到晚打仗，不是我们想象的文艺复兴。文艺复兴确实伟大，但是一天到晚要打仗，很多人打死了。"病死的病死了"，那时候有瘟疫，瘟疫很多，科学是逐渐地发展，但是当时并不是很发达。医学也并不发达，死的人很多，大量的人都病死了，医学很一般。政府也不太关心人民，死就死了吧。我们知道伦敦的瘟疫死了很多人。"上绞刑架的上绞刑架去了"，当时到处都是绞刑架，很多人都被绞死了，所以任何一个解放的时代都是要有法律的，没有法律是不行的，必须有镇压才行。文艺复兴时期到处都是绞刑架，吊死人司空见惯。"本来有钱的穷下来了"，首富，福布斯排名第一第二，过两年全部都完蛋了，有钱的很快也就完蛋了，都是这样的。"我现在弄得没有主顾上门了"，这个妓院也很惨，现在生意不好做了。这就是文艺复兴时期的丑陋的一面。

我们大家都了解文艺复兴时期达·芬奇、米开朗琪罗的绘画和雕塑，可能大家关注的稍微少一点的，就是有些伟大的画家画了大量的文艺复兴时期的妓院。妓院的画，我找了几幅。这是荷兰、德国的画家画的妓院，是绘画史上的名作。（图4）

这种绘画非常多，在以往我们往往把这一部分都给压抑下来了，我们一说就是达·芬奇、米开朗琪罗等等这些伟大的画家和雕塑家，而且都是主流的绘画，而不太涉及这种非主流的绘画，但这种画也是西方艺术的一些伟大的经典。今天很多人都关注这种非主流了，这都是伟大的艺术作品。

图 4　妓院的场景

到了今天又发生了什么重大变化呢？今天有一个重要的转折点就是新世纪的到来。美国的全球影响力相对较大，因为美国的实力较强，所以美国的一些事件能影响世界。总的来讲，事物是一个不断累积的过程，但是有的时候有一个触发点，这个触发点就是新世纪的到来。在 21 世纪很多人就认为理论之后的时代正式开始了，就是理论的时代已经完结了，多元文化的时代也已经完结了。在这个时代大家关注的是什么呢？

善与恶。现在又回到了善与恶，但是和传统的人文主义时期的善与恶不是一回事。当时的善与恶是截然分明的，现在的善与恶不是那么截然分明了，善和恶之间往往只是一步之隔。我们很多善的人，自以为在做善事的人实际上都在作恶。世界是挺复杂的，不要以为自己做善事就一定是善，很多都是恶的，因为道德这东西鲁迅也讲过，道德是要杀人的。善与恶是一个道德问题，在今天对这个问题的讨论已经相当深入了。

爱与恨。什么是爱？什么是恨？在今天也有一些非常新的解读，和传统时期不一样，和多元文化主义时期也不一样。这就是 21 世纪的解读，理论之后的解读。2011 年有一本书，非常重要，我们很多好书现在翻译得非常快，这本书也已经有中译本了，叫《大转向：世界如何步入现代》，作者是斯蒂芬·格林布拉特，哈佛大学的一位教授，也是一位重要的理论家。他这本书讲的是文艺复兴，是一本非常重要的书，大家有兴趣的话一定要看一下。这本书读起来就好像是一部小说，但是预示着一个时代的重大的转变，大转向。有的时候看翻译的书不可以完全相信，因为很多东西只能看原文。比如说书名《大转向》

293

我觉得就翻译得不太准确。The Swerve，是原子论理论中的一个概念，是一个突转，突然地转变，而不是大转向，它强调的是突然性，而并不是大，所以书名就翻译得不太准确。所以有的时候还是要看原文，如果是不看原文的话，有的时候读书就一定要有怀疑的态度。

斯蒂芬·格林布拉特的这本书得了很多奖，而且是畅销书。在西方世界，特别是在英国和美国有一个非常重要的现象，就是很多学术书很快能成为畅销书，这点是不得了的，学术和通俗文化、和大众的一些趣味很快地能够融合起来。这本书很快成了畅销书了，而且得了很多奖。*The Swerve* 这本书很奇怪的是它有两个不同的副标题，它最初的副标题是 *How the Renaissance Began*（《文艺复兴是如何开始的》），文艺复兴就是靠这个突转开始的；但是再版的时候又换了一个书名，什么书名？*How the World Became Modern*（《世界是如何变得现代的》）。这两个书名是不一样的，也就体现出一个什么样的观点呢？文艺复兴就代表着现代，这是一个非常重要的观点。

讲座　丛书

我稍微地把这本书给大家介绍一下，这本书讲的是文艺复兴并不是一夜之间产生的，而是与中世纪也有很多的关系。中世纪有一些人嗜书如命。（嗜书如命非常重要，所以我们对国图一定要有感情，也一定要到琉璃厂和潘家园，北京有很多得天独厚的地方，一定要淘一些好书。）这本书讲的是一个爱书的人的故事，这个人不断地到各个地方去找书，他希望能找到一些好书。这个人叫波焦，他是一个教士，当过教皇的私人秘书，所以他有很多关系，他到哪个地方旅行都没有问题，都有介绍信，拿着介绍信到处旅游，然后去淘书。（我们现在好像也有不少人在淘书，淘书挺重要。）他淘到了什么书呢？卢克莱修的一本重要的书，淘到了这个人的一本重要的著作。这本《物性论》是文艺复兴时期一本挺重要的书。

卢克莱修属于一个什么学派呢？伊壁鸠鲁学派（Epicureanism）。这个学派被很多人理解为享乐主义。一般来说，被称为享乐主义肯定都不是好事了，在西方也是一样，这个学派实际上名声并不好。但是《突转》这本书实际上是为这个学派来正名的，就是这个所谓的享乐主义。什么叫享乐主义？并不是说花天酒地、过分、没有节制，而恰恰相反，一定要有节制。有节制才可能有享乐，不节制你已经堕落了，然后身体也搞坏了，钱也花光了，你还享乐什么？不可能享乐了。所以一定要节制，这就是今天一个重要的观念。就是你有了自由之后一定要克制自己，一定不能滥用自由，滥用自由你就不可能有享乐了，所以所谓的享乐主义就一定是要有节制的。这就是享乐主义这一概念在今天的解读。这本书的解读指向了今天很多哲学家非常关注的一个话题，即幸福哲学，在西方哲学中这是一个非常重要的领域。人生的意义是什么？追求幸福。幸福是怎么得来的？就是要有幸福哲学，我们一定要远离痛苦。所谓的伊壁鸠鲁这个学派实际上让大家远离痛苦，远离痛苦就是不要犯法。犯法之后就有痛苦了，所以一定要远离痛苦，不要干坏事，一定要干好事，一定要节制，一定要克制自己。这是 21 世纪的一个重要的哲学转向。

有一本重要的书，非常通俗易懂——《牛津通识读本：人生的意义》，这本书也翻译成中文了。这本书的作者伊格尔顿是英国一位著名的马克思主义文学理论家，他也讲人生的意义。很多的话题与我刚才提到的话题相一致，这就是我们 21 世纪的

话题：不要有宗教极端主义，不要有原教旨主义，而一定要追求一种真的人生的意义。比如说爱，一定要知道什么是真正的爱。按照这个人的说法，所谓的爱就是相互之间创造一个可供对方茁壮成长的空间，互相创造一个大家可以茁壮成长的空间，这是非常重要的。爱是相互的，比如说，他说我们对于婴儿的爱不是一种典型的爱，因为婴儿不可能回报你的爱，所以只有是平等的、对等的才是真正的爱。在这种爱当中我们才能找到幸福哲学，才有人生的意义。这当然只是其中非常小的一部分，只是一个例子而已，这本书值得一读。

再回到刚才那本书，就是《物性论》，这本书讲的就是所谓的及时行乐，享乐主义。它有一个重要的哲学上的立足点，就是原子论。我们知道，在中世纪讲的都是神创造了一切，我们有来生，我们死了之后要向上帝汇报，上帝根据我们的所作所为说不定要惩罚我们。但是原子论把这一切全部颠覆了，所以到了文艺复兴重新发现了原子论，一个思想上的伟大的解放就开始了。人们不再相信上帝了，相信什么呢？原子论。世界上的万物不是上帝创造的，而都是由原子构成的，原子怎么构成

呢？有的时候非常偶然，原子忽然地发生了一个突转，The swerve，就是刚才说的"突转"。它忽然突转了，发生了碰撞，不同的碰撞、不同的突转可以形成不同的物质，所以它是一种当时的唯物主义。

既然大家都相信这个了，肯定也就都相信无神论了。一切都无所谓了，大家都是原子，生之前的前世是原子，生的时候也是原子，死了之后还是原子，不要有什么恐惧了，不要有死亡焦虑了，无所谓了，这时候对于死亡也不那么恐惧了。以前大家都用死亡来吓唬人，死了之后要下地狱，或者升天堂，不好好干的话就要下地狱了，死亡可以吓唬人。

原子论还有一个重大的意义，就是破除了人类中心论。以前大家以为人类老大，但如果世界上的万物都是由原子构成的，人类实际上也就不是老大了，万物也就平等了。从这个角度来说，原子论既有利于人文主义，又可以解构、颠覆人文主义，所以这实际上是一个挺伟大的转变。但是我觉得《突转》这本书的意义不仅仅在于描述了文艺复兴时期发现了《物性论》这本书之后观念上的巨大转变和思想上的伟大解放，也暗示了21世纪发生的一个巨大的变化，21世纪初我们的观念应该发生一个巨大的突转。21世纪的很多事情在文艺复兴时期、文艺复兴之前都经历过。

再总结一下21世纪的文艺复兴，思想解放，思想上真的解放了，在21世纪大家确实都解放了。我们知道苏联本来是超级大国，结果苏联解体了；美国本来是超级大国，现在美国好像也有挑战者了；大家都要挑战，这个世界真是谁都不怕谁了。日本现在也不怕美国了，美国重返亚太好像是日本在配合美国，但它是想摆脱美国的。不光是思想解放，行动上全部都解放了，谁都不怕谁了。所以有自由了，大家也不怕死亡、不怕上帝。但是在这样一个时期，尤其需要自我约束。

在当代的文学理论中有一个重要的话题，就是后人类研究，Posthumanism。在所谓后人类研究当中，有的人认为机器可能会占统治地位了，但是有的人认为我们要尊重动物了，动物和我们一定要平等，所以现在很多人讲动物权利、动物平等。在我们这个世界我们不要把动物当成是低我们一等的，这个等级制度也打碎了。在所谓的后人类研究中，很多人都在研究动物权利，但实际上很早的一些哲学家都在讲这个问题了，有一个哲学家就说实际上关键问题并不在于动物会不会思考，而在于它们会不会感到痛苦。实际上动物还是会感到痛苦的，它虽然不会思考，但它会感到痛苦。从这个角度来看，我们不应该随便地把痛苦强加给动物。从这个角度来看，人还是应该成为后人类，就是 Posthumanist。这是一个重要的研究领域，就是研究人和动物的关系。21 世纪有很多视角，我只是提到其中的几个。

什么是文艺复兴？从 21 世纪看，我觉得应该叫早期现代，我更主张用早期现代这个词。什么是早期现代？就是通往现代的门槛。现代性实际是有很多问题的。我们知道，纳粹的大屠杀、日本的侵略行为都是与现代性有关系的，但它毕竟与我们今天的现实社会关系非常密切。早期现代是通往现代性的一个门槛，因此大量的观念到今天仍然具有相关性。我们为什么研究文艺复兴？因为文艺复兴的很多观念到今天还是完全相关的，并不像我们研究的很多东西到今天觉得好像没有什么相关性了，研究了半天基本上是博物馆的事情了，你到博物馆去看看是挺好的，但与我们的现实生活没什么关系。但是文艺复兴不太一样，大量的观念到今天还是有现实相关性的。

还有一本书，作者还是斯蒂芬·格林布拉特，写《突变》的这个人的书。2010 年他出了一本书叫《莎士比亚的自由》，很可惜没翻译成中文。《莎士比亚的自由》讲的是自由，也是我刚才讲的自由。这是 21 世纪之后的莎士比亚研究，我下面稍微介绍一下这本书的命题，这本书讲的是新世纪之后的莎士比亚。这本书首先给大家讲了一个小故事，这是一个什么样的小故事呢？美国也有所谓的"桂冠诗人"，桂冠诗人加冕就有一个活动。在克林顿当总统时，举办了一个桂冠诗人加冕的活动，邀请了一大批人，就把格林布拉特这样一位研究莎士比亚、研究文艺复兴的学者也请去了。他和克林顿总统握了手。他握手时突然想我能不能问一个问题，他就问了一个问题，他问克林顿总统，你觉得《麦克白》是一部什么样的悲剧？克林顿也是名校的高材生，他想了一会儿，大概想了很短的时间，马上就回答出来了。他说我认为《麦克白》是一部伟大的剧作，有关一位有巨大的野心却缺乏足够的道德目标的人。这整整一本书都是围绕着克林顿的这样一句话来展开的，这是这本书的主题，是今天的主题，是非常重要的主题。美国的国力还是相当强的，软实力非常强，它的人文教育非常好。这位总统对于像《麦克白》之类的人文教育必读书非常熟悉，而且居然能够做出很精辟的总结，居然是与当代息息相关的总结，我觉得还是挺了不起的。克林顿当然自己做的不一定好，但他脑子里边能想到这个，估计他做坏事时有的时候也会有点愧疚之心。

相比之下，日本是人文教育非常差的一个国家。我最近也做大屠杀研究，在研究中发现日本的人文教育非常差。有一个重要的例子，我说的所有东西都是有实证根据的，比如说中国的南京大屠杀申遗，日本政府居然说什么呢？说你数字不对，你这数字与实际的数字完全不相符，比实际的数字多了一些，需要进一步核实。这非常愚蠢，因为在纳粹大屠杀研究中，这一问题已经解决，了解大屠杀研究的一些重要话题的人显然就不会说这种话，有人文素养的人是不会说这种话的。有一位非常重要的后现代的理论家叫利奥塔，他的一个重要的观点就是我们所有的大灾难都像大地震一样——在大地震中，不光人震死了，财产毁灭了，所有的地震仪也全部震毁了，这时候往往你都不可能知道这个大地震的震级，但是所有的人都知道这是一个大的灾难。我们不知道震级，我们甚至不知道震死了多少人，但是大家都知道这是一个巨大的灾难。所以大屠杀也是一样，在大屠杀中，你不可能知道准确的数字，很多当事者全部都被杀了，资料也被故意毁灭了，你怎么能知道准确的数字？当然作为史学家，一定要尽量地把这个东西搞清楚，但是实际上很多事情是不可能搞清楚的。所以日本的很多人如果有一点人文教育的素养的话就不会说出这种话来。人文教育非常重要。我觉得美国的人文教育相对来说比较成功。

书中还有一个主题也是 21 世纪的主题，就是有的人有权力意志。当官的人一般有权力意志，但是有权力意志的人往往缺乏道德关怀，这就是马基亚维利主义了。文艺复兴时期一个重要的人物，马基亚维利认为目的可以证明手段的正确，当然这是流行的说法，很可能是对他的思想的误解。有道德关怀的人往往都是没有权力的人，无法兼济天下。我们有道德的关怀，但是我们没有权力。有权力意志的人很难考虑道德方面的事情，考虑就下台了，所以没法考虑道德的方面，没法独善其身。克林顿可能也是两难之境，他明白这种两难之境。

政治与道德的二律背反，让我们回到文艺复兴时期。在这本书《莎士比亚的自由》一书中，集中解读了文艺复兴时期的一部伟大的悲剧。很多人都认为《李尔王》是西方文学中最伟大的悲剧。李尔王让三个闺女说谁最爱我。大闺女、二闺女比较圆滑，就说我们非常爱你，三闺女说我无话可说，她的意思是我对你的爱不用表达，我全部藏在心里。结果把李尔王给搞急了，说我剥夺你的全部继承权，全部剥夺。三闺女拒绝妥协，固执己见，最后被剥夺继承权，一文不名，没有任何财产，但是被法国国王给娶走了，到法国当了王后。

大闺女、二闺女继承了英国的王位，把国家一分为二，但是虐待老父亲，这时候小女儿带着法国军队来侵略英国了，但是她侵略英国的目的是什么呢？道德目的、人权目的，为了救老爸爸。所以这实际上是所谓的政治和道德的二律背反，有的时候符合政治上的道理，但是不一定符合道德上的道理，符合道德上的道理又不见得符合政治上的道理，这就是文艺复兴时期的一个重要的命题，到了今天还是这个命题。所以到底是人权优先还是主权优先、道德优先还是政治优先？法国入侵英国，对于小女儿来说是为了救父亲，是道德行为，但从政治上讲她是侵犯别国的主权了，所以你说到底是跟谁走，这种东西几乎是无解的。《李尔王》更富有权力意志。在我们这个时代，很多人认为与《哈姆雷特》相比，《李尔王》是一部更伟大的悲剧。时代不同，对于文学作品的评价也是不同的。到了 21 世纪，我们更关注权力意志，有人有政治野心，有人有道德野心，有人有权力欲望。道德也能成为一种野心，别以为道德不是野心。格林布拉特就认为小女儿实际上是有道德野心。老父亲问你爱不爱我，你就说我爱你就完了，你为什么要表现出那么清高来，一定说我就不说这个话，说了这个话我就是虚伪。我一定要清高，我一定要道德上无懈可击。这就是所谓的道德野心，道德野心也是要害死人的。不光害死人，还要害了整个国家，最后发生了内战了，最后多少人民因为战争被杀死？多少人被饿死？所以道德野心也是要害人的。有的时候我们讲道德，但是道德也是要杀人的，这已经成为大家在 21 世纪所关注的话题。道德野心也十分可疑。

《论邪恶》这本书翻译成了中文。我觉得这是特别好的一本书，也是伊格尔顿的一本书，《论邪恶》涉及 21 世纪之后的一些话题。在 21 世纪什么是邪恶？对于邪恶的界定，我们现在的很多想法与过去是不一样的。政治野心实际上是邪恶，邪恶实际上就是一种不放弃，包括道德上的不放弃。有很多事情我们是要放弃的，放弃说不定就是一种善良。你觉得我自己绝对是正确的，我一定不放弃自己的理想，不放弃自己的追求，不放弃自己的这个、不放弃自己的那个。我都是为了国家、为了社会、为了人民，我不放弃，我要为国家献身，我一辈子都不退休了，我要为国家干一辈子，这很可能是邪恶的。所以老老实实地退休吧，别干这些事情了，这说不定才是善良的。伊格尔顿的《论邪恶》中有个很重要的话题就是不放弃。不放弃有什么表现形式呢？各种执着和专注，如果过分就有可能是邪恶。为什么而什么，包括为艺术而艺术，为政治而政治，为国家而国家，很可能都是邪恶，你不放弃很可能就是邪恶。这本书我建议大家如果有空的话一定读读。

在《莎士比亚的自由》中，政治野心，包括反恐与酷刑中的政治野心，也是一个重要话题。所以我们为什么说文艺复兴的很多主题到今天还是这个主题，一点也没有过时，《李尔王》中就有这种主题，就是反恐的主题。我们如果看过《李尔王》的话，我们就会知道，小女儿已经成了法国王后了，带着法国军队来打英国。她是出于好心来救老父亲，她是人权的代表、善良的代表、慈善的代表，但她也是侵略者。而那些坏人、虐待老父亲的人成了什么呢？爱国者。所以有的时候爱国者不见得是好人，有的时候真是没法判断的。他们成了爱国者，他们要保卫国家的主权，保卫国家的领土完整，就要打仗。如果要打，你就必须要选边了，手下的人怎么选边？有一个葛罗斯特，是李尔王的一位老臣，他选的边当然是李尔王的一边了。他说考狄利娅，这个小女儿来救父亲了，我一定要赶紧和她接上头，一定要联系上，所以他就和她有通信往来了，收了一封信。收了一封信就收了一封信吧，就别告诉别人了。结果他告诉了自己的私生子——这位对李尔王忠心耿耿的老臣在道德上也不是无懈可击的，他和别人通奸生了一个私生子。私生子没有社会地位，没有继承权，他就想着把老父亲和婚生的哥哥全部干掉，干掉之后他就可以继承所有的东西了，所以他就告密了。老父亲把这封信告诉了私生子，私生子马上就告诉了二女儿和二女婿。二女儿和二女婿一听，这家伙是叛国者，葛罗斯特虽然是忠臣但真是叛国了，他和敌人勾结那当然是叛国了，而且有书信的往来，大概把自己国家的一些军情也透露出来了。这时候怎么办？这时候就要有酷刑了，只要一打起仗来是不可能没有酷刑的。

有一部电视连续剧《24 小时》，讲的是一个道德上的两难之境，一方面有恐怖分子安放的定时炸弹，嘀嗒嘀嗒地响，另一方面我们任何信息都没有，不知道定时炸弹在哪个地方，而无数的人可能被炸弹炸死。这时候怎么办？我们对于恐怖分子是不是可以实行酷刑？有人说不但可以实行酷刑，而且可以把他的妻子儿女全部拉来一起实行酷刑，以最快的速度撬开他的嘴，把炸弹找出来，以挽救无辜的生命。这是一个道德上的两难之境。这就是《24 小时》，一部很火的美国电视连续剧里的一个主题。

但是在《李尔王》这部早期现代的悲剧中，早就表现出这个主题了。在审讯葛罗斯特的过程中表现出这一主题，怎么审讯呢？让他说怎么样和法国军队勾结的，为什么要把李尔王送到了多佛这个地方去，为什么？他不说。不说怎么办？最后居然把两个眼球都给挖出来了，这真是非常血腥，就是酷刑了。这种酷刑已经过分了，有的时候你不得不实行严刑逼供，但是已经过分了。所以根据斯蒂芬·格林布拉特的说法，统治者有的时候已经分不清什么是国家安全，什么是嗜血的快感。有的时候你有政治野心而且在高位了，就会有一种快感，而且是一种嗜血的快感。所以我们也不要以为所有的政治家的行为都是为了国家安全，很多是打着国家安全的旗号来追求嗜血的快感。

在挖眼的时候谁挺身而出进行阻止呢？在眼被挖之后谁来救助呢？实际上都是社会最底层的人，这些社会最底层的人没有权力意志，但是有善良之心。二女婿有一个仆人，这个仆人说我跟了你好几十年，但我为你所做的最大的服务就是今天我来阻止你。他拿了一把剑想要阻止主人，他和二女婿打，结果被二女儿从后边捅了一刀捅死了，但是在这过程当中，康华尔，也就是二女婿也被他捅了一刀，两个人都死了。普通人没有权力意志但是有善良之心，一个社会的美德往往都是靠着这些没有权力的人、最普通的人的善良，这是人性最伟大的光辉。因为我们无所谓，我们没有什么权力，所以我们很多事情都是可以做的，我们很多事情是不计得失的，所以实际上在一个社会里，普通人的善良是最了不起的善良，最伟大的善良、正义与仁慈。后来有另外一个仆人，还有一个八十多岁的老头，是一个佃农，也挺身而出。葛罗斯特的眼被挖出来了，这些无权无势的人弄了点蛋清，因为当时没有药，弄了点蛋清用亚麻布绑在眼上做了绷带，也就算是一种治疗了。当然治疗一个叛国者是有很大的风险的，说不定就要被统治者作为同谋来惩罚的。但这些人不在乎，这个人八十多岁了，说我不在乎了，我当佃农当了这么多年我无所谓了，他一直在帮眼瞎的葛罗斯特。而且他让一个疯子，实际上也是葛罗斯特被冤枉的儿子化装成的疯子带着葛罗斯特到多佛这个地方去找法国军队。所以都是无权无势的人在这部悲剧中表现出了真正的人性的光辉，所以人性的光辉全部体现在普通老百姓身上了，在有权有势的人身上有的时候是体现不出来的。或者说他们身上即使有人性，在政治厮杀的严酷环境中也无法表现。搞政治的人一定是马基亚维利的，文艺复兴时期的《君主论》一书的作者所代表的那种类型。

莎士比亚是挺伟大的，我觉得很多东西真是不能靠心灵鸡汤，不能靠空对空的东西，而是要看剧作当中的具体分析。比如说在《李尔王》中，李尔王后来受虐待，一无所有了，他明白了贫富不均是社会上的一个最大的问题，他说："荣华富贵，把这剂苦药吞下去吧；到外面来，领受一下穷人受的苦吧！也好把多余的散布给他们，好显得上天还有些公道。"这是相关的台词，但是翻译永远翻译不出真正的精髓来，看翻译还是不行的，要看原文。这是什么意思呢？pomp 这个词实际上指的既是人，就是荣华富贵的人，也指社会或者社会体，就是不管是作为一个个体还是作为一个社会体，只要是荣华富贵了，肯定都是病体，是病态的。所有贫富不均的社会肯定都是病态的。怎么办呢？要吃泻药，然后把自己暴露在无遮无掩的荒野，不能翻译成到外面来，而是要翻译成把自己暴露在荒野，或者暴露在贫苦人的贫苦的情况之下，来感觉一下这些可怜鬼、可怜虫所感觉到的东西吧。superflux 这个词是特别有意思的一个词，这个词实际上指的是什么呢？很可能指的是呕吐物或者是排泄物，汉语真翻译不出来。就是说你吃了泻药之后你要上吐下泻了，把这些上吐下泻的东西给那些可怜虫吧，这之后才能显得上天还有些公道，社会还有点公平，也算是治了社会之病。

所以富人不要以为自己的慈善是一种什么了不起的东西，你只不过是自己病了，你吃了一些泻药，然后把你的排泄物给那些可怜虫了，这是为了治病。莎士比亚的这个意象是冲击力非常大的意象，不是一般的冲击力。文学作品为什么伟大？你如果进入不到文学作品的形式当中，你就感觉不到文学作品的伟大，只有进去之后你才能感觉到伟大。莎士比亚讲的是贫富不均，是富人应该怎么做，富人真是应该好好读读这个。他讲的和一些理论家讲的意思是一样的，但是途径、路径是不一样的。

《马克思为什么是对的》这本书的作者还是伊格尔顿。伊格尔顿这本书是近几年的书，据说出版了大概三个月我们就出了中文版，而且是我们出版总署的署长亲自主持中文版新书发布

的。这本书我觉得最重要的一个话题就是马克思在今天仍然有现实相关性，在今天这个贫富严重不均的社会，马克思是没有过时的。我们世界的一个最大的问题，就是贫富的严重不均。而且在这个社会里光靠着我们讲意识是不行的，一定要有社会变革，踏踏实实地推动社会上的变革。什么社会变革？我觉得今天的反腐就是社会变革的途径之一，当然还需要很多别的途径，但是反腐实际上就是社会变革的一个途径，就是必须要有实实在在的东西，缩小贫富之间的巨大差距。所以马克思在今天还是对的，马克思应该永远是对的，但是看你怎么解释了。这本书是写得非常好的一本书，但是对于贫富不均的叙述和斯蒂芬·格林布拉特的叙述以及莎士比亚在《李尔王》当中的这种叙述、这种意象、这种文学的冲击力是不太一样的。

21 世纪发生了哲学转向，关注一些哲学话题，还有自由、野心、进取心等话题。我们很多人都可以自我塑造；有的人在社会上打拼，爬上社会的阶梯，爬到了社会的最顶层了，很有钱了，这些爬到很顶层的人往往都是依靠社会变革的时期，有了自由赚了大钱了，他们有了大钱，或者在其他领域都成了了

不起的人。但这些人必须有道德约束，必须有道德关怀，否则他们什么坏事都能干出来。我们需要辩证法，需要二律背反。有了自由就一定要知道，野心会毁灭人。贫富不均也会毁灭人，会毁灭穷人，会毁灭富人，也会毁灭整个社会。

我自己最近关注的、最近发表的文章虽然主题不太一样，但是有一条主线，就是关注21世纪的转向。21世纪有一些重要的转向，比如说关注共同体，包括欧洲共同体、亚洲共同体等。我最近的一篇论文发表在《社会科学研究》上，有关纳粹大屠杀研究。大屠杀研究实际上是欧共体维持了这么多年的一个重要的人文资源，没有大屠杀研究，没有德国和纳粹大屠杀一刀两断，就不可能有欧共体。欧共体现在又出问题了，但主要是外部压力。在亚洲，要想有共同体，如果没有日本和自己的过去一刀两断也是不可能的，所以在这个时代中关注这些转变都是非常重要的。

我自己做莎士比亚研究，也参加了一个项目，就是中华人民共和国成立之后的莎士比亚研究，希望还原一下中华人民共和国成立之后莎士比亚研究的历史。历史非常重要，我们有的时候没有必要对历史做任何评价，但是一定要还原历史当时的现场。还原现场非常重要，就是知道历史当时是什么状态。我还有一篇文章是讲西方文学理论发展的新趋势，和今天讲的是比较一致的。还有一篇《中国新文化身份塑造中的莎士比亚》，我们知道新文化运动也是一个大的转变，就是整个文化的转变，在这个转变当中莎士比亚也起了作用，我也试图还原历史现场并区分不同的领域。